鲁迅小说《药》插图
(1946)/葛克俭

这样的战士
他走进了无物之阵,但他举
起了投枪。(1925年12月14日)
《野草》插图/裘沙 王伟君

鲁迅小说《阿Q正传》插图

墓碣文
抉心自食,欲知本味。
《野草》插图/裘沙 王伟君

巴金小说《家》插图
(1941)/费新我

沈从文小说《边城》插图/黄永玉

艾芜短篇小说集《南行记》
插图/袁运甫

老舍小说《骆驼祥子》
插图(1948)/鲁少飞

赵树理小说《小二黑结婚》插图
(1945)/张映雪

用白话发言 ▮

白话的中国

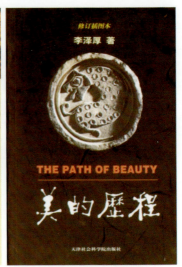

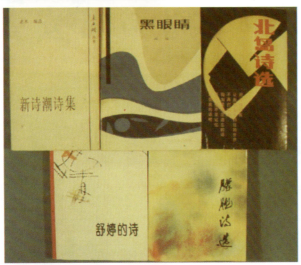

一用白话发言

白话的中国

敬　启

　　严凌君先生主编的"青春读书课"系列丛书，立意高远，贴近青少年阅读心理，选文题材广泛，内容丰富。在编辑过程中，我们按照现代出版规范对选文进行了统一处理，力求提供一套符合现代文字规范的青少年读物，以帮助读者建立对纯洁汉语的认知与体悟。敬请作者、译者见谅。

　　另外，我们已经联系到部分选文的作者和译者，他们同意将作品列入"青春读书课"系列丛书出版，但由于作者面广，仍有部分作者和译者无法取得联系。请作者和译者看到本系列丛书后尽快与我们联系，以便奉寄样书和稿酬。

　　诚致谢意!

　　联系人: 蒋鸿雁

　　电话: 0755-83460371

　　Email: jhyl688@hotmail.com

海天出版社

青春读书课·修订本　第五卷
成长教育系列读本

严凌君　主编/导读

白话的中国

二十世纪人文读本　第二册

海天出版社（中国·深圳）

图书在版编目(CIP)数据

青春读书课. 白话的中国. 第二册 / 严凌君主编、导读. ——
深圳 ：海天出版社，2012.1 (2016.1重印)
ISBN 978-7-5507-0187-8

Ⅰ. ①青… Ⅱ. ①严… Ⅲ. ①阅读课-中学-课外读
物 Ⅳ. ①G634.333

中国版本图书馆CIP数据核字(2011)第114115号

青春读书课. 白话的中国. 第二册

QINGCHUNDUSHUKE. BAIHUA DE ZHONGGUO. DI ER CE

出 品 人　聂雄前
责任编辑　蒋鸿雁　谢　芳
责任技编　梁立新
责任校对　张　玫
设计制作　龙瀚文化
插页设计　李晓光
封面设计

李松璋书籍设计工作室
Tel:86231958　Email:hkdadao@126.com
平面执行：李青华

出版发行　海天出版社
地　　址　深圳市彩田南路海天综合大厦（518033）
网　　址　www.htph.com.cn
订购电话　0755-83460293（批发）　　83460397（邮购）
印　　刷　深圳市华信图文印务有限公司
开　　本　787mm×1092mm　1/16
印　　张　19
字　　数　350千
版　　次　2012年1月第1版
印　　次　2016年1月第4次
定　　价　28.00元

目 录

CHINESE LITERATURE
IN VERNACULAR
LANGUAGE
A COLLECTION
OF HUMANE READINGS
IN THE 20TH CENTURY

上编
民间生活

下编
汉语家园

海外中文诗

海外散文名家

文学的真义不是为政治服务，虽然它脱不开政治；

文学的价值不在于经济反馈，虽然它也表现为商品；

文学的真义在民间，在生活，在人本身。

民间生活

CHINESE LITERATURE
IN VERNACULAR LANGUAGE

上编

沈从文

我读一本小书同时又读一本大书①

> 湖南凤凰县那个小学童老是逃学:"我的心总得为一种新鲜声音,新鲜颜色,新鲜气味而跳。"他睁大好奇的眼、敞开童真的心,尽情读一本大书——人间生活。从此,一颗灵慧的种子在发芽,从苗寨里游游逛逛走出一位大作家。

6岁时我已单独上了私塾。如一般风气,凡是私塾中给予小孩子的虐待,我照样也得到了一份。但初上学时我因为在家中业已认字不少,记忆力从小又似乎特别好,比较其余小孩,可谓十分幸福。第二年后换了一个私塾,在这私塾中我跟从了几个较大的学生,学会了顽劣孩子抵抗顽固塾师的方法,逃避那些书本去同一切自然相亲近。这一年的生活形成了我一生性格与感情的基础。我间或逃学,且一再说谎,掩饰我逃学应受的处罚。我的爸爸因这件事十分愤怒,有一次竟说若再逃学说谎,便当砍去我一个手指。我仍然不为这话所恐吓,机会一来时总不把逃学的机会轻轻放过。当我学会了用自己眼睛看世界一切,到不同社会中去生活时,学校对于我便已毫无兴味可言了。

……

领导我逃出学塾,尽我到日光下去认识这大千世界微妙的光,稀奇的色,以及万汇百物的动静,这人是我一个张姓表哥。他开始带我到他家中橘柚园中去玩,到城外山上去玩,到各种野孩子堆里去玩,到水边去玩。他教我说谎,用一种谎话对付家中,又用另一种谎话对付学塾,引诱我跟他各处跑去。即或不逃学,学塾为了担心学童下河洗澡,每到中午散学时,照例必在每人手心中用朱笔写个大字,我们尚依然能够一手高举,把身体泡到河水中玩个半天。这方法也亏那表哥想出的。我感情流动而不凝固,一派清波给予我的影响实在不小。我幼小时较美丽的生活,大部分都同水不能分离。我的学校可以说是在水边的。我认识美,学会思索,水对我有极大的关系。我最初与水接近,便是那荒唐表哥领带的。

……我的心总得为一种新鲜声音,新鲜颜色,新鲜气味而跳。我得认识本人

---

① 选自《沈从文文集·第九卷·散文》,花城出版社,1984年版。有删节。

生活以外的生活。我的智慧应当从直接生活上吸收消化，却不需从一本好书一句好话上学来。似乎就只这样一个原因，我在学塾中，逃学记录点数，在当时便比任何一人都高。

离开私塾转入新式小学时，我学的总是学校以外的。到我出外自食其力时，我又不曾在职务上学好过什么。20年后我"不安于当前事务，却倾心于现世风光，对于一切成例与观念皆十分怀疑，却常常为人生远景而凝眸"，这份性格的形成，便应当溯源于小时在私塾中逃学习惯。

自从逃学成习惯后，我除了想方设法逃学，什么也不再关心。

有时天气坏一点，不便出城上山里去玩，逃了学没有什么去处，我就一个人走到城外庙里去。本地大建筑在城外计30米处，除了庙宇就是会馆和祠堂。空地广阔，因此均为小手工业工人所利用。那些庙里总常常有人在殿前廊下绞绳子，织竹簟，做香，我就看他们做事。有人下棋，我看下棋。有人打拳，我看打拳。甚至于相骂，我也看着，看他们如何骂来骂去，如何结果。因为自己既逃学，走到的地方必不能有熟人，所到的必是较远的庙里。到了那里，既无一个熟人，因此什么事都只好用耳朵去听，眼睛去看，直到看无可看听无可听时，我便应当设计打量我怎么回家去的方法了。

来去学校我得拿一个书篮。内中有十多本破书，由《包句杂志》《幼学琼林》到《论语》《诗经》《尚书》通常得背诵。分量相当沉重。逃学时还把书篮挂到手肘上，这就未免太蠢了一点。凡这么办的可以说是不聪明的孩子。许多这种小孩子，因为逃学到各处去，人家一见就认得出，上年纪一点的人见到时就会说："逃学的，赶快跑回家挨打去，不要在这里玩。"若无书篮可不必受这种教训。因此我们就想出了一个方法，把书篮寄存到一个土地庙里去。那地方无一个人看管，但谁也用不着担心他的书篮。小孩子对于土地庙神全不缺少必需的敬畏，都信托这木偶。把书篮好好的藏到神座龛子里去，常常同时有五个或八个，到时却各人把各人的拿走，谁也不会乱动旁人的东西。我把书篮放到那地方去，次数是不能记忆了的，照我想来，次数最多的必定是我。

逃学失败被家中学校任何一方面发觉时，两方面总得各挨一顿打。在学校得自己把板凳搬到孔夫子牌位前，伏在上面受笞。处罚过后还要对孔夫子牌位作一揖，表示忏悔。有时又常常罚跪至一根香时间。我一面被处罚跪在房中的一隅，一面便记着各种事情，想象恰如生了一对翅膀，凭经验飞到各种动人事物上去。按照天气寒暖，想到河中的鳜鱼被钓起离水以后拨刺的情形，想到天上飞满风筝的情形，想到空山中歌呼的黄鹂，想到树木上累累的果实。由于最容易神往到种种屋外东西上去，反而常把处罚的痛苦忘掉，处罚的时间忘掉，直到被唤起以后为止，我就从不曾在被处罚中感觉过小小冤屈。那不是冤屈。我应感谢那种处罚，使我无法同自然接近时，给我一个练习想象的机会。

家中对这件事自然照例不大明白情形，以为只是教师那方面太宽的过失，因此又为我换了一个教师。我当然不能在这些变动上有什么异议。这事对我说来，我倒又得感谢我的家中。因为先前那个学校比较近些，虽常常绕道上学，终不是个办法，且因绕道过远，把时间耽误太久时，无可托词。现在的学校可真很远很远了，不必包绕偏街，我便应当经过许多有趣味的地方了。从我家中到那个新的学塾里去时，路上我可看到针铺门前永远必有一个老人戴了极大的眼镜，低下头来在那里磨针。又可看到一个伞铺，大门敞开，做伞时十几个学徒一起工作，尽人欣赏。又有皮靴店，大胖子皮匠，天热时总膪出一个大而黑的肚皮（上面有一撮毛！）用夹板上鞋。又有剃头铺，任何时节总有人手托一个小小木盘，呆呆的在那里尽剃头师傅刮脸。又可看到一家染坊，有强壮多力的苗人，蹲在凹形石碾上面，站得高高的，手扶着墙上横木，偏左偏右的摇荡。又有三家苗人打豆腐的作坊，小腰白齿头包花帕的苗妇人，时时刻刻口上都轻声唱歌，一面引逗缚在身后包单里的小苗人，一面用放光的红铜舀取豆浆。我还必须经过一个豆粉作坊，远远的就可听到骡子推磨隆隆的声音，屋顶棚架上晾满白粉条。我还得经过一些屠户肉案桌，可看到那些新鲜猪肉砍碎时尚在跳动不止。我还得经过一家扎冥器出租花轿的铺子，有白面无常鬼，蓝面阎罗王，鱼龙，轿子，金童玉女。每天且可以从他那里看出有多少人接亲，有多少冥器，那些定做的作品又成就了多少，换了些什么式样。并且常常停顿下来，看他们贴金敷粉，涂色，一站许久。

我就欢喜看那些东西，一面看一面明白了许多事情。

每天上学时，我照例手肘上挂了那个竹书篮，里面放十多本破书。在家中虽不敢不穿鞋，可是一出了大门，即刻就把鞋脱下拿到手上，赤脚向学校走去。不管如何，时间照例是有多余的，因此我总得绕一节路玩玩。若从西城走去，在那边就可看到牢狱，大清早若干人戴了脚镣从牢中出来，派过衙门去挖土。若从杀人处走过，昨天杀的人还没有收尸，一定已被野狗把尸首咋碎或拖到小溪中去了，就走过去看看那个糜碎了的尸体，或拾起一块小小石头，在那个污秽的头颅上敲打一下，或用一木棍去戳戳，看看会动不动。若还有野狗在那里争夺，就预先拾了许多石头放在书篮里，随手一一向野狗抛掷，不再过去，只远远的看看，就走开了。

既然到了溪边，有时候溪中涨了小小的水，就把裤管高卷，书篮顶在头上，一只手扶着，一只手照料裤子，在沿了城根流去的溪水中走去，直到水深齐膝处为止。学校在北门，我出的是西门，又进南门，再绕从城里大街一直走去。在南门河滩上面我还可以看一阵杀牛，机会好时恰好正看到那老实可怜畜牲放倒的情形。因为每天可以看一点点，杀牛的手续同牛内脏的位置，不久也就被我完全弄清楚了。再过去一点就是边街，有织簟子的铺子，每天任何时节皆有几个老人坐在门前小凳子上，用厚背的钢刀破篾，有两个小孩子蹲在地上织簟子。（我对于这一行手艺所明白的种种，现在说来似乎比写字还在行。）又有铁匠铺，制铁炉同风箱皆占据屋中，大门永远敞开着，时间即或再早一些，也可以看到一个小孩子两只手拉着风箱横柄，把整个身子的分量前倾后到，风箱于是就连续发出一种吼声，火炉上便放出一股臭烟同红光。待到把赤红的热铁拉出搁放到铁砧上时，这个小东西，赶忙舞动细柄铁锤，把铁锤从身背后扬起，在身面前落下，火花四溅的一下一下打着。有时打的是一把刀，有时打的是一件农具。有时看到的又是这个小学徒跨在一条大板凳上，用一把凿子在未淬水的刀上起去铁皮，有时又是把一条薄薄的钢片嵌进熟铁里去。日子一多，关于任何一件铁器的制作秩序，我也不会弄错了。边街又有小饭铺，门前有个大竹筒，插满了用竹子削成的筷子。有干鱼同酸菜，用钵头装满放在门前柜台上。引诱主顾上门，意思好像是说："吃我，随便吃我，好吃！"每次我总仔细看看，真所谓"过屠门而大嚼"，也过了瘾。

我最欢喜天上落雨，一落了小雨，若脚上穿的是布鞋，即或天气正当十冬腊月，我也可以用恐怕湿却鞋袜为辞，有理由即刻脱下鞋袜赤脚在街上走路。但最使人开心事，还是落过大雨以后，街上许多地方已被水所浸没，许多地方阴沟中涌出水来，在这些地方照例常常有人不能过身，我却赤着两脚故意向水中走去。若河中涨了大水，照例上游会漂流得有木头，家具，南瓜同其他东西，就赶快到横跨大河的桥上去看热闹。桥上必已经有人用长绳系定了自己的腰身，在桥头上呆着，注目水中，有所等待。看到有一段大木或一件值得下水的东西浮来时，就踊身一跃，骑到那树上，或傍近物边，把绳子缚定，自己便快快的向下游岸边泅去。另外几个在岸边的人把水中人援助上岸后，就把绳子拉着，或缠绕到大石上大树上去，于是第二次又有第二人来在桥头上等候。我欢喜看人在洄水里扳罾，巴掌大的活鲫鱼在网中蹦跳。一涨了水，照例也就可以看这种有趣味的事情。照家中规矩，一落雨就得穿上钉鞋，我可真不愿意穿那种笨重钉鞋。虽然在半夜时有人从街巷里过身，钉鞋声音实在好听，大白天对于钉鞋，我依然毫无兴味。

若在四月落了点小雨，山地里田塍上各处都是蟋蟀声音，真使人心花怒放。在这些时节，我便觉得学校真没有意思，简直坐不住，总得想方设法逃学上山去捉蟋蟀。有时没有什么东西安置这小东西，就走到那里去，把第一只捉到手后又捉第二只，两只手各有一只后，就听第三只。本地蟋蟀原分春秋二季，春季的多在田间泥里草里，秋季的多在人家附近石罅里瓦砾中，如今既然这东西只在泥层里，故即或两只手心各有一匹小东西后，我总还可以想方设法把第三只从泥土中赶出，看看若比较手中的大些，即开释了手中所有，捕捉新的，如此轮流换去，一整天方捉回两只小虫。城头上有白色炊烟，街巷里有摇铃铛卖煤油的声音，约当下午三点左右时，赶忙走到一个刻花板的老木匠那里去，很兴奋的同那木匠说：

"师傅师傅，今天可捉了大王来了！"

那木匠便故意装成无动于衷的神气，仍然坐在高凳上玩他的车盘，正眼也不看我的说："不成，要打赌得赌点输赢！"

我说："输了替你磨刀成不成？"

"嗨，够了，我不要你磨刀，你哪会磨刀！上次磨凿子还磨坏了我的家伙！"

这不是冤枉我，我上次的确磨坏了他一把凿子。不好意思再说磨刀了，我说：

"师傅，那这样办法，你借给我一个瓦盆子，让我自己来试试这两只谁能干些好不好？"我说这话时真怪和气，为的是他以逸待劳，若不允许我还是无办法。

那木匠想了想，好像莫可奈何才让步的样子，"借盆子得把战败的一只给我，算作租钱。"

我满口答应："那成，那成。"

于是他方离开车盘，很慷慨的借给我一个泥罐子，顷刻之间我就只剩下一只蟋蟀了，这木匠看看我捉来的虫还不坏，必向我提议："我们来比比，你赢了我借给你这泥罐一天；你输了，你把这蟋蟀输给我，办法公平不公平？"我正需要那么一个办法，连说"公平，公平"，于是这木匠进去了一会儿，拿出一只蟋蟀来同我的斗，不消说，三五回合我的自然又败了。他的蟋蟀照例却常常是我前一天输给他的。那木匠看看我有点颓丧，明白我认识那匹小东西，担心我生气时一摔，一面赶忙收拾盆罐，一面带着鼓励我神气笑笑地说：

"老弟，老弟，明天再来，明天再来！你应当捉好的来，走远一点。明天来，明天来！"

我什么话也不说，微笑着，出了木匠的大门，空手回家了。

这样一整天在为雨水泡软的田塍上乱跑，回家常常全身是泥，家中当然一望而知，于是不必多说，沿老例跪一根香，罚关在空房子里，不许哭，不许吃饭。等一会儿我自然可以从姐姐方面得到充饥的东西。悄悄的把东西吃下以后，我也疲倦了，因此空房中即或再冷一点，老鼠来去很多，一会儿就睡着，再也不知道如何上床的事了。

即或在家中那么受折磨，到学校去时又免不了补挨一顿板子，我还是在想逃学时就逃学，绝不为经验所恐吓。

有时逃学又只是到山上去偷人家园地里的李子枇杷，主人拿着长长的竹竿大骂着追来时，就飞奔而逃，逃到远处一面吃那个赃物，一面还唱山歌气那主人。总而言之，人虽小小的，两只脚跑得很快，什么刺蓬里钻去也不在乎，要捉我可捉不到，就认为这种事很有趣味。

　　可是只要我不逃学，在学校里我是不至于像其他那些人受处罚的。我从不用心念书，但我从不在应当背诵时节无法对付。许多书总是临时来读十遍八遍，背诵时节却居然朗朗上口，一字不遗。也似乎就由于这份小小聪明，学校把我同一般同学一样待遇，更使我轻视学校。家中不了解我为什么不想上进，不好好利用自己聪明用功，我不了解家人为什么只要我读书，不让我玩。我自己总以为读书太容易了点，把认得的字记记那不算什么希奇。最希奇处应当是另外那些人，在他那份习惯下所做的一切事情。为什么骡子推磨时得把眼睛遮上？为什么刀得烧红时在水里一淬方能坚硬？为什么雕佛像的会把木头雕成人形，所贴的金那么薄又用什么方法作成？为什么小铜匠会在一块铜板上钻那么一个圆眼，刻花时刻得整整齐齐？这些古怪事情太多了。

　　我生活中充满了疑问，都得我自己去找寻解答。我要知道的太多，所知道的又太少，有时便有点发愁。就为的是白日里太野，各处去看，各处去听，还各处去嗅闻，死蛇的气味，腐草的气味，屠户身上的气味，烧碗处土窖被雨以后放出的气味，要我说来虽当时无法用言语去形容，要我辨别却十分容易。蝙蝠的声音，一只黄牛当屠户把刀刖进它喉中时叹息的声音，藏在田塍土穴中大黄喉蛇的鸣声，黑暗中鱼在水面拨剌的微声，全因到耳边时分量不同，我也记得那么清清楚楚。因此回到家里时，夜间我便做出无数希奇古怪的梦。这些梦直到将近20年后的今天，还常常使我在半夜里无法安眠，既把我带回到那个"过去"的空虚里去，也把我带往空幻的宇宙里去。

　　在我面前的世界已够宽广了，但我似乎就还得一个更宽广的世界。我得用这方面得到的知识证明那方面的疑问。我得从比较中知道谁好谁坏。我得看许多业已由于好询问别人，以及好自己幻想所感觉到的世界上的新鲜事情新鲜东西。结果能逃学时逃学，不能逃学我就只好做梦。

沈从文

一个多情水手与一个多情妇人①

　　野景、野话、野情，似乎不够文雅，可这正是原汁原味的百姓生活呀。沈从文一边有滋有味地看着听着，一边有情有趣地为人家的多情而动情而念想，这里需要的是人道的理解而不是道德判断："我觉得他们的欲望同悲哀都十分神圣。"

　　沈从文（1902~1988），湖南凤凰县人，苗族。现代作家、服饰史专家。著有小说《边城》、散文《湘行散记》等。

　　我的小表到了七点四十分时，天光还不很亮。停船地方两山过高，故住在河上的人，睡眠仿佛也就可以多些了。小船上水手昨晚上吃了我五斤河鱼，吃过了鱼，大约还记得着那吃鱼的原因，不好意思再睡，这时节业已起身，卷了铺盖，在烧水扫雪了。两个水手一面工作一面用野话编成韵语骂着玩着，对于恶劣天气与那些昨晚上能晃着火炬到有吊脚楼人家去同宽脸大奶子妇人纠缠的水手，含着无可奈何的妒忌。

　　大木筏都得天明时漂滩，正预备开头，寄宿在岸上的人已陆续下了河，与宿在筏上的水手们，共同开始从各处移动木料。筏上有斧斤声与大摇槌嘭嘭的敲打木桩声音。许多在吊脚楼寄宿的人，从妇人热被里脱身，皆在河滩大石间跟跄走着，回归船上。妇人们恩情所结，也多和衣靠着窗边，与河下人遥遥传述那种种"后会有期各自珍重"的话语。很显然的事，便是这些人从昨晚那点露水恩情上，已经各在那里支付分上一把眼泪与一把埋怨。想到这些眼泪与埋怨，如何揉进这些人的生活中，成为生活之一部分时，使人心中柔和得很！

　　第一个大木筏开始移动时，约在八点左右。木筏四隅数十支大桡，泼水而前，筏上且起了有节奏的"唉"声。接着又移动了第二个。……木筏上的桡手，各在微明中画出了一个黑色的轮廓。木筏上某一处必扬着一片红红的火光，火堆旁必有人正蹲下用钢罐煮水。

　　我的小船到这时节一切业已安排就绪，也行将离岸，向长潭上游溯江而上

―――――――――――

　　① 选自《沈从文文集·第九卷·散文》，花城出版社，1984年版。

了。

只听到河下小船邻近不远某一只船上，有个水手哑着嗓子喊人：

"牛保，牛保，不早了，开船了呀！"

许久没有回答，于是又听那个人喊道：

"牛保，牛保，你不来当真船开动了！"

再过一阵，催促的转而成为辱骂，不好听的话已上口了。

"牛保，牛保，狗×的，你个狗就见不得河街女人的×！"

吊脚楼上那一个，到此方仿佛初从好梦中惊醒，从热被里妇人手臂中逃出，光身跑到窗边来答着：

"宋宋，宋宋，你喊什么？天气还早咧。"

"早你的娘，人家木筏全开了，你×了一夜还尽不够！"

"好兄弟，忙什么？今天到白鹿潭好好的喝一杯！天气早得很！"

"早得很，哼，早你的娘！"

"就算是早我的娘吧。"

最后一句话，不过是我想象的。因为河岸水面那一个，虽尚呶呶不已，楼上那一个却业已沉默了。大约这时节那个妇人还卧在床上，也开了口，"牛保，牛保，你别理他，冷得很！"因此即刻又回到床上热被里去了。

只听到河边那个水手喃喃的骂着各种野话，且有意识把船上家伙撞磕得很响。我心想：这是个什么样子的人，我倒应该看看他。且很希望认识岸上那一个。我知道他们那只船也正预备上行，就告给我小船上水手，不忙开头，等等同那只船一块儿开。

不多久，许多木筏离岸，许多下行船也拔了锚，推开篷，着手荡桨摇橹了。我卧在船舱中，就只听到水面人语声，以及橹桨激水声，与橹桨本身被扳动时咿咿哑哑声。河岸吊脚楼上妇人在晓气迷蒙中锐声的喊人，正如同音乐中的笙管一样，超越众声而上。河面杂声的综合，交织了庄严与流动，一切真是一个圣境。

我出到舱外去站了一会儿。天已亮了，雪已止了，河面寒气逼人。眼看这些船筏各戴上白雪浮江而下，这里那里扬着红红的火焰同白烟，两岸高山则直矗而上，如对立巨魔，颜色淡白，无雪处皆作一片墨绿。奇景当前，有不可形容的瑰丽。

一会儿，河面安静了。只剩下几只小船同两片小木筏，还无开头意思。

河岸上有个蓝布短衣青年水手，正从半山高处人家下来，到一只小船上去。因为必须从我小船边过身，故我把这人看得清清楚楚。大眼，宽脸，鼻子短，宽阔肩膊下挂着两只大手（手上还提了一个棕衣口袋，里面填得满满的），走路时肩背微微向前弯曲，看来处处皆证明这个人是一个能干得力的水手！我就冒昧的喊他，同他说话：

"牛保，牛保，你玩得好！"

谁知那水手当真就是牛保。

那家伙回过头来看看是我叫他，就笑了。我们的小船好几天以来，皆一同停泊，一同启碇，我虽不认识他，他原来早就认识了我的。经我一问，他有点害羞起来了。他把那口袋举起来带笑说道：

"先生，冷呀！你不怕冷吗？我这里有核桃，你要不要吃核桃？"

我以为他想卖给我些核桃，不愿意扫他的兴，就说我要，等等我一定向他买些。

他刚走到他自己那只小船边，就快乐的唱起来了。忽然税关复查处比邻吊脚楼人家窗口，露出一个年轻妇人鬓发散乱的头颅，向河下人锐声叫将起来：

"牛保，牛保，我同你说的话，你记着吗？"

年轻水手向吊脚楼一方把手挥动着。

"唉，唉，我记得到！……冷！你是怎么的啊！快上床去！"大约他知道妇人起身到窗边时，是还不穿衣服的。

妇人似乎因为一番好意不能使水手领会，有点不高兴的神气。

"我等你10天，你有良心，你就来——"说着，彭的一声把格子窗放下了。这时节眼睛一定已红了。

那一个还向吊脚楼喃喃说着什么，随即也上了船。我看看，那是一只深棕色的小货船。

我的小船行将开头时，那个年轻水手牛保却跑来送了一包核桃。我以为他是拿来卖给我的，赶快取了一张五角的票子递给他。这人见了钱只是笑。他把钱交还，把那包核桃从我手中抢了回去。

"先生，先生，你买我的核桃，我不卖！我不是做生意人。（他把手向吊脚楼指了一下，话说得轻了些。）那婊子同我要好，她送我的。送了我那么多，还有栗子，干鱼。还说了许多痴话，等我回来过年啊。……"

慷慨原是辰河水手一种通常的性格。既不要我的钱，皮箱上正搁了一包烟台苹果，我随手取了四个大苹果送给他，且问他：

"你回不回来过年？"

他只笑嘻嘻的把头点点，就带了那四个苹果飞奔而去。我要水手开了船。小船已开到长潭中心时，忽然又听到河边那个哑嗓子在喊嚷：

"牛保，牛保，你是怎么的？我×你的妈，还不下河，我翻你的三代，还……"

一会儿，一切皆沉静了，就只听到我小船船头分水的声音。

听到水手的辱骂，我方明白那个快乐多情的水手，原来得了苹果后，并不即返船，仍然又到吊脚楼人家去了。他一定把苹果献给那个妇人，且告给妇人这苹果的来源，说来说去，到后自然又轮着来听妇人说的痴话，所以把下河的时间完全忘掉了。

小船已到了辰河多滩的一段路程，长潭尽后就是无数大滩小滩。河水半月来已落下六尺，雪后又照例无风，较小船只即或可以不从大漕上行，沿着河边浅水处走去也依然十分费事。水太干了，天气又实在太冷了点。我伏在舱口看水手们一面骂野话，一面把长篙向急流乱石间掷去，心中却念及那个多情水手。船上滩时浪头俨然只想把船上的人攫走。水流太急，故常常眼看业已到了滩头，过了最紧要处，但在抽篙换篙之际，忽然又会为急流冲下。河水又大又深，大浪头拍岸时常如一个小山，但它总使人觉得十分温和。河水可同一股火，太热情了一点，时时刻刻皆想把人攫走，且仿佛完全只凭自己意见作去。但古怪的是这些弄船人，他们逃避激流同漩水的方法十分巧妙。他们得靠水为生，明白水，比一般人更明白水的可怕处；但他们为了求生，却在每个日子里每一时间皆有向水中跳去的准备。小船一上滩时，就不能不向白浪里钻去，可是他们却又必有方法从白浪里找到出路。

在一个小滩上，因为河面太宽，小漕河水过浅，小船缆绳不够长不能拉纤，必需尽手足之力用篙撑上，我的小船一连上了5次皆被急流冲下。船头全是水。到后想把船从对河另一处大漕走去，漂流过河时，从白浪中钻出钻进，篷上也沾了水。在大漕中又上了两次，还花钱加了个临时水手，方把这只小船弄上滩，上过滩后问水手是什么滩，方知道这滩名"骂娘滩"。（说野话的滩！）即或是父子弄船，一面弄船也一面互骂各种野话，方可以把船弄上滩口。

一整天小船尽是上滩，我一面欣赏那些从船舷驰过急于奔马的白浪，一面便用船上的小斧头，剥那个风流水手见赠的核桃吃。我估想这些硬壳果，说不定每一颗还都是那吊脚楼妇人亲手从树上摘下，用鞋底揉去一层苦皮，再一一加以选择，放到棕衣口袋里来的。望着那些棕色碎壳，那妇人说的"你有良心你就赶快来"一句话，也就尽在我耳边响着。那水手虽然这时节或许正在急水滩趴伏到石头上拉船，或正脱了裤子涉水过溪，一定却记忆着吊脚楼妇人的一切，心中感觉十分温暖。每一个日子的过去，便使他与那妇人接近一点点。10天完了，过年了，那吊脚楼上，照例门楣上全贴了红喜线，被捉的雄鸡啊呵呵呵的叫着。雄鸡宰杀后，把它向门角落抛去，只听到翅膀扑地的声音。锅中蒸了一笼糯米，热气腾腾的倒入大石臼中，两人就开始在一个石臼里捣将起来。一切事都是两个人共力合作，一切工作中都掺和有笑谑与善意的诅骂。于是当真过年了。又是叮咛与眼泪，在一份长长的日子里有所期待，留在船上另一个放声的辱骂催促着，方下了船，又是核桃与栗子，干鲫鱼与……

到了午后，天气太冷，无从赶路。时间还只三点左右，我的小船便停泊了。停泊地方名为杨家岨。依然有吊脚楼，飞楼高阁悬在半山中，结构美丽悦目。小船傍在大石边，只需一跳就可以上岸。岸上吊脚楼前枯树边，正有两个妇人，穿了毛蓝布衣裳，不知商量些什么，幽幽的说着话。这里雪已极少，山头皆裸露作深棕色，远山则为深紫色。地方静得很，河边无一只船，无一个人，无一堆柴。不知河边哪一块大石后面有人正在捶捣衣服，一下一下的捣。对河也有人说话，却看不清楚人在何处。

小船停泊到这些小地方，我真有点担心。船上那个壮年水手，是一个军营中开过小差做过种种非凡事情的人物，成天在船上只唱着"过了一天又一天，心中好似滚油煎"，若误会了我箱中那些带回湘西送人的信笺信封，以为是值钱东西，在唱过了埋怨生活的戏文以后，转念头来玩个新花样，说不定我还来不及被询问"吃板刀面或吃云吞"以前，就被他解决了。这些事我倒不怎么害怕，凡是蠢人做出的事我不知道什么叫怕的。只是有点儿担心。因为若果这个人做出了这种蠢事，我完了，他跑了，这地方可糟了。地方既属于我那些同乡军官大老管辖，就会把他们可忙坏了。

我盼望牛保那只小船赶来，也停泊在这个地方，一面可以不用担心，一面还可以同这个有个性的多情水手谈谈。

直等到黄昏，方来了一只邮船，靠着小船下了锚。过不久。邮船那一面有个年青水手嚷着要支点钱上岸去吃"荤烟"，另一个管事的却不允许，两人便争吵起来了。只听到年青的那一个呶呶絮语，声音神气简直同大清早上那个牛保一个样子。到后来，这个水手负气，似乎空着个荷包，也仍然上岸过吊脚楼人家去了。过了一会还不见他回船，我很想知道一下他到了那里做些什么事情，就要一个水手为我点上一段废缆，晃着那小小火把，引导我离了船，爬了一段小小山路，到了所谓河街。

5分钟后，我与这个穿绿衣的邮船水手，一同坐到一个人家正屋里火堆旁，默默的在烤火了。面前一个大油松树根株，正伴同一饼油渣，熊熊的燃着快乐的火焰。间或有人用脚或树枝拨了那么一下，便有好看的火星四散惊起。主人是一个中年妇女，另外还有两个老妇人，不断向水手提出种种问题，且把关于下河的油价，木价，米价，盐价，一件一件来询问他，他却很散漫的回答，只低下头望着火堆。从那个颈项同肩膊，我认得这个人性格同灵魂，竟完全同早上那个牛保一样。我明白他沉默的理由，一定是船上管事的不给他钱，到岸上赊烟不到手。他那闷闷不乐的神气，可以说是很妩媚。我心想请他一次客，又不便说出口。到后机会却来了。门开处进来了一个年事极轻的妇人，头上裹着大格子花布首巾，身穿葱绿色土布袄子，系一条蓝色围裙，胸前还绣了一朵小小白花。那年轻妇人把两只手插在围裙里，轻脚轻手进了屋，就站在中年妇人身后。说真话，这个女人真使我有点儿惊讶。我似乎在什么地方另一时节见着这样一个人，眼目鼻子皆仿佛十分熟习。若不是当真在某一处见过，那就必定是在梦里了。公道一点说来，这妇人是个美丽得很的生物！

最先我以为这小妇人是无意中撞来玩玩，听听从下河来的客人谈谈下面事情，安慰安慰自己寂寞的。可是一瞬间，我却明白她是为另一件事而来的了。屋主人要她坐下，她却不肯坐下，只把一双放光的眼睛尽瞅着我，待到我抬起头去望她时，那眼睛却又赶快逃避了。她在一个水手面前一定没有这种羞怯，为这点羞怯我心中有点儿惆怅，引起了点儿怜悯。这怜悯一半给了这个小妇人，却留下一半给我自己。

那邮船水手眼睛为小妇人放了光，很快乐的说：

"夭夭，夭夭，你打扮得真像个观音！"

那女人抿嘴笑着不理会，表示这点阿谀并不希罕，一会儿方轻轻的说：

"我问你，白师傅的大船到了桃源不到？"

邮船水手回答了，妇人又轻轻的问：

"杨金保的船？"

邮船水手又回答了，妇人又继续问着这个那个。我一面向火一面听他们说话，却在心中计算一件事情。小妇人虽同邮船水手谈到岁暮年末水面上的情形，但一颗心却一定在另外一件事情上驰骋。我几乎本能的就感到了这个小妇人是正在对我感到特别兴趣。不用惊奇，这不是希奇事情。我们若稍懂人情，就会明白一张为都市所折磨而成的白脸，同一件称身软料细毛衣服，在一个小家碧玉心中所能引起的是一种如何幻想，对目前的事也便不用多提了。

对于身边这个小妇人，也正如先前一时对于身边那个邮船水手一样，我想不出用个什么方法，就可以使这个有了点儿野心与幻想的人，得到她所想要得到的东西，其实我在两件事上皆不能再吝啬了，因为我对于他们皆十分同情。但试想想看，倘若这个小妇人所希望的是我本身，我这点同情，会不会引起五千里外另一个人的苦痛？我笑了。

……假若我给这水手一笔钱，让这小妇人同他谈一个整夜？

我正那么计算着，且安排如何来给那个邮船水手的钱，使他不至于感觉难为情。忽然听那年轻妇人问道：

"牛保那只船？"

那邮船水手吐了一口气，"牛保的船吗，我们一同上骂娘滩，溜了四次。末后船已上了滩，那拦头的伙计还同他在互骂，且不知为什么互相用篙子乱打乱划起来，船又溜下滩去了。看那样子不是有一个人落水，就得两个人同时落水。"

有谁发问："为什么？"

邮船水手感慨似的说："还不是为那一张×！"

几人听着这件事，皆大笑不已。那年轻小妇人，却长长的吁了一口气。

忽然河街上有个老年人嘶声的喊人：

"夭夭小婊子，小婊子婆，卖×的，你是怎么的，夹着那两片小×，一眨眼又跑到哪里去了！你来！……"

小妇人听门外街口有人叫她，把小嘴收敛做出一个爱娇的姿势，带着不高兴的神气自言自语说："那骡子又叫了。你就叫吧。夭夭小婊子偷人去了！投河吊颈去了！"咬着下唇很有情致的盯了我一眼，拉开门，放进了一阵寒风，人却冲出去，消失到黑暗中不见了。

那邮船水手望了望小妇人去处那扇大门，自言自语的说："小婊子偏偏嫁老烟鬼，天晓得！"

于是大家便来谈说刚才走去那个小妇人的一切。屋主中年妇人，告给我那小妇人年纪还只19岁，却为一个年过50的老兵所占有。老兵原是一个烟鬼，虽占有了她，只要谁有土有财就让床让位。至于小妇人呢，人太年轻了点，对于钱毫无用处，却似乎常常想得很远很远。屋主人且为我解释很远很远那句话的意思，给我证明了先前一时我所感觉到的一件事情的真实。原来这小妇人虽生在不能爱好的环境里，却天生有种爱好的性格。老烟鬼用名分缚着了她的身体，然而那颗心却无从拘束。一只船无意中在码头边停靠了，这只船又恰恰有那么一个年轻男子，一切派头都和水手不同，夭夭那颗心，将如何为这偶然而来的人跳跃！屋主人所说的话，增加了我对于这个年轻妇人的关心。我还想多知道一点，请求她告知我，我居然又知道了些不应当写在纸上的事情。到后来，谈起命运，那屋主人沉默了，众人也沉默了。个人眼望着熊熊的柴火，心中玩味着"命运"这个字的意义，而且皆俨然有一点儿痛苦。

我呢，在沉默中体会到一点"人生"的苦味。我不能给那小妇人什么，也再不作给那水手一点点钱的打算了。我觉得他们的欲望同悲哀都十分神圣，我不配用钱或别的方法渗进他们命运里去，扰乱他们生活上那一份应有的哀乐。

下船时，在河边我听到一个人唱《十想郎》小曲，曲调悲陋声音却清圆悦耳。我知道那是由谁口中唱出且为谁唱的。我站在河边寒风中痴了许久。

贾平凹

《人迹》序①

早起的人才可以在有霜的板桥上留下"人迹"，这样走着才是美丽的。

贾平凹（1952年生），作家，著有小说《怀念狼》《废都》，散文《商州又录》等。

"人迹板桥霜"。

这是半句唐诗。所有的唐诗释本中，编撰者都在说：此为实写旅人在寒霜未褪的黎明离开了一个叫板桥的地方。板桥确实是一个地名。今尚在我的故乡商州的城北，但我总不以为这种解释为然。唐人有个杜甫，作诗类如在白纸上写黑字，也有一个李贺却作诗类如黑纸上写白字，那么，温庭筠一定在效李诗旨写人生之艰辛了。试想，人的一生怎不是在行走一个后是苍崖前是黑林上有夹峰下有深渊霜在滑风在扯颤颤兢兢移移挪挪裹脚难迈的独板之桥呢？！

所以《人迹》之集，我便要写这"板桥霜"了。

板上有霜，但毕竟是桥，是桥就是从此岸去彼岸。如果在桥上看头顶之上的高天有浮云若鹰若鹤，看冰清的月亮走一步随一步永伴不离，听桥下流水鸣溅，听鸟叫风前，视霜为粉为盐为光洁乳白的地毡，再欣赏欣赏远处的树影斜荷桥面款款而动的图案，你一时不知水在下走还是桥在上移、是桥面在晃还是树影在浮，一摇一摆，摇摇摆摆，你不禁该笑一句"嘻，真个做仙"！这便是幽默，有幽默则是人生进入大境界了。

于是，我说，在有霜的板桥上走着，走着是美丽的，美丽的走着就是人迹。

1989年11月15日识

---

① 选自《贾平凹自选集·散文卷·闲人》，作家出版社，1992年版。

贾平凹

寺 耳①

用浅白文言，画如梦仙境，情味相谐，有如当代人重逢桃花源。

甲子岁深秋，吾搭车往洛南寺耳，但见山回路转，弯弯有奇崖，崖头必长怪树，皆绿叶白身，横空繁衍，似龙腾跃。奇崖怪树之下，则居有人家，屋山墙高耸，檐面陡峭，有秀目皓齿妙龄女子出入。逆清流上数十里，两岸青峰相挤，电杆平撑，似要随时做缝合状。再深入，梢林莽莽，野菊花开花落，云雾忽聚忽散，樵夫伐木，叮叮声如天降，遥闻寒暄，不知何语，但一团嗡嗡，此谷静之缘故也。到寺耳镇，几簇屋舍，一条石板小街，店家门皆反向而开，入室安桌置椅，后门则为前庭，沿高阶而下。偌大院子，一畦鲜菜，篱笆上生满木耳，吾落座喝酒，杯未接唇则醉也。饭毕，付钱一元四角，主人惊讶，言只能收二角。吾曰：清静值一角，山明值一角，水秀值一角，空气新鲜值八角，余下一角，买得吾之高兴也。

---

① 选自《贾平凹自选集·散文卷·闲人》，作家出版社，1992年版。

贾平凹

商州又录①

一组清丽的乡野素描。由于语言极有个性，寻常的画面就抹上一层奇异的美。

一、初　春

最耐得住寂寞的，是冬天的山，褪了红，褪了绿，清清奇奇的瘦，像是从皇宫里出走到民间的女子，沦落或许是沦落了，却还原了本来的面目。石头裸裸的显露，依稀在草木之间。草木并没有摧折，枯死的是软弱，枝柯僵硬，风里在铜韵一般的颤响。冬天是骨的季节吗？是力的季节吗？

三个月的企望，一轮嫩嫩的太阳在头顶上出现了。

风开始暖暖地吹，其实那不应该算作风，是气，肉眼儿眯着，是丝丝缕缕的捉不住拉不直的模样。石头似乎要发酥呢，菊花般的苔藓亮了许多。说不定在什么时候，满山竟有了一层绿气，但细察每一根草，每一枝柯，却又绝对没有。两只鹿，一只有角的和一只初生的，初生的在试验腿力，一跑，跑在一片新开垦的田地上，清新的气息，寻它的父亲的时候，满山树的枝柯，使它分不清哪一丛是老鹿的角。

山民挑着担子从沟底走来，棉袄已经脱了，垫在肩上，光光的脊梁上滚着有油质的汗珠。路是顽皮的，时断时续，因为没有浮尘，也没有他的脚印；水只是从山上往下流，人只是牵着路往上走。

山顶的窝洼里，有了一簇屋舍。一个小妞儿刚刚从鸡窝里取出新生的热蛋，眯了一只眼儿对着太阳耀。

二、冬　雪

这个冬天里，雪总是下着。雪的故乡在天上，是自由的纯洁的王国；落在地上，地也披上一件和平的外衣了。洼后的山，本来也没有长出什么大树，现在就浑

---

① 选自《贾平凹自选集·散文卷·闲人》，作家出版社，1992年版。小标题为编者所拟。

圆圆的，太阳并没有出来，却似乎添了一层光的虚晕，慈慈祥祥的像一位梦中的老人。洼里的林梢全覆盖了，幻想是陡然涌满了凝固的云，偶尔的风间或使某一处承受不了压力，陷进一个黑色的坑，却也是风，又将别的地方的雪扫来补缀了。只有一直走到洼下的河沿，往里一看，云雪下又是黑黝黝的树干，但立即感觉那不是黑黝黝，是蓝色的，有莹莹的青光。

河面上没有雪，是冰。冰层好像已经裂了多次，每一次分裂又被冻住，明显着纵纵横横的银白的线。

一棵很丑的柳树下，竟有了一个冰的窟窿，望得见下面的水，是黑的，幽幽的神秘。这是山民凿的，从柳树上吊下一条绳索，系了竹笼在里边，随时来提提，里边就会收获几尾银亮亮的鱼。于是，窟窿周围的冰层被水冲击，薄亮透明，如玻璃罩儿一般。

山民是一整天也没有来提竹笼了吧？冬天是他们享受人伦之乐的季节，任阳沟的雪一直涌到后墙的檐下去，四世同堂，只是守着那火塘。或许，火上的吊罐里，咕嘟嘟煮着熏肉，热灰里的洋芋也热得冒起白气。那老爷子兴许喝下三碗柿子烧酒，醉了。孙子却偷偷拿了老人的猎枪，拉开了门，门外半人高的雪扑进来，然后在雪窝子里拔着腿，无声地消失了。

一切都是安宁的。

黄昏的时候，一只褐色的狐狸出现了。它一边走着，一边用尾巴扫着身后的脚印，悄没声地伏在一个雪堆下。雪堆上站着一只山鸡，这是最俏的小动物了，翘着赤红色的长尾，欣赏不已。远远的另一个雪堆上，老爷子的孙子同时卧倒了，伸出黑黑的枪口，右眼和准星已经同狐狸在一条线上……

三、圈 圈

西风一吹，柴门就掩了。

女人坐在炕上，炕上铺满着四六席；满满当当的，是女人的世界。火塘的出口和炕门接在一起，连炕沿子上的红椿木板都烙腾腾的。女人舍不得这份热，把粮食磨子搬上来，盘脚正坐，摇那磨拐儿，两块凿着纹路的石头，就动起来，呼噜噜一匝，呼噜噜一匝，"毛儿，毛儿"，她叫着小儿子，小儿子刚会打能能，对娘的召唤并不理睬；打开了炕角一个包袱，翻弄着五颜六色的、方的圆的长的短的碎布头儿。玩腻了，就来扑着娘的脊背抓。女人将儿子抱在从梁上吊下来的一个竹笼子里，一边摇一匝磨拐儿，一边推一下竹笼儿。有节奏的晃动，和有节奏的响声，使小儿子就迷糊了。女人的右手也乏疲了，两只手夹一个六十度的角，一匝匝继续摇磨拐儿。

风天里，太阳走得快，过了屋脊，下了台阶，在厦屋的山墙上磨蚀了一片，很快就要从西山峁上滚下去了。太阳是地球的一个磨眼吧，它转动一圈，把白天就从磨眼里磨下去，天就要黑了？

女人从窗子里往外看，对面的山头上，孩子的爹正在那里犁地。一排儿五个山头上，山头上都是地；已经犁了四个山头，犁沟全是由外往里转，转得像是指印的斗纹，五个山头就是一个手掌。女人看不到手掌外的天地。

女人想：这日子真有趣，外边人在地里转圈圈，屋里人在炕上摇圈圈；春天过去了，夏天就来；夏天过去了，秋天就来；秋天过去了，冬天就来，一年四季，四个季节完了，又是一年。

天很快就黑了，女人溜下炕生火做饭。饭熟了，她一边等着男人回来，一边在手心唾口唾沫，抹抹头发。女人最爱的是晚上，她知道，太阳在白日散尽了热，晚上就要变成柔柔情情的月亮的。

小儿子就醒了，女人抱了他的儿子，倚在柴门上指着山上下来的男人，说："毛儿爹——叫你娃哟！——哟——哟——"

"哟——哟——"，却是叫那没尾巴狗的，因为小儿子屎拉下来了，要狗儿来舔屎的。

四、春 晨

初春的早晨，没有雪的时候就有着雾。雾很浓，像扯不开的棉絮，高高的山就没有了吓人的巉石，山弯下的土塬上，林梢也没有了黝黝的黑光。河水在流着，响得清喧喧的。

河对岸的一家人，门拉开的声很脆，走出一个女儿，接着又牵出一头毛驴走下来。她穿着一件大红袄儿，像天上的那个太阳，晕了一团，毛驴只显出一个长耳朵的头，四个蹄腿被雾裹着。她是下到河里打水的。

这地面只有这一家人，屋舍偏偏建的高，原本那是山嘴，山嘴也原本是一个囫囵的石头。石头上裂了一条缝，缝里长出一棵花栗木树。用碎石在四周帮砌上来，便做了屋舍的基础。门前的石头面上可以织布，也可以晒粮食。这女儿是独生女，20出头，一表人材。方圆几十里的后生都来对面的山上，山下的梢林里，割龙须草，拾毛栗子，给她唱花鼓。

她牵着毛驴一步步走下来，往四周看看，四周什么都看不清，心想：今日倒清静了！无声地笑笑，却又感到一种空落。河上边的木板桥上，有一鸡爪子厚的霜，没有一个人的脚印。

在河边，她蹲下了，卸下毛驴背上的木桶，一拎，水就满了，但却不急着往驴背上挂，大了胆儿往河边的山上、塬上看。看见了河上割开的十几丈高的岸壁，吃水线在雾里时隐时现。有一棵树，她认得是冬青木的，斜斜地在壁上长着。这是一棵几百年的古木，个儿虽不粗高，却是岸上塬头上的梢林的祖爷子。那些梢林长出一代，砍伐了一代，这冬青还是青青的长着，又孕了米粒大的籽儿。

她突然心里作想：这冬青，长在那么危险的地方，却活得那么安全呢。

于是，也就想起了那些唱给她的花鼓曲儿。水桶挂在毛驴背上，赶着往回走，走一步，回头看一下，走一步，再回过头来。雾还没有退。桥面上的霜还白白的。上斜坡的时候，路仄仄的拐之字形，她却唱起一首花鼓曲了：

> 后院里有棵苦李子树啊，小郎儿哟，
>
> 未曾开花，亲人哪，
>
> 谁敢当哎，哥呀嗳！

五、生 人

高高的山挑着月亮在旋转，旋转得太快了，看着便感觉没有动，只有月亮的周围是一圈一圈不规则的晕，先是黑的，再是黄的，再灰，再紫，再青，再白。洼地里全模糊了，看不见地头那个草庵子，庵后那一片桃林，桃林全修剪了，出地像无数的五指向上分开的手。桃林过去，是拴驴的地方，三个碌碡，还有一根木桩；现在看不见了，剪了尾巴的狗在那里叫。河里，桥空无人，白花花的水。

一个男人，蹲在屋后阳沟的泉上，拿一个杆杖在水里搅，搅得月亮碎了，星星也碎了，一泉的烂银，口中念念有词。接着就摸起横在泉口的竹管。这竹管是打通了节的，一头接在泉里，一头是通过墙眼到屋里的锅台上。他却不得进屋去。他已经是从门口走过来，又走到门口去，心里痒痒的，腿却软得像抽了筋，末了就使劲敲门。屋里有骂他的声音。

骂他的是一个婆子，婆子正在帮弄着他的女人；女人正在为他生着儿子。他要看看儿子是怎样生出来的，婆子却总是把他关在门外。

"这是人生人呢！"

"我是男子汉；死都不怕呢！"

"不怕死，却怕生呢。"

他不明白，人生人还那么可怕。当女人在屋里一阵阵惨叫起来，他着实是害怕了。他搅着泉水祈祷，他想跑过那桃林，一个人到河面的桥上去喊。他却没了力气，倒在木桩篱笆下，直眼儿只看着月亮，认作那是风火轮子，是一股旋风，是黑黑的夜空上的一个白洞。

一更过去，二更已尽，已经是三更，鸡儿都叫了。女人还在屋里嘶叫。他认为他的儿子糊涂：来到这个世界竟这么为难。山洼里多好，虽然有狼，但只要在猪圈墙上画白灰圈圈，它就不敢来咬猪了。这里山高，再高的山也在人的脚下。太阳每天出来，怕什么，只要脊背背了它从东山走到西山，它就成月亮了。晚上不是还有疙瘩柴火烤吗？还有洋芋糊汤呢。你会是有媳妇。还有酒，柿子可以烧，包谷也可以烧，喝醉了，唱花鼓。

女人一声锐叫，不言语了。接替女人叫的是一阵尖而脆的哇哇啼声。

门打开了，接生的婆子喊着男人："你儿子生下了，生下了！"催他进去烧水，打鸡蛋，泡馍。男人却稀软得立不起来。天上的月亮没有了，星星亮起来，他觉得星星是多了一颗。

"又一个山里人。"他说。

六、客 店

路到山上去，盘十八道弯，山顶上一棵栗木树下一口泉，趴下喝了，再从那边绕十八道弯下去。山的两面再没有长别的树，石头也很分散，却生满了刺玫，全拉着长条儿覆衍石上，又互相交织在一起。花儿却嫩得噙出水儿，一律白色，惹得蝴蝶款款地飞。

十八道弯口，独独一户人家，住着个寡妇，寡妇年轻，穿着一双白布蒙了尖儿的鞋；开了店卖饭。

公路上往来的司机都认识她，她也认识司机，迟早在店里窗内坐着，对着奔跑的汽车一抬手，车就停了。方圆三十里的山民，都称她是"车闸"。

山里人出到山外去，或者从山外回到山里来，都在店里歇脚。谁也不敢惹她，谁也没理由敢惹她。她认了好多亲家，当然，干儿子干女儿有几十，有本乡本土的，有山外城里的。为了讨好她，送给她狗的人很多；为了讨好她，一走到店前就唤了狗儿喂东西吃。十几条狗都没有剪尾巴，肥得油光水亮。

八月里，店里店外堆满了柿子，核桃，黄蜡，生漆，桐油；山民们都把山货背来交给她。她一宗一宗转卖给山外来的汽车。店里说话的人多，吃饭的人少。营业的时间长，获取的利润短。她不是为了钱，钱在城乡流通着，使她有了不是寡妇的活泼。活泼，使一些外地来人都知道了她是寡妇，她不害羞，穿了那双有白布的鞋儿，整头平脸，拿光光的眼睛看人，外地来人也就把她这个寡妇知道了。也讨好地掰了干粮给那狗儿吃，也只有给狗儿吃。

满山的刺玫都开了，白得宣净，一直繁衍到了店的周围。因为刺在花里，谁也不敢糟踏花，因为花围了店屋，店里人总是不断。忽一日，深山跑来一只美丽的麝，从那边十八道弯里跑上，从这边十八道弯里跑下，又在山梁上跑。山里的一切猎手都不去打。他们一起坐在店里往山头上看，说那麝来回跑得那么快，是为它自身的香气兴奋呢。

张承志

午夜的鞍子①

这不是在作文，简直是在写诗呢。伤痕累累的鞍子与曾经沧海的骑手，午夜墙上的鞍子与枕戈待旦的战士，息息相通、无分彼此。张承志给自己找了一面特别的镜子。

插队4年，我们有整整一本鞍经。就像我们忍着不去批评那些关于马的轻薄谈论一样，我们从不多说其实更珍惜的鞍子。而4年里听惯了摔人碎鞍的故事，好像知识青年的鞍子特别脆，有的人可能插了3年队碎过四五盘鞍子，奢侈得可憎；也有的人，一直到离开草原时那盘木鞍还完好无恙。

我的鞍子一直没碎，虽然也饱经踢摔，但它直到最后还是那老样子：不漂亮也不难看，白铜鞍条，白铜鞍钉。特殊的是两块鞯皮硬过生铁，怕是用牝牛皮做的。它大致能算多伦式，但后桥微翘一些，骑惯了觉得屁股被紧卡着，心里踏实而轻松。

像年轻人不能体味生命的蓄量一样，也像蒙古谚语"新马不懂长途"里描写的那种新4岁或新5岁骏马一样；我作为我那盘翘角多伦鞍子的主人，却并不知道这鞍的硬度。

在接近40岁的时辰回忆19岁那少年轻骑的具体往事，即使我有奇特的记忆力，也毕竟很困难了。我恍恍惚惚记不清那些摔下鞍桥、重重砸进厚厚草地或雪地的影子。顶多只有一丝感觉；觉得浑身骨头摔得现在还疼，但又觉得硬土硬石的草原又深又软，在那儿是不可能折臂断腿的。纵使每年都有数不清的牧民残废，正骨郎中在草地上醉醺醺串荡着，令人憎恶又受人崇拜——但那时的我从来不相信我的骨头会折断，就像我从未留心的、我那盘忠实鞍子从来没有裂碎一样。

那一定也是在一个五月初夏天气诡异的日子里，我第一次卸下鞍皮打量了我那架鞍骨。那木头纹理狰狞而坚密，看得见一株老柏树的苍劲姿影。那种老柏树

① 选自张承志《大陆与情感》，山东画报出版社，1998年版。

不像窗外冷漠的水泥沙漠上的怪物，那种老柏树躯干已经炼成钢铁，脉管却输动着活力的绿色。柏丝纹缠绕纠绞，我恍然大悟了：马蹄可以踢得它丝丝开扣，但绝不可能踢散它的热烈内里。

其实，它已经裂缝累累了。

我震动地看着一道道黑裂的缝隙，吃惊它为什么不在那一次碎掉了事。有一道黑缝上还黏着新鲜的木屑，我知道这是前几天那次落马：我懒得系肚带撑杆上马，轰羊回来时我顺手甩了一竿套羊。羊逃了，驯熟的白马自己猛转身去追，我无所谓不可地随着举起竿子。拐一个急弯时，鞍子嗖地滑下马脊，我和没系肚带的鞍子一块摔到马肚子下头，左手无名指还勾着缰绳。

后来留下的纪念只是一根指头的小残疾——它使我学不成吉他弹唱了，但我不知道，我的柏木鞍应该在那个可悲瞬间里绝望地、清晰地响着裂开。

还有几道醒目些的裂纹，我都能大致判断它的忌日。一名牧人骑马史的经历，原来只是刻在不见天日的内里，隔着炫目的美丽银饰，或者白铜饰。

记得那一天我初次心情沉重。在毡包里昏黄的油灯下，我默默地把揭开的鞍皮又裹紧，把一颗颗银扣子和白铜花钉牢。我一言不发地收拾着，包外漆黑的五月之夜里，微闷的气浪带来羊群不安的反刍声。我用羊油勒亮了每一根皮梢条，用破布把银铜饰件打磨得雪亮。在磨旧了掀开一角的小鞯边上，我小心地缝了3针。我又修理了马绊和鞭子，一一把它悬系在鞍上。我把鞍子举起，穿上一根圆木，把它悬挂在毡包的哈纳墙上，然后久久地凝视着刚刚开始的热夜。

乡土中国

张承志

背 影①

以母亲的背影作象征性隐喻，引出回民的一次大聚会，"两万个终日躬耕荒山的背影在拥挤呼喊"，"为说谎的历史修订"。张承志以回民血统的历史学家的身份，从这些"真正巨大的背影"中看见了自己的精神家园，他追逐这背影，再"不回头"。朱自清的《背影》充盈人间深情，张承志的《背影》具有宗教的虔诚与庄严。

张承志（1948年生），作家，回族。著有小说《心灵史》、散文《大陆与情感》等。

成年以后，有时我会在恍惚中陷入一种若有所思的混沌中。有些儿时的影影绰绰的幻想，在那时明灭倏忽地掠过空茫的视野。我感到了一种诱惑和神秘，但我不能解释。那是什么呢？像一些匆匆而去的、避开我注视的背影！

那是在小学二年级还是三年级？——反正是在上学去的路上。我双手揣着兜，斜背着姐姐用过的旧书包，边走边踢着路上的石子儿。那天太阳照耀得眩目，我无意中眯着眼睛。突然，潮水浸漫般的人群中出现了母亲的背影。

她背朝着我，正大步笔直赶着路。人潮缓缓地逆着她涌来，我觉得她的腰挺得又僵又硬。她的两腿好像迈不稳，但她走得又急又重。那一年我还不满10岁，经常因为淘气被她捆在桌子腿上。但是鬼使神差，我不再踢石子儿了，我默默地尾随着她，走了长长一程。骄阳照射着她的乱发，她的背影显得单薄又倔强——不过那只是一小会儿的事；后来，究竟我傻乎乎地跟着她走到了哪里，又是怎样离开的她，我已经完全忘了。

差不多30年过去了。

当然，30年里，包括我的家在内，一切都变了。

前天下午，我为了休息一下疲惫的头脑，信步走出了家，明亮的阳光在拥挤的树枝和楼群间炫目地闪烁着，我漫步走着，脚下踢着一颗小石子。猛然间我看见了母亲——她正迎面走来，手里提着一捆青菜。她的步子一下下迈踏得急忙又沉

---

① 选自张承志《大陆与情感》，山东画报出版社，1998年版。

重，像在僵硬地跺着路面。她穿过嘈杂，笔直地面对着我，我看见她的神情茫然又坚定。在那一刹之间我被一阵难以名状的感动攫住了，我简直忍受不住这感动的冲撞。奇怪的是在我眼中清晰而灼烫地走动着的，并不是她此刻银发苍颜的形象，而是一个恍如隔世的、充满神秘的背影。

30年是一个轮回吗？或者换一句话讲，是一个光阴吗？然而，我所以感到激动，是因为我在记忆了差不多30年的一个背影之后，终于看见了一个迎我而来的母亲。

——我像在说梦。

旧历三月二十七的前夜，我来到兰州赶尔麦里——追悼牺牲在清朝统治阶级屠刀下的亡人的集会。到达时兰州已是夜色苍茫，而我还在徘徊——我不知道尔麦里的地点。在夜幕静垂的兰州街上，我独自一人，走走停停。我无法寻人问路。我知道，如果听到我的来意，兰州会感到古怪的。

这时我看见了一群农民，一群农村来的回民。他们背对着我，披着黑棉袄，夹着麻包捆正走得匆忙。我看见那一片在夜雾中暗淡亮着的白帽子时，差点失声喊起来。可是我只是默默地跟上了他们。我已经成人了，我已经学会了藏起或抑制住心中的感情，他们笨拙硬直的背影在我的面前朦胧地晃着，我觉得我已经能从那姿势中感受到他们的戒备、他们的自尊、他们与这都市的隔膜以及他们固执地认准的目标。

他们拐进了一条小巷。没有路灯。我睁大眼睛辨认着他们那些黑黢黢的背影。一些白色的圆点在那些黑影上面像是启示的信号。我来了，我在心里悄声呼唤着。像你们一样，我也来啦。我跟定了前面那些古怪的背影，加快了步伐。

第二天我的两眼看见了一个波澜壮阔的伟大场面。两万农民从陇东河西、从新疆青海奔涌汇集于此，人头攒动的海洋上尘土弥漫。无数的农民掀起了直入云霄的呼啸，为说谎的历史修订。当两万人汇成的大海在我眼前喧嚣沸腾，当我真真地看见了两万个终日躬耕荒山的背影在拥挤呼喊，当我震惊地知道自从乾隆四十六年三月二十七清朝刽子手使一腔血洒在兰州城墙以后，204年之间无论腥风血雨苦寒恶暑，回回撒拉东乡各族的人民年年都要在此追悼颂念——我激动得不能自制。那染血的城墙早已荡然无存了；岂止乾隆年号，即使改朝换代也已有3次。204年对于一个统治者来说，不仅是太长而且是一个恐怖的数字；而人民——我凝视着那两万背影我明白了：人民要坚持着心中沉重的感情直至彼世。

那一天我结束了自己漫长的求学。那一天我觉得自己拿到了一个没有硬皮证书的学位。

尔麦里结束了，我目送着农民们大股大股地涌出兰州。他们抹抹汗污的额头，把捆成小卷的黑棉袄一背，头也不回地径直去了。黑衣白帽的浪头急急地追逐着，只留给我一片斑驳闪幻的背影。我独自站在大街路口，一连几天目送着他们。最后我熟识的那家宁夏回民也走了。他们对我频频回首，但他们终于也走了。当我望着他们终于也化成了一些不可理喻的背影时，我从心底感到了孤独。

于是我慌忙追上了他们。

陇东、河州、运河、天山、济南府、焉耆镇，我追寻着他们的踪迹，追寻着我看到听到的一切在我心中激起的回声。我看惯了那些热气腾腾的食堂，蹲在车站一角嚼着干馍的旅人；看惯了那些匍匐着的苍老虔诚的脊背；看惯了在风沙弥漫的乡村大道上的、那些白帽子下面的坚忍眼神。我惊奇地感到：在奔波中目的似乎消失了，我像一片落叶，正在北方贫穷的黄土大山中悠悠地随波漂荡。

我看到了真正巨大的背影——

原来，这些黄土大山和原野村镇，连同它们怀抱中的那个默默人群从未向世间袒露自己。六盘山一字排成屏障，遮住了它背后的西海固。开都河眨闪着微笑般的粼波，隔开了隐蔽在绿荫中的村庄。黄河湍流上节节拦坝，消失了舟楫也消失了筏客子的传说。数不清的夯土墙篙草丛掩护着，闭口不言殉教者的怨愤和鲜血的流淌。茫茫大西北黄褐色连着黄褐色，仔细听时，犁铧椎枷又只是循着成熟的节奏，你崇拜的人们只是日复一日地忙碌着生计。真实——真实被埋藏在心底的一个微乎的波动上，隔着一座伟大的背影。

每当远行将归的时候，我总是在别离的瞬间愣怔一下，心里总是在那一瞬闪过这个无法理解的背影。你什么时候才肯转过身来呢？生我养我的母族！要等到哪一次沧海桑田的时刻，你才肯从这世界上迎面而来呢。

我好不容易才听见了喊声。

妻子和小女儿正盯着我，她们的脸上挂着诧异的神情。小女儿奶声奶气地嚷着："爸爸，我叫你，你怎么不答应呢？"妻子也说："孩子喊你喊了好一阵工夫了，"她又补充道，"可是你一直背对着我们，不回头。"

我把小女儿搂紧在怀里。

"歇歇吧，爸爸！"女儿大人气地说。

妻子也说道："每天回来都见你这么背着脸坐着。你休息一会儿，和孩子玩玩吧。"

我想到了那个背影。

我在别人的眼里，也已经变得像一个背影了吗？我回忆起有一次，我一路走着去车站。到了车站，突然有人猛击了我一掌：原来是个朋友。他大惊小怪地嚷道："嘿！一路走着跟着你，可是走了一路也没认出你！干瞧了一路你的后背！"——这么说，我变了。

　　我抱起我可爱的小女儿走上闹市。在一个路口我给她买了一盒冰激凌。走到一个小店我又给她买了两块山楂羊羹。我的心情沉重又快活，我觉得太阳晒得又温暖又深切。我和孩子说笑着，讲到小白兔、熊猫和大灰狼。她的晶莹的黑眸子显着醉人的天真和幸福，也偶然倏地闪灭一下，亮起一种永远激动我的神秘。

　　在街心绿地上，她兴奋地使劲叫嚷着来回奔跑。阳光突然被她搅得闪乱不定。我出神地凝望着她，仿佛看见了一个梦。在那浪涛般涌动不息，又像高原大山般遥远的背影上，此刻印上了一个在阳光中嬉戏的、新鲜的小生命。

　　我久久地望着，心里慢慢涨起庄严的潮。

张承志

爱花说①

　　爱花的心情其实是爱美的生活，"失美的民族将不可拯救"。张承志对世人爱花的形式和爱花的文字来了一次大扫荡，又提出了相当有说服力的例子——偏远乡民与花生息与共、古今文人以花言志，借此鄙薄玩物心态的赏花，进而提醒人们关注"底层之花"，养成大规模的中国的花风俗。文章有矛有盾，进退有据。

　　一般来说，城市没有情调、生活没有情趣，是当今我们的两大悲剧。

　　在持久的沉重生活的压力下，随着官商市井的强大，世间在嘈杂中渐渐地以下贱为新俗。我们疲于奔命，常常失去平和的心境，没有几个人能有心有闲顾及赏心悦目的逸行。

　　比如风花雪月的概念，其实是中国总结出的；但爱花与赏美，却与中国的形象相旷日久了。

　　赏花甚至爱花如痴的形象，渐渐地为洋人所篡。东有日本，西有荷兰，成了世界上的花国。

　　日本有樱花，春四月举国举城地看花，从樱花的花期迅疾而品尝美的短促激烈；荷兰则有郁金香，无垠的原野上种满这种高昂的花，进而使花成了极其重要的商品。

　　随着资本主义的兴盛，花的种植销售，以及对花的宣传强调都大大膨胀发展，花变成了一种不是地域的而是时代的文化。

　　我不愿对这种现实屈服。

　　我总觉得，花还应当有更深的本质。

　　但是我无法不缄默。曾经有这样一个现代派艺术家：他从荷兰买来成卡车的红郁金香，然后榨汁压烂，把浓浓的鲜红郁金香汁液喷洒在白纸上。然后，再把大团的榨烂的红郁金香啪啪地摔在那白纸上——造成鲜血横流，花肉泥泞，然后去展览。

---

　　① 选自《张承志文学作品选集·散文卷》，海南出版社，1997年版。

这个现代派花道艺术家，借此疯狂的行为批判了荷兰郁金香种植业。同时，我想他更多地宣泄了一种富人的欲望。使我缄默的是，那"作品"无论怎样仗着钱大欲满而使我反感，但它确实是震慑人心的。我们——生于祖国的我们没有这样的余裕，因此这种"富贵艺术"从开始便与我们无缘了。

旁观日本人的"花见"（Hanami）也一样。那水泄不通的人群拥在樱树下，看着怒放的樱花痛饮；最讲究的是让飘零的花瓣落入酒杯里，醉眼迷蒙，连酒带花，一口吞下。人在樱花启示上痛感人生迅疾，立志要使生命如花一般只求怒放不惜短暂——这一切，几乎成了日本人的标签。

我深知这是相当风俗化了的一种赏花。事物一旦风俗化，就未必再如同初衷，也未必真实了。昔日侵略不说，今天正掠夺亚洲树木资源的日本人，无论怎样用樱花粉饰，也很难纠正他们已有的一种"浊"的形象了。

但是我仍然只能缄默。风俗化，不能被指责成虚构。我们也应当有这类风俗。比如河南，为什么不见大街小巷千树万树都是牡丹，不见一片牡丹花海中千万人头攒动，以赏牡丹为衣食的风俗呢？

所以，应该救出我们这艰难母国的若干花乡，让它们扬名。

首位当数伊犁。在伊犁城乡，人们虽然还仅仅过着泥屋土坯的生活，但早就是种花成俗。

伊犁城乡、乃至大半个新疆的各处，庭院种花的特点是百花齐放不拘一种。花奇迹般地开得火爆饱满，红黄金蓝，充斥满院。那些花比樱花资质丰富得多，漂亮得多；虽然没有郁金香那贵族气派，但是于鲜艳中寓有朴素。

伊犁的花不可能变成商品。尽管缺乏了一份刺激而使它们仅仅长于庭院，但事实上家家种花，也就不会有买花主顾。伊犁各族真是懂美的人，他们于风土中点缀，借自然惠予的条件，使几近原始的生活中满是鲜花。住在伊犁时，谁都会惊叹满目的鲜花。那大朵大朵紧挨着的怒放的金黄大红，谁也带不走，它们只属于普普通通的农民——我想，这是日本人荷兰人望尘莫及的。

还可以数出青海东部。

在湟水、大通河流域，也就是青海东部的种麦区，沿河的各个庄子里、农民们种玫瑰。

玫瑰花，这种美女象征一般的纯浪漫主义花儿，在这儿不可思议地呈现了它纯概念的和纯实用的两面价值。

我在一个日暮时分，从乐都县走向柳湾。走得累了，就向一个庄户讨水喝。庄院里有一个憨厚的老汉在打土坯，见我进来，听了来意后，匆匆喊小闺女倒茶。穷乡僻壤，茶是加盐的白开水，那些日子里我已经喝惯了。

　　小闺女是孙女，生得非常漂亮。不知为什么，移民一旦定居一代以上，体质就发生变化。比如移民新疆的甘肃回民，常常生养酷似维吾尔人的丫头；从皮肤到眼皮，都与父母判若两界。这湟水畔的小闺女也一样：完全说不清是怎样一种资质。同时有一种西域的妖媚、藏地的豪迈兼生在她的秀气里。小闺女擦净了小桌凳，把碗盏摆开时，老农端来一盘馍。

　　这白面馍里，星星点点掺杂着一些红紫的斑点。细看时，觉得那红很深，那紫又很亮。老农笑了，说：是玫瑰花瓣，晒干了搓碎，掺在面里蒸馍。一听玫瑰二字，我惊异不已，掰开一块，更仔细地看时，闻见了一种深藏的幽香，一种似甜似咸，潜伏在那些深红淡紫的一颗颗碎块之中的香味，混合着新麦的香味隐约袭来。我一时哑口无言了，不仅失了词语，连心里的感受也噎住了。

　　玫瑰与人原来还有这样的关系！

　　黄水滔滔地夺路冲腾。大峡小峡，青黑的石头山脉遮断视线。河谷一级级的台地上，泥屋旁养活着一丛丛玫瑰。极限的贫穷中，确实共生着极限的美——我信服了这个真理。

　　前些天，小女儿被逼背书到深夜（今日的教育决不能伪称教育了，它只能称之为对儿童和教育的犯罪）——我突然发现：今天逼孩子背诵的课文，和几十年前我上小学时背的一模一样：老舍的《养花》！孩子背得精疲力竭，但是不敢去睡。

　　我怒不可遏。看来，40年来每一届小学生都在背。退一步说：一篇陈旧的文字，究竟要逼孩子们背诵到哪一代哪一年才算完呢？斗胆进一步说，如此一篇文字，究竟写出了什么呢？它写出过关于花、关于花与人、关于花与风土民族、关于花与精神的任何一点深味吗？

　　不知始自何时，花于中国人，成了彻底的物，而且是玩物。我不敢说玩物则必丧志，更不敢说庭院二三盆不是中国人解脱的小路，但是我叹息那些文字的泛滥，使花和寓于花的美，日复一日地被排斥于精神之外。

　　在这样一个题目下，真应该来一次全国征文。花于中国，本质上也是关系重大、甚至关系着国家兴亡的大事。只是文人缺乏感性，他们从来没有宣传——这种底层之花。古代有过《爱莲说》，有过陶渊明、黄巢的咏菊和杜牧、毛泽东的咏梅，今天更应当有关于民间花道的轰轰烈烈宣传。今日知识分子以科学技术主义衡量一切，这是短浅之见更是危险的观点。因为，失美的民族将不可拯救，这曾是历史规律。

　　真盼望，以后会出现花的运动，花的热潮和风俗。中国一旦有了大规模的花风俗，那影响和震动，就将不是荷兰和日本所能比拟的了。

刘亮程

剩下的事情① (3题)

中国乡土文学血脉不断,有赖于贴近底层的作家代有人出。刘亮程(1962年生)以对生命的冷峻沉思,成为二十世纪乡土散文的最后一个代表作家。

剩下的事情

他们都回去了,我一个人留在野地上,看守麦垛。得有一个月时间,他们才能忙完村里的活儿,腾出手回来打麦子。野地离村庄有大半天的路,也就是说,一个人不能在一天内往返一次野地。这是大概两天的路程,你硬要一天走完,说不定你走到什么地方,天突然就黑了,剩下的路可就不好走了。谁都不想走到最后,剩下一截子黑路。是不是。

紧张的麦收结束了。同样的劳动,又在其他什么地方重新开始,这我能想得出。我知道村庄周围有几块地。他们给我留下够吃一个月的面和米,留下不够炒两顿菜的小半瓶清油。给我安排活儿的人,临走时又追加了一句:别老闲着望天,看有没有剩下的活儿,主动干干。

第二天,我在麦茬地走了一圈,发现好多活儿没有干完,麦子没割完,麦捆没有拉完。可是麦收结束了,人都回去了。

在麦地南边,扔着一大捆麦子。显然是拉麦捆的人故意漏装的。地西头则整齐地长着半垄麦子。即使割完的麦垄,也在最后剩下那么一两镰,不好看地长在那里,似乎人干到最后已没有一丝耐心和力气。

我能想到这个剩下半垄麦子的人,肯定是最后一个离开地头。在那个下午的斜阳里,没割倒的半垄麦子,一直望着扔下它们的那个人,走到麦地的另一头,走进或蹲或站的一堆人里,再也认不出来。

麦地太大。从一头几乎望不到另一头。割麦的人一人把一垄,不抬头地往前赶,一直割到天色渐晚,割到四周没有了镰声,抬起头,发现其他人早割完回去

---

① 选自刘亮程《一个人的村庄》,新疆人民出版社,1998年版。

了，剩下他孤零零的一垄。他有点急了，弯下腰猛割几镰，又茫然地停住，地里没一个人。干没干完都没人管了。没人知道他没干完，也没人知道他干完了。验收这件事的人回去了。他一下泄了气，瘫坐在麦茬上，愣了会儿神：球，不干了。

我或许能查出这个活儿没干完的人。

我已经知道他是谁。

但我不能把他喊回来，把剩下的麦子割完。这件事已经结束，更紧迫的劳动在别处开始。剩下的事情不再重要。

以后几天，我干着许多人干剩下的事情。一个人在空荡荡的麦地里转来转去。我想许多轰轰烈烈的大事之后，都会有一个收尾的人，他远远地跟在人们后头，干着他们自以为干完的事情。许多事情都一样，开始干的人很多，到了最后，便成了某一个人的。

远离村人

我每天的事：早晨起来望一眼麦垛。总共五大垛，一溜排开。整个白天可以不管它们。到了下午，天黑之前，再朝四野里望一望，看有无可疑的东西朝这边移动。

这片大野隐藏着许多东西。一个人，五垛麦子，也是其中的隐匿者，谁也不愿让谁发现。即使是树，也都蹲着长，躯干一曲再曲，枝桠匍着地伸展。我从没在荒野上看见一棵像杨树一样高扬着头，招摇而长的植物。有一种东西压着万物的头，也压抑着我。

有几个下午我注意到西边的荒野中有一个黑影在不断地变大。我看不清那是什么东西，它孤独地蹲在那里，让我几个晚上没睡好觉。若有个东西在你身旁越变越小最后消失了，你或许一点不会在意。有个东西在你身旁突然大起来，变得巨大无比，你便会感到惊慌和恐惧。

早晨天刚亮我便爬起来，看见那个黑影又长大了一些。再看麦垛，似乎一夜间矮了许多。我有点担心，扛着锨小心翼翼地走过去，穿过麦地走了一阵，才看清楚，是一棵树。一棵枯死的老树突然长出许多枝条和叶子。我围着树转了一圈。许多叶子是昨晚上才长出来的，我能感觉到它的枝枝叶叶还在长，而且会长得更加蓬蓬勃勃的。我想这棵老树的某一条根，一定扎到了土地深处的一个旺水层。

能让一棵树长得粗壮兴旺的地方，也一定让一个人活得像模像样。往回走时，我暗暗记住了这个地方。那时，我刚刚开始模糊地意识到，我已经放任自己像植物一样去随意生长。我的胳膊太细，腿也不粗，胆子也不大，需要长的地方很多。多少年来我似乎忘记了生长。

随着剩下的活儿一点一点地干完，莫名的空虚感开始笼罩草棚。活儿干完了，镰刀和铁锨扔到一边。孤单成了一件事情。寂寞和恐惧成了一件大事情。

我第一次感到自己是一个，而它们——成群的、连片的、成堆的对着我。我的群落在几十里外的太平渠村里。此时此刻，我的村民帮不了我，朋友和亲人帮不了我。

我的寂寞和恐惧是从村里带来的。

每个人最后都是独自面对剩下的寂寞和恐惧，无论在人群中还是在荒野上。那是他一个人的。

就像一粒虫、一棵草在它浩荡的群落中孤单地面对自己的那份欢乐和痛苦。其他的虫、草不知道。

一棵树枯死了，提前进入了比生更漫长的无花无叶的枯木期。其他的树还活着，枝繁叶茂。阳光照在绿叶上，也照在一棵枯树上。我们看不见一棵枯树在阳光中生长着什么。它埋在地深处的根在向什么地方延伸。死亡以后的事情，我们不知道。

一个人死了，我们把它搁过去——埋掉。

我们在坟墓旁边往下活。活着活着，就会觉得不对劲：这条路是谁留下的。那件事谁做过了。这句话谁说过。那个女人谁爱过……

我在村人中生活了几十年，什么事都经过了，再呆下去，也不会有啥新鲜事。剩下的几十年，我想在花草中度过，在虫鸟水土中度过。我不知道这样行不行，或许村里人会把我喊回去，让我娶个女人生养孩子。让我翻地，种下一年的麦子。他们不会让我闲下来，他们必做的事情，也必然是我的事情。他们不会知道，在我心中，这些事情早就结束了。

如果我还有什么剩下要做的事情，那就是一棵草的事情，一粒虫的事情，一片云的事情。

我在野地上还有十几天的时间，也可能更长。我正好远离村人，做点自己的事情。

最大的事情

我在野地只呆一个月（在村里也就住几十年），一个月后，村里来一些人，把麦子打掉，麦草扔在地边。我们一走，不管活儿干没干完，都不是我们的事情了。

老鼠会在仓满洞盈之后，重选一个地方打新洞。也许就选在草棚旁边，或者草垛下面。草棚这儿地势高，干爽，适合人筑屋鼠打洞。麦草垛下面隐蔽、安全、麦秆中少不了有一些剩余的麦穗麦粒，足够几代老鼠吃。

鸟会把巢筑在草棚上，在长出来的那截木头上，涂满白色鸟粪。

野鸡会从门缝钻进来，在我们睡觉的草铺上，生几枚蛋，留一地凌乱羽毛。

这些都是给下一年来到的人们留下的麻烦事情。下一年，一切会重新开始，剩下的事将被搁在一边。

如果下一年我们不来。下下一年还不来。

如果我们永远地走了，从野地上的草棚，从村庄，从远远近近的城市。如果人的事情结束了，或者人还有万般未竟的事业但人没有了。再也没有了。

那么，我们干完的事，将是留在这个世界上的——最大的事情。

别说一座钢铁空城、一个砖瓦村落，仅仅是我们弃在大地上的一间平常的土房子，就够它们多少年收拾。

草大概用五年时间，长满被人铲平踩瓷实的院子。草根蛰伏在土里，它没有死掉，一直在土中窥听地面上的动静。一年又一年，人的脚步在院子里来来去去，时缓时快，时轻时沉。终于有一天，再听不见了。草根试探性地拱破地面，发一个芽，生两片叶，迎风探望一季，确信再没锨来铲它，脚来踩它，草便一棵一棵从土里钻出。这片曾经是它们的土地已面目全非，且怪模怪样地耸立着一间土房子。

草开始从墙缝往外长，往房顶上长。

而房顶的大木梁中，几只蛀虫正悄悄干着一件大事情。它们打算用八十七年，把这棵木梁蛀空。然后房顶塌下来。

与此同时，风四十年吹旧一扇门上的红油漆。雨八十年后冲掉墙上的一块泥巴。

厚实的墙基里，一群蝼蚁正一小粒一小粒往外搬土。它们把巢筑在墙基里，大蝼蚁在墙里死去，小蝼蚁又在墙里出生。这个过程没有谁能全部经历，它太漫长，大概要一千八百年，墙根就彻底毁了。曾经从土里站起来，高出大地的这些土，终归又倒塌到泥土里。

但要完全抹平这片房子的痕迹，几乎是不可能。

不管多大的风，刮平一道田埂也得一百年功夫；人用旧扔掉的一只瓷碗，在土里埋三千年仍纹丝不变；而一根扎入土地的钢筋，带给土地的将是永久的刺痛。几乎没有什么东西能够消磨掉它。

除了时间。

时间本身也不是无限的。

所谓永恒，就是消磨一件事情的时间完了，但这件事情还在。

时间再没有时间。

1996年12月

刘亮程

寒风吹彻①

思绪冷峻，而语言是诗。生存冷酷，寒风吹彻了岁月，乡土中国能够依据什么"诗意地栖居在大地上"？冷美的文字，能否成为一条纤细的绳索，让诗人从酷寒中得到拯救？

雪落在那些年雪落过的地方，我已经不注意它们了。比落雪更重要的事情开始降临到生活中。30岁的我，似乎对这个冬天的来临漠不关心，却又好像一直在倾听落雪的声音，期待着又一场雪悄无声息地覆盖村庄和田野。

我静坐在屋子里，火炉上烤着几片馍馍，一小碟咸菜放在炉旁的木凳上，屋里光线暗淡。许久以后我还记起我在这样一个雪天，围抱火炉，吃咸菜啃馍馍想着一些人和事情，想得深远而入神。柴火在炉中啪啪地燃烧着，炉火通红，我的手和脸都烤得发烫了，脊背却依旧凉飕飕的。寒风正从我看不见的一道门缝吹进来。冬天又一次来到村里，来到我的家。我把怕冻的东西一一搬进屋子，糊好窗户，挂上去年冬天的棉门帘，寒风还是进来了。它比我更熟悉墙上的每一道细微裂缝。

就在前一天，我似乎已经预感到大雪来临。我劈好足够烧半个月的柴火，整齐地码在窗台下；把院子扫得干干净净，无意中像在迎接一位久违的贵宾——把生活中的一些事情扫到一边，腾出干净的一片地方来让雪落下。下午我还走出村子，到田野里转了一圈。我没顾上割回来的一地葵花秆，将在大雪中站一个冬天。每年下雪之前，都会发现有一两件顾不上干完的事而被搁一个冬天。冬天，有多少人放下一年的事情，像我一样用自己那只冰手，从头到尾地抚摸自己的一生。

屋子里更暗了，我看不见雪。但我知道雪在落，漫天地落。落在房顶和柴垛上，落在扫干净的院子里，落在远远近近的路上。我要等雪落定了再出去。我再不像以往，每逢第一场雪，都会怀着莫名的兴奋，站在屋檐下观看好一阵，或光着头钻进大雪中，好像有意要让雪知道世上有我这样一个人，却不知道寒冷早已盯住了自己活蹦乱跳的年轻生命。

---

① 选自刘亮程《一个人的村庄》，新疆人民出版社，1998年版。

经过许多个冬天之后，我才渐渐明白自己再躲不过雪，无论我蜷缩在屋子里，还是远在冬天的另一个地方，纷纷扬扬的雪，都会落在我正经历的一段岁月里。当一个人的岁月像荒野一样敞开时，他便再无法照管好自己。

就像现在，我紧围着火炉，努力想烤熟自己。我的一根骨头，却露在屋外的寒风中，隐隐作痛。那是我多年前冻坏的一根骨头，我再不能像捡一根牛骨头一样，把它捡回到火炉旁烤熟。它永远地冻坏在那段天亮前的雪路上了。那个冬天我14岁，赶着牛车去沙漠里拉柴火。那时一村人都是靠长在沙漠里一种叫梭梭的灌木取暖过冬。因为不断砍挖，有柴火的地方越来越远。往往要用一天半夜时间才能拉回一车柴火。每次拉柴火，都是母亲半夜起来做好饭，装好水和馍馍，然后叫醒我。有时父亲也会起来帮我套好车。我对寒冷的认识是从那些夜晚开始的。

牛车一走出村子，寒冷便从四面八方拥围而来，把你从家里带出的那点温暖搜刮得一干二净，让你浑身上下只剩下寒冷。

那个夜晚并不比其他夜晚更冷。

只是这次，是我一个人赶着牛车进沙漠。以往牛车一出村，就会听到远远近近的雪路上其他牛车的走动声，赶车人隐约的吆喝声。只是紧赶一路，便会追上一辆或好几辆去拉柴的牛车，一长串，缓行在铅灰色的冬夜里。那种夜晚天再冷也不觉得。因为寒风在吹好几个人，同村的、邻村的、认识和不认识的好几架牛车在这条夜路上抵挡着寒冷。

而这次，一野的寒风吹着我一个人。似乎寒冷把其他一切都收拾掉了。现在全部地对付我。

我披着羊皮大衣，一动不动趴在牛车里，不敢大声吆喝牛，免得让更多的寒冷发现我。从那个夜晚我懂得了隐藏温暖——在凛冽的寒风中，身体中那点温暖正一步步退守到一个隐秘的有时我自己都难以找到的深远处——我把这点隐深的温暖节俭地用于此后多年的爱情和生活。我的亲人们说我是个很冷的人，不是的，我把仅有的温暖全给了你们。

许多年后有一股寒风，从我自以为火热温暖的从未被寒冷浸入的内心深处阵阵袭来时，我才发现穿再厚的棉衣也没用了。生命本身有一个冬天，它已经来临。

天亮时，牛车终于到达有柴火的地方。我的一条腿却被冻僵了，失却了感觉。我试探着用另一条腿跳下车，挂着一根柴火棒活动了一阵，又点了一堆火烤了一会儿，勉强可以行走了。腿上的一块骨头却生疼起来，是我从未体验过的一种疼，像一根根针刺在骨头上又狠命往骨髓里钻——这种疼感一直延续到以后所有的冬天以及夏季里阴冷的日子。

天快黑时，我装着半车柴火回到家里，父亲一见就问我：怎么拉了这点柴，不够两天烧的。我没吭声。也没向家里说腿冻坏的事。

我想很快会暖和过来。

那个冬天要是稍短些，家里的火炉要是稍旺些，我要是稍把这条腿当回事些，或许我能暖和过来。可是现在不行了。隔着多少个季节，今夜的我，围抱火炉，再也暖不热那个遥远冬天的我；那个在上学路上不慎掉进冰窟窿，浑身是冰往回跑的我；那个跺着冻僵的双脚，捂着耳朵在一扇门外焦急等待的我……我再不能把他们唤回到这个温暖的火炉旁。我准备了许多柴火，是准备给这个冬天的。我才30岁，肯定能走过冬天。

但是我周围，肯定有个别人不能像我一样度过冬天。他们被留住了。冬天总是一年一年地弄冷一个人，先是一条腿、一块骨头、一副表情、一种心情……尔后整个人生。

我曾在一个寒冷的早晨，把一个浑身结满冰霜的路人让进屋子，给他倒了一杯热茶。那是个上了年纪的人，身上带着许多个冬天的寒冷，当他坐在我的火炉旁时，炉火须臾间变得苍白。我没有问他的名字，在火炉的另一边，我感到迎面逼来的一个老人的透骨寒气。

他一句话不说。我想他的话肯定全冻硬了，得过一阵才能化开。

大约坐了半个时辰，他站起来，朝我点了一下头，开门走了。我以为他暖和过来了。

第二天下午，听人说西边冻死了一个人。我跑过去，看见这个上了年纪的人躺在路边，半边脸埋在雪中。

我第一次看到一个人被冻死。

我不敢相信他已经死了。他的生命中肯定还深藏着一点温暖，只是我们看不见。一个人最后的微弱挣扎我们看不见；呼唤和呻吟我们听不见。

我们以为他死了。彻底地冻僵了。

他的身上怎么能留住一点点温暖呢？靠什么去留住？他的烂了几个洞、棉花露在外面的旧棉衣？底磨得快通一边帮已经脱落的那双鞋？还是他的比多少个冬天加起来还要寒冷的心境？……

落在一个人一生中的雪，我们不能全部看见。每个人都在自己的生命中，孤独地过冬。我们帮不了谁。我的一小炉火，对这个贫寒一生的人来说，显然是杯水车薪。他的寒冷太巨大。

我有一个姑妈，住在河那边的村庄里，许多年前的那些个冬天，我们兄弟几个常手牵手走过封冻的玛河去看望她。每次临别前，姑妈总要说一句：天热了让你妈过来喧喧。

姑妈年老多病，她总担心自己过不了冬天。天一冷她便足不出户，偎在一间矮土屋里，抱着火炉，等待春天来临。

一个人老的时候，是那么渴望春天来临。尽管春天来了她没有一片要抽芽的叶子，也没有半瓣要开放的花朵。春天只是来到大地上，来到别人的生命中。但她还是渴望春天，她害怕寒冷。

我一直没有忘记姑妈的这句话，也不只一次地把它转告给母亲。母亲只是望望我，又忙着做她的活。母亲不是一个人在过冬，她有五六个没长大的孩子，她要拉扯着他们度过冬天，不让一个孩子受冻。她和姑妈一样期盼着春天。

……天热了，母亲会带着我们，趟过河，到对岸的村子里看望姑妈。姑妈也会走出蜗居一冬的土屋，在院子里晒着暖暖的太阳和我们说说笑笑……多少年过去了，我们一直没有等到这个春天。好像姑妈那句话中的"天"一直没有热。

姑妈死在几年后的一个冬天。我回家过年，记得是大年初四，我陪着母亲沿一条即将解冻的马路往回走。母亲在那段路上告诉我姑妈去世的事。她说："你姑妈死掉了。"

母亲说得那么平淡，像在说一件跟死亡无关的事情。

"咋死的？"我似乎问得更平淡。

母亲没有直接回答我。她只是说："你大哥和你弟弟过去帮助料理了后事。"

此后的好一阵，我们再没说这事，只顾静静地走路。快到家门口时，母亲说了句：天热了。

我抬头看了看母亲，她的身上正冒着热气，或许是走路的缘故，不过天气真的转热了。对母亲来说，这个冬天已经过去了。

"天热了过来喧喧。"我又想起姑妈的这句话。这个春天再不属于姑妈了。她熬过了许多个冬天还是被这个冬天留住了。我想起爷爷奶奶也是分别死后几年前的冬天。母亲还活着。我们在世上的亲人会越来越少。我告诉自己，不管天冷天热，我们都常过来和母亲坐坐。

母亲拉扯大她的7个儿女。她老了。我们长高长大的7个儿女，或许能为母亲挡住一丝的寒冷。每当儿女们回到家里，母亲都会特别高兴，家里也顿时平添热闹的气氛。

但母亲斑白的双鬓分明让我感到她一个人的冬天已经来临，那些雪开始不退、冰霜开始不融化——无论春天来了，还是儿女们的孝心和温暖备至。

随着30年这样的人生距离，我感觉着母亲独自在冬天的透心寒冷。我无能为力。

雪越下越大。天彻底黑透了。

我围抱着火炉，烤熟漫长一生的一个时刻。我知道这一时刻之外，我其余的岁月，我的亲人们的岁月，远在屋外的大雪中，被寒风吹彻。

1996年5月20日

孙犁

采蒲台的苇①

　　文字如水中苇草，清爽淡然，不生枝叶，是孙犁（1913~2002）的文风。"最好的苇出在采蒲台。"淡淡一句，勾连了苇与人，风景与故事，而褒贬都在其中。

　　我到了白洋淀，第一个印象，是水养活了苇草，人们依靠苇生活。这里到处是苇，人和苇结合得是那么紧。人好像寄生在苇里的鸟儿，整天不停地在苇里穿来穿去。

　　我渐渐知道，苇也因为性质的软硬、坚固和脆弱，各有各的用途。其中大白皮和大头栽因为色白、高大，多用来织小花边的炕席；正草因为有骨性，则多用来铺房、填房碱；白毛子只有漂亮的外形，却只能当柴烧；假皮织篮捉鱼用。

　　我来得早，淀里的凌还没有完全融化。苇子的根还埋在冰冷的泥里，看不见大苇形成的海。我走在淀边上，想象假如是五月，那会是苇的世界。

　　在村里是一垛垛打下来的苇，它们柔顺地在妇女们的手里翻动。远处的炮声还不断传来，人民的创伤并没有完全平复。关于苇塘，就不只是一种风景，它充满火药的气息，和无数英雄的血液的记忆。如果单纯是苇，如果单纯是好看，那就不成为冀中的名胜。

　　这里的英雄事迹很多，不能一一记述。每一片苇塘，都有英雄的传说。敌人的炮火，曾经摧残它们，它们无数次被火烧光，人民的血液保持了它们的清白。

　　最好的苇出在采蒲台。一次，在采蒲台，十几个干部和全村男女被敌人包围。那是冬天，人们被围在冰上，面对着等待收割的大苇塘。

　　敌人要搜。干部们有的带着枪，认为是最后战斗流血的时候到来了。妇女们却偷偷把怀里的孩子递过去，告诉他们把枪支插在孩子的裤裆里。搜查的时候，干部又顺手把孩子递给女人……12个女人不约而同地这样做了。仇恨是一个，爱是一个，智慧是一个。

　　枪掩护过去了，闯过了一关。这时，一个40多岁的人，从苇塘打苇回来，被敌

① 选自《中国现代文学史参考资料·散文选》（第三册），上海教育出版社，1979年版。

人捉住。敌人问他："你是八路？""不是！""你村里有干部？""没有！"敌人砍断他半边脖子，又问："你的八路！"他歪着头，血流在胸膛上，说："不是！""你村的八路大大的！""没有！"

妇女们忍不住，她们一齐沙着嗓子喊："没有！没有！"

敌人杀死他，他倒在冰上。血冻结了，血是坚定的，死是刚强！

"没有！没有！"

这声音将永远响在苇塘附近，永远响在白洋淀人民的耳朵旁边，甚至应该一代代传给我们的子孙。永远记住这两句简短有力的话吧！

1946年

汪曾祺

陈小手①

汪曾祺（1920~1997）文风与孙犁一路，一片清淡洁净的水汽，真水无香，却最能滋养生命与文命。陈小手有大名，骑白马，治难产。而在"团长"心里，产科医生只是个"男人"，而难产的"太太"，不过是自己的一件"东西"。双方的游戏规则不一样，让谁都觉得"委屈"。

我们那地方，过去极少有产科医生。一般人家生孩子，都是请老娘。什么人家请哪位老娘，差不多都是固定的。一家宅门的大少奶奶、二少奶奶、三少奶奶，生的少爷、小姐，差不多都是一个老娘接生的。老娘要穿房入户，生人怎么行？老娘也熟知各家的情况，哪个年长的女佣人可以当她的助手，当"抱腰的"，不需临时现找。而且，一般人家都迷信哪个老娘"吉祥"，接生顺当。——老娘家都供着送子娘娘，天天烧香。谁家会请一个男性的医生来接生呢？——我们那里学医的都是男人，只有李花脸的女儿传其父业，成了全城仅有的一位女医人。她也不会接生，只会看内科，是个老姑娘。男人求医，谁会去学产科呢？都觉得这是一桩丢人没有出息的事，不屑为之。但也不是绝对没有。陈小手就是一位出名的男性的产科医生。

陈小手的得名是因为他的手特别小，比女人的手还小，比一般女人的手还更柔软细嫩。他专能治难产。横生、倒生，都能接下来（他当然也要借助于药物和器械）。据说因为他的手小，动作细腻，可以减少产妇很多痛苦。大户人家，非到万不得已，是不会请他的。中小户人家，忌讳较少，遇到产妇胎位不正，老娘束手，老娘就会建议："去请陈小手吧。"

陈小手当然有个大名，但是都叫他陈小手。

接生，耽误不得，这是两条人命的事。陈小手喂着一匹马。这匹马浑身雪白，无一根杂毛，是一匹走马。据懂马的行家说，这走马的脚步是"野鸡柳子"，又快又细又匀。我们那里是水乡，很少人家养马。每逢有军队的骑兵过境，大家就争着跑到运河堤上去看"马队"，觉得非常好看。陈小手常常骑着白马赶着到各处去

---

① 选自《受戒——汪曾祺自选集》，漓江出版社，1997年版。

接生，大家就把白马和他的名字联系起来，称之为："白马陈小手"。

同行的医生，看内科的、外科的，都看不起陈小手，认为他不是医生，只是一个男性的老娘。陈小手不在乎这些，只要有人来请，立即跨上他的白走马，飞奔而去。正在呻吟惨叫的产妇听到他的马脖上的銮铃的声音，立刻就安定了一些。他下了马，即刻进产房。过了一会（有时时间颇长），听到哇的一声，孩子落地了。陈小手满头大汗，走出来，对这家的男主人拱拱手："恭喜恭喜！母子平安"男主人满面笑容，把封在红纸里的酬金递过去。陈小手接过来，看也不看，装进口袋里，洗洗手，喝一杯热茶，道一声"得罪"，出门上马。只听见他的马的銮铃声"哗棱哗棱"……走远了。

陈小手活人多矣。

有一年，来了联军。我们那里那几年打来打去的，是两支军队。一支是国民革命军，当地称之为"党军"；相对的一支是孙传芳的军队。孙传芳自称"五省联军总司令"，他的部队就被称为"联军"。联军驻扎在天王庙，有一团人。团长的太太（谁知道是正太太还是姨太太），要生了，生不下来。叫来几个老娘，还是弄不出来。这太太杀猪也似的乱叫。团长派人去叫陈小手。

陈小手进了天王庙。团长正在产房外面不停地"走柳"。见了陈小手，说：

"大人，孩子，都得给我保住！保不住要你的脑袋！进去吧！"

这女人身上油脂太多了，陈小手费了九牛二虎之力，总算把孩子掏出来了。和这个胖女人较了半天劲，累得他筋疲力尽。他迤里歪斜走出来，对团长拱拱手：

"团长！恭喜您，是个男伢子，少爷！"

团长龇牙笑了一下，说："难为你了！——请！"

外边已经摆好了一桌酒席。副官陪着。陈小手喝了两盅。团长拿出20块现大洋，往陈小手面前一送：

"这是给你的！——别嫌少哇！"

"太重了！太重了！"

喝了酒，揣上20块大洋，陈小手告辞了："得罪！得罪！"

"不送你了！"

陈小手出了天王庙，跨上马。团长掏出枪来，从后面，一枪就把他打下来了。

团长说："我的女人呢，怎么能让他摸来摸去！她身上，除了我，任何男人都不许碰！这小子，太欺负人了！日他奶奶！"

团长觉得怪委屈。

周涛

亲爱的麦子①

　　周涛（1946年生）以农民和诗人的双重感情，吟唱一首"麦子"的赞歌与哀歌。"亲爱的麦子"，农民不会这样说话，这语气是诗人的，但感情是农民的。

　　我想说，亲爱的麦子。

　　我想，对这种优良的植物应该这么称呼，这并不显得过分，也不显得轻浮。

　　我而且还想，对它，对这种呈颗粒状的，宛如掉在土壤里并沾满了土末的汗珠般的东西，人类平时的态度是不是有些过于轻视和随便了呢？

　　它很美。尤其是它的颗粒，有一种土壤般朴素柔和不事喧哗的质地和本色。它从土壤里生长出来，依旧保持了土壤的颜色，不刺目，不耀眼，却改变了土壤的味道。这就使它带有了土地的精华的含义。特别是它还保持着耕种者的汗珠的形状，这就像是大自然给予我们的某种提醒、某种警喻，仿佛它不是自己种子的果实，而是汗珠滴入土壤后的成熟。

　　这一切使它更美。麦子，它是如此的平凡，然而却是由天、地、人三者合作创造的精品。它使我们想到天空的阳光和雨水，想到土地默默的积蓄和消耗，想到人的挥动着的肢体……所以有的民族在饭桌上面对面包时，会产生感恩的心情，感激这种赐予。所以还有的民族把麦穗作为了族徽，以表示某种崇信和图腾。麦子，它还可以使我们毫不费力地想到了镰刀、饥饿、战争、死亡等等之类最关乎人类生存的问题，但是面粉不容易使人想到这些。这就是麦子掩藏在朴素后面的那种深刻的美。

　　我是一个热爱粮食的人。因此，我非常乐意在春天的吉木萨尔翻弄麦子。我们住的地方没有面粉厂，也没有粮店，庄户人只能分到麦子，到一个河上的磨坊去磨成面粉。

　　连续几天，我和父亲把一麻袋麦子倒进院里架起的一个木槽里，然后倒水冲洗。我们选的是阳光非常明媚的日子，也没有风。晶亮晶亮的水珠儿闪着光芒，

---

　　① 选自周涛《兀立荒原》，华艺出版社，1993年版。标题为编者所拟，原题《吉木萨尔纪事·麦子》。

渗进麦粒中间，慢慢升起一股淡薄的尘雾；有一点呛人，仿佛使人闻见去年的土地散发出的温热。然后再倒水，搅拌，冲洗，直到一颗颗麦粒被洗出它本来的那种浅褐色的质朴，透出一股琥珀色的圆满的忧伤。然后晾晒几天，再装入麻袋。

我看得出来，麦子的色泽里含有一种忧伤的意味，一种成熟的物质所带有的哲学式的忧伤。这种忧伤和它的圆满形态、浅褐色浑然和谐。与生俱来而又无从表述，毫不自知而又一目了然。正是这，使它优美。

于是有一天，我们起得绝早。我们向邻居借来了一头驴和一辆架子车——这像是农户人家的一个重大行动似的，很早，我们就把装麦子的麻袋搬上驴车，朝磨房去了。

我和父亲坐在车上。我驾驭驴车的才能无师自通。我很想驱使那匹毛驴奔驰一番，以驱散田野小路上的那种寒冷的寂静；然而父亲不允许，他害怕"把人家的驴累坏了"。磨房相当远，农村的早晨也相当漫长，我们的驴车仿佛慢慢吞吞地走进了一个久远的童话故事。驴将突然开口说话，告诉我们它原来是一个公主（大队书记女儿），被磨房的巫婆变成了驴，只有从遥远城市来的勇士才能破那妖术，它就会还原成人。于是沿着这思路幻想下去，满满两麻袋麦子会在公主的点化下成为金子，一切都很圆满和快乐……在农村天色微明的田野上，一切景致和氛围都酷似原始的童话或民间故事。只是驴低垂着头，丝毫不准备回过头来对我们说话。

当时，我突然觉得我和父亲像是两只松鼠，或是连松鼠也不如的什么鼠类，正运载着辛苦了一年收集的谷物，准备过冬。我们所如此重视的两麻袋麦子，其实正相当于老鼠收集在洞里的谷物。我感到了滑稽，有点哭笑不得，人一旦还原到这种状态时，生存的形象就分外像各种动物了。

这就是我们的麦子，一粒一粒的，从田亩中收集回来的养命之物。颗粒很小，每一粒都不够塞牙缝儿的；但是我们就是靠着这样一些小颗粒，维持生命，支撑地球上庞大众多的人群发明、创造、争斗、屠杀、繁衍、爱憎……不管人类已经进化到了何种程度，它还在吃麦子——这就够了，这就足以证明人类依然没有摆脱上帝的制约，依然是生存在地球上的无数种生物中的一种，而不是神。

被小小的麦粒制约着的伟大物种啊！

假如有一天，大地突然不再长出麦子，那该怎么办？这虽然是杞人忧天，却并非毫不可能，因为我这种年龄的人经历过一次大饥馑。我因此而懂得，源源不断的粮店会突然没有面粉，母亲会对没有吃饱的儿子说"少吃一点"，乞吃者会骤然间遍布城市的各个角落，人们会为了一个大饼而去抢劫……这就是麦子的威力和制约，在这个意义上，麦子就代表了上帝。

磨房终于到了。

　　磨房里没有巫婆，有一个老头儿。磨房是那种最古老的中世纪式的，靠河水带动，在轰隆轰隆的沉重响声中摇摇晃晃，像一排老人的牙齿，已很松动。这是一座架在河上的木头磨房，里边大概除了碾子，好像其余的全是用木头制成的。木杆、木柄、木轮，因年久而被磨得光滑油亮，渗着乌黑的手渍。和看管它的这位老头酷似，它俩都一样是年久失修的、松动勤勉的、喉咙里呼噜呼噜带响的。

　　我们的麦子就倒进这令人可疑的陈旧作坊里，缓慢迟重地在这生活的水磨上被磨损，被咀嚼，被粉化。我想着那一颗颗麦粒被压扁、挤裂、磨碎时的样子，想着它们渐渐麻木、任其蹂躏的状态，有一丝呻吟和不堪其痛的磨难从胸膛里升起，传染给我的四肢，我真真实实地感到了我和它们一样……和这些麦子一样，我正在一座类似的生活的水磨上，被一点一点地、慢吞吞地，磨损着。

　　然而水磨却在唱着一支轰隆轰隆的雄壮的歌，用它松动的牙齿、哮喘的喉咙，唱着一支含混不清、年代久远的所谓进行曲……这就是我们每一粒麦子的命运。

　　我就是麦子。

　　我正面临着古老民间故事一般的现实。

　　我芬芳的、新鲜的肉体正挤在历史和现实两块又圆又平的大石盘间，在它们沉重浑浊的歌声中，被粉化。

　　我欲哭无泪，欲喊无声。

　　因为我就是泪水和汗珠平凡的凝聚物——麦子。我将一代代地生长，被割掉；成熟，被粉化；被制成各种精美的食品，被吃掉；然后再生长。

　　这一切都是因为我没有感觉，没有思想。我是圆的，颗粒状的，人们把我叫做"麦子"。只有一个诗人这样称呼我，他说：

　　"亲爱的麦子。"

百姓浮雕

047

余秋雨

牌　坊①

百姓浮雕

一座尼姑庵里的学校，几个来历神秘的女教师，一群懵懵懂懂的小学童，在无字"牌坊"的阴影笼罩下，一个找不到答案的故事。余秋雨的"朝花夕拾"，多了些成年人的精心设计，也就增添了纯粹儿童的心理视角所没有的理性思索。

余秋雨（1946年生），作家，文化学者。著有散文《文化苦旅》《山居笔记》等。

一

青年的时候，家乡还有许多牌坊。

青山绿水，长路一条，走不了多远就有一座。高高的，全由青石条砌成，石匠们手艺高超，雕凿得十分细洁。顶上有浮饰图纹，不施彩粉，通体干净。鸟是不在那里筑窝的，飞累了，在那里停一停，看看远处的茂树，就飞走了。

这算是乡间的名胜。夏日，凉沁沁的石板底座上总睡着几个赤膊的农夫，走脚小贩摆开了摊子，孩子们绕着石柱奔跑。哪个农夫醒来了，并不立即起身，睁眼仰看着天，仰看着牌坊堂皇的顶端，嘟哝一声："嘻，这家有钱!"走脚小贩消息灵通，见多识广，慢悠悠地接口。有一两句飘进孩子们的耳朵，于是知道，这叫贞节牌坊，哪个女人死了丈夫，再不嫁人，就立下一个。

村子里再不嫁人的婶婶婆婆多得很，为什么不来立呢? 只好去问她们，打算把牌坊立在哪里。一阵恶骂，还抹下眼泪。

于是牌坊变得凶险起来。玩完了，也学农夫躺下，胡乱猜想。白云飘过来了，好像是碰了一下牌坊再飘走的。晚霞升起来了，红得眼明，晚霞比牌坊低，牌坊比天还高，黑阴阴的，像要压下来。闭一闭眼睛再看，天更暗了，牌坊的石柱变成长长的脚，有偏长的头，有狭狭的嘴。一骨碌爬起来，奔逃回家。

从此与牌坊结仇，诅咒它的倒塌。夜里，风暴雨狂，普天下生灵颤栗，早晨，

---

① 选自余秋雨《文化苦旅》，知识出版社，1992年版。

四野一片哭声。庄稼平了,瓦片掀了,大树折了,赶快去看牌坊,却定定地立着,纹丝不动。被雨透透地浇了一遍,被风狠狠地刮了一遍,亮闪闪地,更精神了,站在废墟上。

村外有一个尼姑庵,最后一个尼姑死于前年。庵空了,不知从哪里来了一位老先生,说要在这里办学堂。后来又来了几个外地女教师,红着脸细声细语到各家一说,一些孩子上学了。学了几个字,便到处找字。乡下有几个字的地方太少,想牌坊上该有字,一座座看去,竟没有。一个字也没有。因此傻想,要是那个走脚小贩死了,谁还知道牌坊的主人呢?

幸好,村子里还有一个很老的老头。老头家像狗窝,大人们关照不要去,他是干盗墓营生的。有个晚上他与几个伙伴去干那事,黑咕隆咚摸到一枚戒指,偷偷含在嘴里。伙伴们听他口音有异,都是内行,一阵死拳,打成重伤,吐出来的是一枚铜戒,换来焦饼10张。从此,孩子们只嫌他脏,不敢看他那嘴。但是,他倒能说牌坊很多事。他说,立牌坊得讲资格,有钱人家,没过门的姑娘躲在绣房里成年不出,一听男方死了,见都没见过面呢,也跟着自杀;或者……

都是小孩子听不懂的话。只有一句听得来神,他是低声说的:"真是奇怪,这些女人说是死了,坟里常常没有。"

二

乡下的孩子,脑袋里不知装了多少猜不透的怪事。谁也解答不了,直到呆呆地年老。老了,再讲给孩子们听。

管它无字的牌坊呢,管它无人的空棺呢,只顾每天走进破残的尼姑庵,上学。

尼姑庵真让人吃惊。进门平常,转弯即有花廊,最后竟有满满实实的大花圃藏在北墙里边。不相信世间有那么多花,不相信这块熟悉的土地会挤出这么多颜色。孩子们一见这个花圃,先是惊叫一声,然后不再做声,眼光直直的,亮亮的,脚步轻轻的,悄悄的,走近前去。

这个花圃,占了整个尼姑庵的四分之一。这群孩子只要向它投了一眼,立时入魔,一辈子丢不下它。往后,再大的花圃也能看到,但是,让幼小的生命第一次领略圣洁的灿烂的,是它。它在孩子们心头藏下了一种彩色的宗教。

女教师说,这些花是尼姑们种的。尼姑才细心呢,也不让别人进这个小园,舒舒畅畅地种,痛痛快快地看。

女教师说,不许把它搞坏。轻轻地拔草,轻轻地埋下脚篱,不许把它碰着。搬来一些砖块砌成凳子,一人一个,端端地坐着,两手齐按膝盖,好好看。

终于要问老师，尼姑是什么。女教师说了几句，又说不清，孩子们挺失望。

两年以后，大扫除，女教师用一条毛巾包住头发，将一把扫帚扎在竹竿上，去扫屋梁。忽然掉下一个布包，急急打开，竟是一叠绣品。一幅一幅翻看，引来一阵阵惊呼。大多是花，与花圃里的一样多，一样艳，一样活。这里有的，花圃里都有了；花圃里有的，这里都有了。还绣着一些成对的鸟，丝线的羽毛不信是假，好多小手都伸上去摸，女教师阻止了。问她是什么鸟，竟又红着脸不知道。问她这是尼姑们绣的吗？她点点头。问尼姑们在哪里学得这般好功夫，她说，从小在绣房里。这些她都知道。

绣房这个词，已第二次听到。第一次从盗墓老头的脏嘴里。那天放学，直着两眼胡思乱想。真想找老头问问，那些立了牌坊的绣房姑娘，会不会从坟墓里逃出来，躲到尼姑庵种花来了。可惜，老头早已死了。

只好与小朋友一起讨论。年纪最大的一个口气也大，说，很多出殡都是假的，待我编一个故事，你们等着听。他一直没有编出来。孩子们脑中只留下一些零乱的联想，每天看见花圃，就会想到牌坊，想到布幔重重的灵堂，飞蹿的小船，老人的哑哭，下帘的快轿……颠三倒四。

三

孩子们渐渐大了，已注意到，女教师们都非常好看。她们的脸很白，所以一脸红马上就看出来了。她们喜欢把着孩子的手写毛笔字，孩子们常常闻到她们头上淡淡的香味。"你看，又写歪了！"老师轻声责备，其实孩子没有看字，在看老师长长的睫毛，那么长，一抖一抖地。老师们极爱清洁，喝口水，先把河水打上来，用明矾沉淀两天，再轻轻舀到水壶里，煮开，拿出一只雪白的杯子，倒上，才轻轻地呷一口，牙齿比杯子还白。看到孩子在看，笑一笑，转过脸去，再呷一口。然后掏出折成小四方的手绢，抹一下嘴唇。谁见过这么复杂的一套，以前，渴了，就下到河滩上捧一捧水。老师再三叮咛，以后决不许了。可村里的老人们说，这些教师都是大户小姐，讲究。

学生一大就麻烦，开始琢磨老师。寒假了，她们不回家，她们家不过年吗？不吃年夜饭吗？暑假了，她们也不回家，那么长的暑假，知了叫得烦人，校门紧闭着，她们不冷清吗？大人说，送些瓜给你们老师吧，她们没什么吃的。不敢去，她们会喜欢吃瓜吗？会把瓜煮熟了吃吗？大人也疑虑，就不送了吧。一个初夏的星期天，离学校不远的集镇上，一位女教师买了一捧杨梅，用手绢掬着，回到学校。好像路上也没遇到学生，也没遇到熟人，但第二天一早，每个学生的书包里都带来一大袋的杨梅，红灿灿地把几个老师的桌子堆满了。家家都有杨梅树，家家大人昨天才知道，老师是愿意吃杨梅的。

老师执意要去感谢，星期天上午，她们走出了校门，娉娉婷婷地走家访户，都不在。门开着，没有人。经一位老婆婆指点，走进一座山岙。全是树，没有房，正疑惑，棵棵树上都在呼叫老师，有声不见人。都说自己家的杨梅好，要老师去。老师们在一片呼唤声中晕头转向，好一会，山岙里仍然只见这几个微笑着东张西望的美丽身影。终于有人下树来拉扯，先是孩子们，再是母亲们。乡间妇人粗，没几句话，就盛赞老师的漂亮，当着孩子的面，问为什么不结婚。倒是孩子们不敢看老师的脸，躲回树上。

但是对啊，老师们为什么不结婚呢？

好像都没有家。没有自己的家，也没有父母的家。也不见有什么人来找过她们，她们也不出去。她们好像从天上掉下来的，掉进一个古老的尼姑庵里。她们来得很远，像在躲着什么，躲在花圃旁边。她们总说这个尼姑庵很好，看一眼孩子们，又说尼姑庵太寂寞。

一天，乡间很少见到的一个老年邮差送来一封信，是给一位女教师的。后来又来过一个男人，学校里的气氛怪异起来。再几天，那位女教师自尽了。孩子们围着她哭，她像睡着了，非常平静。其他女教师也非常平静，请了几个乡民，到山间筑坟，学生们跟着。那个年龄最大的学生走过一座牌坊时不知嘀咕一句什么，"胡说！"一声断喝，同时出自几个女教师的口，从来没见过她们这么气愤。

孩子们毕业的时候，活着的教师一个也没有结婚。孩子们围着尼姑庵——学校的围墙整整绕了三圈，把围墙根下的杂草全部拔掉。不大出校门的女教师把学生送得很远。这条路干净多了，路边的牌坊都已推倒，石头用来修桥，摇摇晃晃的烂木桥变成了结实的石桥。

叫老师快回，老师说，送到石桥那里吧。她们在石桥上捋着孩子们油亮的头发，都掏出小手绢，擦着眼睛。孩子们低下头去，看见老师的布鞋，正踩着昔日牌坊上的漂亮雕纹。

四

童年的事，越想越浑。有时，小小的庵庙，竟成了一个神秘的图腾。曾想借此来思索中国妇女挣扎的秘途，又苦于全是疑问，竟无凭信。10年前回乡，花圃仍在，石桥仍在，而那些女教师，一个也不在了。问现任的教师们，完全茫然不知。

当然我是在的，我又一次绕着围墙急步行走。怎么会这么小呢？比长藏心中的小多了。立时走完，怆然站定，夕阳投下一个长长的身影，贴墙穿过旧门。这是一个被她们释放出去的人。一个至今还问不清楚牌坊奥秘的人。一个由女人们造就的人。一个从花圃出发的人。

1985年，美国欧·亨利小说奖授予司徒华·达比克的《热冰》。匆匆读完，默然不动。

小说里也有一块圣女的牌坊，不是石头做的，而是一方冰块。贞洁的处女，冰冻在里边。

据说这位姑娘跟着两个青年去划船，船划到半道上，两个青年开始对她有非礼举动，把她的上衣都撕破了。她不顾一切跳入水中，小船被她蹬翻，两个青年游回到了岸上，而她则被水莲蔓茎绊住，陷于泥沼。她的父亲抱回了女儿半裸的遗体，在痛苦的疯癫中，把尚未僵硬的女儿封进了冷库。村里的老修女写信给教皇，建议把这位冰冻的贞洁姑娘封为圣徒。

她真的会显灵。有一次，一位青年醉酒误入冷库，酒醒时冷库的大门已经上锁。他见到了这块冰："原来里面冻的是个姑娘。他清晰地看到她的秀发，不仅是金色的，简直是冬季里放在玻璃窗后面的闪闪烛光，散发着黄澄澄的金色。她袒露着酥胸，在冰层里特别显得清晰。这是一个美丽的姑娘，蒙蒙眬眬像在睡梦里，又不像睡梦中的人儿，倒像是个乍到城里来的迷路者。"结果，这位青年贴着这块冰块反而感到热气腾腾，抗住了冷库里的寒冷。

小说的最后，是两个青年偷偷进入冷库，用小车推出那方冰块，在熹微的晨光中急速奔跑。两个青年挥汗如雨，挟着一个完全解冻了的姑娘飞奔湖面，越奔越快，像要把她远远送出天边。

我默然不动。

思绪乱极了，理也理不清。老修女供奉着这位姑娘的贞洁，而她却始终袒露着自己有热量的生命，在她躲避的冰里。我的家乡为什么这么热呢？老也结不成像样的冰。我的家乡为什么有这么多不透明的顽石呢？严严地封住了包裹着的生命。偷偷种花的尼姑，还有我的女老师们，你们是否也有一位老父，哭着把你们送进冰块？达比克用闪闪烛光形容那位姑娘的秀发，你们的呢，美貌绝伦的中国女性？

把女儿悄悄封进冰块的父亲，你们一定会有的，我猜想。你们是否企盼过那两个挥汗如雨的青年，用奔跑的热量，让你们完全解冻，一起投向熹微的天际？冒犯了，也许能读到这篇文章的我的年迈的老师们，你们在哪里？

余秋雨

酒公墓①

　　大动荡时代一个知识分子奇特的经历，又似乎是必然的宿命。知识的尊严屡受亵渎，书生的尊严屡受玷污，人世的苍凉浸染全篇，悠悠陈述一个不合逻辑的"逻辑"。

一

　　一年前，我受死者生前之托，破天荒第一次写了一幅墓碑，碑文曰"酒公张先生之墓"。写毕，卷好，郑重地寄到家乡。

　　这个墓碑好生奇怪。为何称为"酒公"，为何避其名号，为何专托我写，须从头说起。

　　酒公张先生，与世纪同龄。其生涯的起点，是四明山余脉鱼背岭上的一个地名：状元坟。相传宋代此地出过一位姓张的状元，正是张先生的祖先，状元死后葬于家乡，鱼背岭因此沾染光泽，张姓家族更是津津乐道。但是，到张先生祖父的一代，全村已找不到一个识字人。

　　张先生的祖母是一位贤淑的寡妇，整日整夜纺纱织布，积下一些钱来，硬要儿子张老先生翻过两个山头去读一家私塾，说要不就对不起状元坟。张老先生十分刻苦，读书读得很成样子，成年后闯荡到上海学生意，竟然十分发达，村中乡亲全以羡慕的目光看着张家的中兴。

　　张老先生钱财虽多，却始终记着自己是状元的后代，愧恨自己学业的中断。他把全部气力都花在儿子身上，于是，他的独生儿子，我们的主角张先生读完了中学，又到美国留学。在美国，他读到了胡适之先生用英文写的论先秦逻辑学的博士论文，决定也去攻读逻辑。但他的主旨与胡适之先生并不相同，只觉得中国人思绪太过随意，该用逻辑来理一理。留学生中大家都戏称他为"逻辑救国论者"。20年代末，张先生学成回国，在上海一家师范学校任教。那时，美国留学生已不如胡适之先生回国时那样珍贵。师范校长客气地听完了他关于开设逻辑课

　　① 选自余秋雨《文化苦旅》，知识出版社，1992年版。

的重要性的长篇论述后，莞尔一笑，只说了一句："张先生，敝校只有一个英文教师的空位。"张先生木然半晌，终于接受了英语教席。

他开始与上海文化圈结交，当然，仍然三句不离逻辑。人们知道他是美国留学生，都主动地靠近过来寒暄，而一听到讲逻辑，很快就表情木然，飘飘离去。在一次文人雅集中，一位年长文士询及他的"胜业"，他早已变得毫无自信，讷讷地说了逻辑。文士沉吟片刻，慈爱地说："是啊是啊，收罗纂辑之学，为一切学问之根基！"旁边一位年轻一点的立即纠正："老伯，您听差了，他说的是巡逻的逻，不是收罗的罗！"并转过脸来问张先生，"是否已经到巡捕房供职？"张先生一愕，随即明白，他理解的"逻辑"是"巡逻侦缉"。从此，张先生再也不敢说逻辑。

但是，张先生终于在雅集中红了起来，原因是有人打听到他是状元的后代。人们热心地追询他的世谱，还纷纷请他书写扇面。张先生受不住先前那番寂寞，也就高兴起来，买了一些碑帖，练毛笔字。不单单为写扇面，而是为了像状元的后代。衣服也换了，改穿长衫。课程也换了，改教国文。他懂逻辑，因此，告别逻辑，才合乎逻辑。

百姓浮雕

二

1930年，张先生的父亲去世。遗嘱要求葬故乡状元坟，张先生扶柩回乡。

坟做得很有气派，整个葬仪也慷慨花钱，四乡传为盛事，观者如堵。此事刮到当地青帮头目陈矮子耳中，他正愁没有机会张扬自己的声势，便带着一大帮人到葬仪中寻衅。

那天，无数乡人看到一位文弱书生与一群强人的对峙。对他们来说，两方面都是别一世界的人，插不上嘴，也不愿插嘴，只是饶有兴味地呆看。陈矮子质问张先生是否知道这是谁的地盘，如此筑坟，为何不来禀告一声。张先生解释了自家与状元坟的关系，又说自己出外多年，不知本地规矩。他顺便说明自己是美国留学生，想借以稍稍镇一镇这帮强人。

陈矮子得知了张先生的身份，又摸清了他在官府没有背景，便朗声大笑，转过脸来对乡人宣告："河西袁麻子的魁武帮弄了一个中学生做师爷，神气活现，我今天正式聘请这位状元后代。美国留学生做师爷，让袁麻子气一气！"说毕，又命令手下随从一齐跪在张老先生的新坟前磕三个响头，便挟持着张先生扬长而去。

这天张先生穿一身麻料孝衣，在两个强人的手臂间挣扎呼号。已经拉到很远了，还回过头来，满脸眼泪，看了看山头的两宗坟茔。状元坟实在只是黄土一抔，紧挨着的张老先生的坟新石坚致，供品丰盛。

张先生在陈矮子手下做了些什么，至今还是一个谜。据说，从此之后，这个帮会贴出的文告、往来的函件，都有一笔秀挺的书法。为了这，气得袁麻子把自己的师爷杀了。

又据说，张先生在帮会中酒量大增，猜拳的本事，无人能敌。

张先生逃过三次，都被抓回。陈矮子为了面子，未加惩处。但当张先生第四次出逃被抓回后，终于被打成残疾，逐出了帮会。乡人说，陈矮子最讲义气，未将张先生处死。

张先生从此失踪。多少年后，几个亲戚才打听到，他到了上海，跛着腿，不愿再找职业，不愿再见旁人，躲在家里做寓公。父亲的那点遗产，渐渐坐吃山空。

直到1949年，陈矮子被镇压，张先生才回到家乡。他艰难地到山上拔净了坟头的荒草，然后到乡政府要求工作。乡政府说："你来得正好，不忙找工作，先把陈矮子帮会的案子弄弄清楚。"这一弄就弄了几年，而且越弄越不清楚。他的生活，靠帮乡人写婚丧对联、墓碑、店招、标语维持。1957年，有一天他喝酒喝得晕晕乎乎，在给乡政府写标语时把"东风压倒西风"写成了"西风压倒东风"。被质问时还轻描淡写地说只是受了当天天气预报的影响。此地正缺右派名额，理所当然把他补上了。

本来，右派的头衔对他倒也无啥，他反正原来就是那副朽木架子。只是一个月前，他刚刚与一个比他年长8岁的农村寡妇结婚，女人发觉他成了双料坏人，怕连累前夫留下的孩子，立即离他而去。

四年后，他右派的帽子摘了。理由是他已经改恶从善。实际上，是出于县立中学校长对政府的请求。摘帽没几天，县立中学聘请他去担任英语代课教师。县中本不设英语课，这年高考要加试外语，校长急了，要为毕业班临时突击补课。问遍全县上下，只有张先生一人懂英语。

三

他一生没有这么兴奋过。央请隔壁大娘为他整治出一套干净适体的服装，立即翻山越岭，向县城赶去。

对一群乡村孩子，要在5个月内从字母开始，突击补课到应付高考水平，实在艰难。但是，无论别人还是他，都极有信心，理由很简单，他是美国留学生。县中里学历最高的教师，也只是中师毕业。

开头一切还算顺利，到第四个星期却出了问题。那天，课文中有一句We all love Chairman Mao，他围绕着常用词love，补充了一些解释。他讲解道，这个词最普通的含义，乃是爱情。他在黑板上写了一个例句：爱是人的生命。

当他兴致勃勃地从黑板上回过身来，整个课堂的气氛变得十分怪异。女学生全都红脸低头，几个男学生扭歪了脸，傻看着他发愕。突然，不知哪个学生先笑出声来，随即全班爆发出无法遏止的笑声。张先生惊恐地再看了一下黑板，检查有没有写错了字，随即又摸了摸头，捋了捋衣服，看自己在哪里出了洋相。笑声更响了，四十几张年轻的嘴全都张开着，抖动着，笑着他，笑着黑板，笑着爱，震耳欲聋。这天的课无法讲完了，第二天他刚刚走进教室，笑声又起，他在讲台上呆站了几分钟就出来了，来到校长办公室，声称自己身体不好，要回乡休息。

这一年，整个县中没有一人能考上大学。

张先生回家后立即脱下了那身干净服装，塞在箱角。想了一想，端出砚台，重新以写字为生。四乡的人们觉得他命运不好，不再请他写结婚对联，他唯一可写的，只是墓碑。

据风水先生说，鱼背岭是一个极好的丧葬之地，于是，整座山岭都被坟墓簇拥。坟墓中有一大半墓碑出自张先生的手笔。他的字，以柳公权为骨，以苏东坡为肌，遒劲而丰润，端庄而活泼，十分惹目。外地客人来到此山，常常会把湖光山色忘了，把茂树野花忘了，把溪涧飞瀑忘了，只观赏这一座座墓碑。死者与死者家属大多不懂此道，但都耳闻张先生字好，希望用这样的好字把自己的姓名写一遍，铭之于石，传之不朽。

乡间丧事是很舍得花钱的，张先生写墓碑的报酬足以供他日常生活之费。他好喝酒，喝了两斤黄酒之后执笔，字迹更见飞动，因此，乡间请他写墓碑，从不忘了带酒，另备酒肴三五碟。通常，乡人进屋后，总是先把酒肴在桌上整治妥当，让张先生慢悠悠喝着，同时请一年轻人在旁边磨墨，张先生是不愿用墨汁书写的。待到喝得满脸酡红，笑眯眯地站起身来，也不试笔，只是握笔凝神片刻，然后一挥而就。

乡人带来的酒，每次都在5斤以上，可供张先生喝几天。附近几家酿酒作坊，知道张先生品酒在行，经常邀他去品定各种酒的等次，后来竟把他的评语，作为互相竞争的标准，因此都尽力来讨好他。酒坛，排满了他陋室的墙角。大家嫌"张先生"的称呼过于板正，都叫他酒公，他也乐意。一家作坊甚至把他评价最高的那种酒定名为酒公酒，方圆数十里都有名气。

前年深秋，我回家乡游玩，被满山漂亮的书法惊呆。了解了张先生的身世后，我又一次上山在墓碑间徘徊。我想，这位半个多世纪前的逻辑救国论者，是用一种最潦倒、最别致的方式，让生命占据了一座小山。他平生未能用自己的学问征服过任何一个人，只能用一支毛笔，在中国传之千年的毛笔，把离开这个世界的人慰抚一番。可怜被他慰抚的人，既不懂逻辑，也不懂书法，于是，连墓碑上的书法，也无限寂寞。谁能反过来慰抚这种寂寞呢？只有那一排排灰褐色的酒坛。

在美国，在上海，张先生都日思夜想过这座故乡的山，祖先的山。没想到，他一生履历的终结，是越来越多的墓碑。人总要死，墓很难坍，长此以往，家乡的天地将会多么可怕！我相信，这位长于推理的逻辑学家曾一次次对笔惊恐，他在笔墨酣畅地描画的，是一个何等样的世界！

四

偶尔，张先生也到酿酒作坊翻翻报纸。8年前，他在报纸上读到一篇散文，题为《笑的忏悔》。起初只觉题目奇特，一读下去，他不禁心跳剧烈。

这篇文章出自一位在省城工作的中年人的手笔。文章是一封写给中学同班同学的公开信，作者询问老同学们是否都有同感：当自己品尝过了爱的甜苦，经历过了人生的波澜，现在正与孩子一起苦记着外语单词的时候，都会为一次愚蠢透顶的傻笑深深羞愧？

张先生那天离开酿酒作坊时的表情，使作坊工人非常奇怪。两天后，他找到乡村小学的负责人，要求讲点课，不要报酬。

他实在是命运险恶。才教课3个月，一次台风，把陈旧的校舍吹坍。那天他正在上课，拐着腿拉出了几个学生，自己被压在下面，从此，他的下肢完全瘫痪，手也不能写字了。

我见到他时他正静卧在床。我们的谈话从逻辑开始，我刚刚讲了几句金岳霖先生的逻辑思想，他就抖抖索索地把我的手紧紧拉住。他说自己将不久人世，如有可能，在他死后为他的坟墓写一方小字碑文；如没有可能，就写一幅“酒公张先生之墓”。绝不能把名字写上，因为他深感自己一生，愧对祖宗，也愧对美国、上海的师友亲朋。这个名字本身，就成了一种天大的嘲谑。

我问他小字碑文该如何写，他神情严肃地斟酌吟哦了一番，慢吞吞地口述起来：

酒公张先生，不知籍贯，不知名号，亦不知其祖宗世谱，只知其身后无嗣，孑然一人。少习西学，长而废弃，颠沛流荡，投靠无门。一身弱骨，或踟蹰于文士雅集，或颤慑于强人恶手，或惊恐于新世问诘，或惶愧于幼者哄笑。栖栖遑遑，了无定夺。释儒道皆无深缘，真善美尽数失落，终以浊酒、败墨、残肢、墓碑、编织老境。一生无甚德守，亦无甚恶行，耄年回首，每叹枉掷如许粟麦菜蔬，徒费孜孜攻读、矻矻苦吟。呜呼！故国神州，莘莘学子，愿如此潦倒颓败者，惟张先生一人。

述毕，老泪纵横。我当时就说，如此悲凉的文词，我是不愿意书写的。

张先生终于跛着腿，走完了他的旅程。现在，我书写的七字墓碑，正树立在状元坟，树立在层层墓碑的包围之中。他的四周，全是他恣肆的笔墨。他竭力讳避家族世谱，但三个坟，状元、张老先生和他的，安然并列，连成一线，像是默默地作着他曾热衷过的逻辑证明。不管怎么说，这也算给故乡的山，添了小小一景。

傅雷

家书二封①

小仲马因为《茶花女》的成功而向父亲报喜,大仲马回复:"你才是我最好的作品,孩子。"傅雷(1908~1966)对傅聪也是"当做一件珍贵的艺术品而爱你"。一个修养极高的父亲与一个成长中的有才华的儿子的漫长对话,对于双方都是一件幸福的事。读《傅雷家书》,就是分享这种幸福。

一九五六年十月三日晨

亲爱的孩子,你回来了,又走了;许多新的工作,新的忙碌,新的变化等着你,你是不会感到寂寞的;我们却是静下来,慢慢地回复我们单调的生活,和才过去的欢会与忙乱对比之下,不免一片空虚,——昨儿整整一天若有所失。孩子,你一天天地在进步,在发展:这两年来你对人生和艺术的理解又跨了一大步,我愈来愈爱你了,除了因为你是我们身上的血肉所化出来的而爱你以外,还因为你有如此焕发的才华而爱你;正因为我爱一切的才华,爱一切的艺术品,所以我把你当做一般的才华(离开骨肉关系),当做一件珍贵的艺术品而爱你。你得千万爱护自己,爱护我们所珍视的艺术品! 遇到任何一件出入重大的事,你得想到我们——连你自己在内——对艺术的爱! 不是说你应当时时刻刻想到自己了不起,而是说你应当从客观的角度重视自己:你的将来对中国音乐的前途有那么重大的关系,你每走一步,无形中都对整个民族艺术的发展有影响,所以你更应当战战兢兢,郑重其事! 随时随地要准备牺牲目前的感情,为了更大的感情——对艺术对祖国的感情。你用在理解乐曲方面的理智,希望能普遍地应用到一切方面,特别是用在个人的感情方面。我的园丁工作已经做了一大半,还有一大半要你自己来做的了。爸爸已经进入人生的秋季,许多地方都要逐渐落在你们年轻人的后面,能够帮你的忙将要越来越减少;一切要靠你自己努力,靠你自己警惕,自己鞭策。你说到技巧要理论与实践结合,但愿你能把这句话用在人生的实践上去;那么你这朵花一定能开得更美,更丰满,更有力,更长久!

---

① 选自《傅雷家书》,三联书店,1994年版。标题为编者所拟。

谈了一个多月的话，好像只跟你谈了一个开场白。我跟你是永远谈不完的，正如一个人对自己的独白是终生都不会完的。你跟我两人的思想和感情，不正是我自己的思想和感情吗？清清楚楚地，我跟你的讨论与争辩，常常就是我跟自己的讨论和争辩。父子之间能有这种境界，也是人生莫大的幸福。除了外界的原因没有能使你把假期过得像个假期以外，连我也给你一些小小的不愉快，破坏了你回家前的对家庭的期望。我心中始终对你抱着歉意。但愿你这次给我的教育（就是说从我和你相处而反映出我的缺点）能对我今后发生作用，把我自己继续改造。尽管人生那么无情，我们本人还是应当把自己尽量改好，少给人一些痛苦，多给人一些快乐。说来说去，我仍抱着"宁天下人负我，毋我负天下人"的心愿。我相信你也是这样的。

一九六〇年八月二十九日

亲爱的孩子，八月二十日报告的喜讯使我们心中说不出地欢喜和兴奋。你在人生的旅途中踏上一个新的阶段，开始负起新的责任来，我们要祝贺你，祝福你，鼓励你。希望你拿出像对待音乐艺术一样的毅力、信心、虔诚，来学习人生艺术中最高深的一课。但愿你将来在这一门艺术中得到像你在音乐艺术中一样的成功！发生什么疑难或苦闷，随时向一两个正直而有经验的中老年人讨教（你在伦敦已有一年八个月，也该有这样的老成的朋友吧？）深思熟虑，然后决定，切勿一时冲动：只要你能做到这几点，我们也就放心了。

对终身伴侣的要求，正如人生一切的要求一样不能太苟。事情总有正反两面：追得你太迫切了，你觉得负担重；追得不紧，又觉得不够热烈。温柔的人有时会显得懦弱，刚强了又近乎专制。幻想多了未免不切实际，能干的管家太太又觉得俗气。只有长处没有短处的人在哪儿呢？抚躬自问，自己又完美到什么程度呢？这一类的问题想必你考虑过不止一次。我觉得最主要的还是本质的善良，天性的温厚，开阔的胸襟。有了这三样，其他都可以逐渐培养；而且有了这三样，将来即使遇到大大小小的风波也不致变成悲剧。做艺术家的妻子比做任何人的妻子都难；你要不预先明白这一点，即使你知道"责人太严，责己太宽"，也不容易学会明哲、体贴、宽容。只要能代你解决生活琐事，同时对你的事业感兴趣就行，对学问的钻研等等暂时不必期望过奢，还得看你们婚后的生活如何。眼前双方先学习互相尊重、谅解、宽容。

对方把你作为她整个世界固然很危险，但也很宝贵！你既已发觉，一定会慢慢点醒她；最好旁敲侧击而勿正面提出，还要使她感到那是为了维护她的人格独立，扩大她的世界观。倘若你已经想到奥里维的故事，不妨就把那部书叫她细读一两遍，特别要她注意那一段插曲。像雅葛纳那样只知道love, love, love! 的人只是童话中人物，在现实世界中非但得不到love，连日子都会过不下去，因为她除了love一无所知，一无所有，一无所爱。这样狭窄的天地哪像一个天地! 这样片面的人生观哪会得到幸福! 无论男女，只有把兴趣集中在事业上，学问上，艺术上，尽量抛开渺小的自我（ego），才有快活的可能，才觉得活得有意义。未经世事的少女往往会存一个荒诞的梦想，以为恋爱时期的感情的高潮也能在婚后维持下去。这是违反自然规律的妄想。古语说，"君子之交淡如水"; 又有一句话说，"夫妇相敬如宾"。可见只有平静、含蓄、温和的感情方能持久; 另外一句的意义是说，夫妇到后来完全是一种知己朋友关系，也即是我们所谓的终身伴侣。未婚之前双方能深切领会到这一点，就为将来打定了最可靠的基础，免除了多少不必要的误会与痛苦。

你是以艺术为生命的人，也是把真理、正义、人格等等看做高于一切的人，也就是以工作为乐生的人，我用不着唠叨，想你早已把这些信念表白过，而且竭力灌输给对方的了。我只想提醒你几点: 第一，世界上最有力的论证莫如实际行动，最有效的教育莫如以身作则; 自己做不到的事千万勿要求别人; 自己也要犯的毛病先批评自己，先改自己的。第二，永远不要忘了我教育你的时候犯过的许多过严的毛病。我过去的错误要是能使你避免同样的错误，我的罪过也可以减轻几分; 你受的痛苦不再施之于他人，你也不算白白吃苦。总的来说，尽管指点别人，可不要给人"好为人师"的感觉。奥诺丽纳（你还记得巴尔扎克那个中篇吗? ）的不幸一大半是咎由自取，一小部分也因为丈夫教育她的态度伤了她的自尊心。凡是童年不快乐的人都特别的脆弱（也有训练得格外坚强的，但只是少数），特别敏感，你回想一下自己，就会知道对付你的恋人要如何delicate，如何discreet了。

我相信你对爱情问题看得比以前更郑重更严肃了; 就在这考验时期，希望你更加用严肃的态度对待一切，尤其要对婚后的责任先培养一种忠诚、庄严、虔敬的心情!

苇岸

大地上的事情①

　　长期以来，大自然只是文人"托物言志"的"物"而已。苇岸
（1960~1999）做了一件中国文人早就该做的事，像布封、梭罗、普里什文
曾经做得非常漂亮那样：用平等的心态对待自然万物，大自然自然会教会
你爱、温情和生命哲学。

日常生活

062

　　我观察过蚂蚁营巢的三种方式。小型蚁筑巢，将湿润的土粒吐在巢口，垒成
酒盅状、灶台状、坟冢状、城堡状或松疏的蜂房状，高耸在地面。中型蚁的巢口，
土粒散得均匀美观，围成喇叭口或泉心的形状，仿佛大地开放的一只黑色花朵。
大型蚁筑巢像北方人的举止，随便、粗略、不拘细节，它们将颗粒远远地衔到什
么地方，任意一丢，就像大步奔走撒种的农夫。

　　黎明，我常常被麻雀的叫声唤醒。日子久了，我发现它们总在日出前20分钟
开始啼叫。冬天日出较晚，它们叫得也晚；夏天日出早，它们叫得也早。麻雀在日
出前和日出后的叫声不同，日出前它们发出"咕、咕、咕"的声音，日出后便改成
"叽、叽、叽"的声音，仿佛老雀一见到太阳瞬间年轻了。

　　下雪时，我总想到夏天，因成熟而褪色的榆荚被风从树梢吹散。雪纷纷扬
扬，给人间带来某种和谐感，这和谐感正来自于纷纭之中。就同黄金的愿望来自
于强盗一样。雪也许是更大的一棵树上的果实，被一场世界之外的大风刮落。它
们漂泊到大地各处，它们携带的纯洁，将繁衍成春天动人的花朵。

　　在我的住所前面，有一块空地，它的形状像一只盘子，被四周的楼围起。它盛
过田园般安详的雪，盛过赤道般热烈的雨，但它总盛不住孩子们的欢乐。孩子们
把欢乐撒在里面，仿佛一颗颗珍珠滚到我的窗前。我注视着男孩和女孩在一起做
游戏，这游戏是每个从他们身边匆匆而过的大人都做过的。大人告别了童年，就
将游戏像玩具一样丢在了一边。但游戏在孩子们手里，依然一代代传递。

---

　　① 选自苇岸《大地上的事情》，中国对外翻译出版公司，1995年版。

写《自然与人生》的日本作家德富芦花，观察过落日。他记录太阳由衔山到全然沉入地表，需要三分钟。我观察过一次日出，日出比日落缓慢。观看落日，大有守侍圣哲临终之感；观看日出，则像等待伟大英雄辉煌的诞生。仿佛有什么阻力，太阳艰难地向上跃动，伸缩着挺进。太阳从露出一丝红线到跳上地表，用了约5分钟。

世界上的事物，在速度上，衰落胜于崛起。

我永远忘不了这个情景：黑云自北方滚滚而来，碾过地面。闪电像地图上的河流或冰层迸裂的纹理，在天空绽开，雷霆轰响。分币大的雨点砸在地上，腾起烟尘。雨柱似倾斜的水银，外面如同有一个挥舞拳头的复仇巨人。这时，我看到一只叼虫的麻雀从远处飞回，它的窝在雨幕后面的屋檐下。在它从空中降落，飞进檐下的一瞬，它的姿态就和蜂鸟在花朵前一样美丽。

作家应该是文字的母亲，她熟悉她所有的儿女，他们每个人的技能和特长。当她坐在案前感到孤单，她只要轻轻呼唤，孩子们便从四方欢叫着跑来，簇拥在她的身边。

在一所小学教室的墙壁上，贴着孩子们写自己家庭的作文。一个孩子写道：他的爸爸是工厂干部，妈妈是中学教师，他们很爱自己的孩子，星期天常常带他去山边玩，他有许多玩具，有自己的小人书库，他感到很幸福。但是，妈妈对他管教很严，命令他放学必须直接回家，回家第一件事是用肥皂洗手。为此他感到非常不幸，恨自己的妈妈。我想，每一匹新驹都会记恨给它套上羁绊的人。

穿越田野的时候，我看到一只鹞子。它静静地盘旋，长久浮在空中。忽然它好像看到了什么，径直俯冲下来，还未触及地面又迅疾飞起。我想象它看到一只野兔，因人类的扩张在平原上已经绝迹的野兔，梭罗在《瓦尔登湖》里预言过的野兔："要是没有兔子和鹧鸪，一个田野还成什么田野呢？它们是最简单的土生土长的动物，与大自然同色彩，同性质，和树叶、和土地是最亲密的联盟。看到兔子和鹧鸪跑掉的时候，你不觉得它们是禽兽，它们是大自然的一部分，仿佛飒飒的木叶一样。不管发生怎么样的革命，兔子和鹧鸪一定可以永存，像土生土长的人一样。不能维持一只兔子的生活的田野一定是贫瘠无比的。"看到一只在田野上空徒劳盘旋的鹞子，我想起田野往昔的繁荣。

麻雀在地面的时间比在树上的时间多。它们只是在吃足食物后，才飞到树上。它们将短硕的喙像北方农妇在缸沿砺刀那样，在枝上反复擦拭。麻雀蹲在枝上啼鸣，如孩子骑在父亲的肩上高声喊叫，这声音蕴含着依赖、信任、幸福和安全感。麻雀在树上就和孩子们在地上一样，它们的蹦跳就是孩子们的奔跑。而树木伸展的愿望，是给鸟儿送来一个个广场。

在冬天空旷的原野上，我听到过啄木鸟敲击树干的声音。它的速度很快，仿佛弓的颤响，我无法数清它的频率。冬天鸟少，鸟的叫声也被藏起。听到这声音，我感到很幸福。我忽然觉得，这声音不是来自啄木鸟，也不是来自光秃的树木，而是来自一种尚未命名的鸟，这只鸟，是这声音创造的。

在我窗外阳台的横栏上，落了两只麻雀。那里是一个阳光的海湾，温暖、平静、安全。这是两只老雀，世界知道它们为它哺育了多少雏鸟。两只麻雀蹲在辉煌的阳光里，一副丰衣足食的样子。它们眯着眼睛，脑袋转来转去，毫无顾忌。它们时而啼叫几声，声音朴实而亲切。它们的体态肥硕，羽毛蓬松，头缩进厚厚的脖颈里，就像冬天穿着羊皮袄的马车夫。

下过雪许多天了，地表的阴面还残留着积雪。大地斑斑点点，犹如一头在牧场吃草的花背母牛。积雪收缩，并非因为气温升高了，而是大地的体温在吸收它们。

1988年1月16日，我看到了日出。我所以记下这次日出，因为有生以来我从没有见过这样大的太阳。好像发生了什么奇迹，它把我惊得目瞪口呆，使我久久激动不已。哥伦比亚作家加西亚·马尔克斯在《百年孤独》中这样描述马贡多连续下了4年之久的雨后的日出："一轮憨厚、鲜红、像破砖碎末般粗糙的红日照亮了世界，这阳光几乎像流水一样清新。"我所注视的这次日出，我不想用更多的词汇来形容它，这是人间最壮观的分娩，红日的硕大，让我首先想到乡村院落的磨盘。如果你看到了这次日出，你会相信，这个比喻毫不夸张。

麦子是土地上最优美，最典雅，最令人动情的庄稼。麦田整整齐齐摆在辽阔的大地上，仿佛一块块耀眼的黄金。麦田是五月最宝贵的财富，大地蓄积的精华。风吹麦田，麦田摇荡，麦浪把幸福送到外面的村庄。到了六月，农民抢在雷雨之前，把麦田搬走。

我看见一具熊蜂的尸体，它是自然死亡，还是因疾病或敌害而死，我不得而知。它偃卧在那里，翅零乱地散开，肢蜷曲在一起。它的尸身僵硬，很轻，最小的风能将它推动。我见过胡蜂巢、土蜂巢、蜜蜂巢和别的蜂巢，但从没有见过熊蜂巢。熊蜂是穴居者，它们将巢筑在房屋的立柱、檩木、横梁、椽子或枯死的树干上。熊蜂从不集群活动，它们个个都是英雄，单枪匹马到处闯荡。熊蜂是昆虫世界当然的王，它们身着的黑黄斑纹，是大地上最怵目的图案，高贵而恐怖。老人们告诉过孩子，它们能蜇死牛马。

冬天，一次在原野上，我发现了一个奇异的现象，它纠正了我原有的关于火的观念。我没有见到这个人，他点起火走了。火像一头牲口，已经将枯草吞噬很大一片。北风徐徐吹着，风头很硬，火紧贴在地面上，火首却逆风而行，它让我吃惊。为了彻底证实，我将火种引到另一片草上，火依旧溯风烧向北方。

已经一个多月了，那窝蜂依然伏在那里。气温渐渐降低，它们似乎已预感到什么，紧紧挤在一块儿，等待着最后一刻的降临。只有太阳升高，阳光变暖的时候，它们才偶尔飞起。你们的巢早已失去，你们为什么不在失去巢的那天飞走呢？每天我看见你们，心情都很沉重。在你们的身上，我看到了某种大于生命的东西。那个一把火烧掉蜂巢的男人，你为什么要捣毁一个无辜的家呢？如果你不去碰它们，显然它们永远也不会妨碍到你。你只是想借此显示些什么，因为你是个男人。

五月，在尚未插秧的稻田里，走动着许多小鸟。它们神态机灵，体型比麻雀小巧。它们迈动的方式，使我很感兴趣。麻雀行走用双脚向前蹦跳，它们行走是像公鸡那样迈步。它们的样子，和孩童做出大人的举动一样好笑。它们飞得很低，似乎从不落到树上。它们停在田里，如果不走动，我简直认不出它们。

我注意几次了，在立夏前后，太阳的道路是弯曲的。朝阳能够照到北房的后墙，夕阳也能照到北房的后墙。其他时间，北房拖着变浓的影子。

在一条山冈小径上，我看到一只蚂蚁在拖一具螳螂的尸体。螳螂的体积比蚂蚁大许多倍，它可能被人踩过，尸体已经变形，渗出的体液粘上两粒石子，使它的尸体更加沉重。蚂蚁紧紧咬住螳螂，它用力扭动着身躯，想把螳螂拖回去。螳螂轻轻摇晃，但丝毫没有向前移动。我看了很久，直到我离开时，这个可敬的勇士仍在不懈地努力。没有其他蚁来帮它，它似乎也没有回巢请求援军的想法。

立春一到，便有冬天消逝，春天降临的迹象和感觉。此时整整过了一冬的北风，到达天涯后已经返回，它们告诉站在大路旁观看的我：春天已被它们领来。看看旷野，我有一种庄稼满地的幻觉。天空已经变蓝，土地松动，踩在上面舒畅陶醉。我感到肢体在伸张，血液涨到了每条血管的顶部。我想大声喊叫或疾速奔跑，想拿起锄头拼命劳动一场。我常常产生这个愿望：一周中，在土地上劳动一天。爱默生认为：每一个人都应当与这世界上的劳作保持着基本关系。劳动是上帝的教育，它使我们自己与泥土和大自然发生基本的关系。但是，在这个世界上，有一部分人，一生从未踏上大地。

唐敏

女孩子的花[1]

命名万物，是女娲的工作。所谓作家，可以理解为这样一种人：他毕生的追求就是探索女娲的语言奥秘，并尝试着用自己的笔，重新命名万物。这里，唐敏（1955年生）把一种水仙，命名为"女孩子的花"。

相传水仙花是由一对夫妻变化而来的。丈夫名叫金盏，妻子名叫百叶。因此水仙花的花朵有两种，单瓣的叫金盏，重瓣的叫百叶。

"百叶"的花瓣有4重，两重白色的大花瓣中夹着两重黄色的短花瓣。看过去既单纯又复杂，像闽南善于沉默的女子，半低着头，眼睛向下看的。恋也默默，喜也默默。

"金盏"由6片白色的花瓣组成一个盘子，上面放一只黄花瓣团成的酒盏。这花看去一目了然，确有男子干脆简单的热情。特别是酒盏形的花芯，使人想到死后还不忘饮酒的男人的豪情。

要是他们在变成花朵之前还没有结成夫妻，百叶的花一定是纯白的，金盏也不会有洁白的托盘。世间再也没有像水仙花这样体现夫妻互相渗透的花朵了吧？常常想象金盏喝醉了酒来亲昵他的妻子百叶，把酒气染在百叶身上，使她的花朵里有了黄色的短花瓣。百叶生气的时候，金盏端着酒杯，想喝而不敢，低声下气过来讨好百叶。这样的时候，水仙花散发出极其甜蜜的香味，是人间夫妻和谐的芬芳，弥漫在迎接新年的家庭里。

刚刚结婚，有没有孩子无所谓。只要有一个人出差，另一个就想方设法跟了去。炉子灭掉、大门一锁，无论到多么没意思的地方也是有趣的。到了有朋友的地方就尽兴地热闹几天，留下愉快的记忆。没有负担的生活，在大地上溜来逛去，被称作"游击队之歌"。每到一地，就去看风景，钻小巷走大街，袭击眼睛看得到的风味小吃。

可是，突然地、非常地想要得到唯一的"独生子女"。

---

[1] 选自唐敏《青春缘》，群众出版社，1994年版。

冬天来临的时候，开始养育水仙花了。

从那一刻起，把水仙花看做是自己孩子的象征了。

像抽签那样，在一堆价格最高的花球里选了一个。

如果开"金盏"的花，我将有一个儿子；

如果开"百叶"的花，我会有一个女儿。

用小刀剖开花球，精心雕刻叶茎。一共有6个花苞。看着包在叶膜里像胖乎乎婴儿般的花蕾，心里好紧张。到底是儿子还是女儿呢？

我希望能开出"金盏"的花。

从内心深处盼望的是男孩子。

绝不是轻视女孩子。而是无法形容地疼爱女孩子。

爱到根本不忍心让她来到这个世界。

因为我不能保证她一生幸福，不能使她在短暂的人生中得到最美的爱情。尤其担心她的身段容貌不美丽而受到轻视，假如她奇丑无比却偏偏又聪明又善良，那就注定了她的一生将多么痛苦。

而男孩就不一样。男人是泥土造的，苦难使他们坚强。

"上帝"用泥土创造了男人，却用男人的肋骨造出了女人。肋骨上有新鲜的血和肉，只要轻轻一碰就会痛彻心肠。因此，女子连最微小的伤害也是不能忍受的。

从这个意义来说，女子是一种极其敏锐和精巧的昆虫。她们的触角、眼睛、柔软无骨的躯体，还有那艳丽的翅膀，仅仅是为了感受爱、接受爱和吸引爱而生成的。她们最早预感到灾难，又最早在灾难的打击下夭亡。

一天和朋友在咖啡座小饮。这位比我多了近10年阅历的朋友说：

"男人在爱他喜欢的女人的过程中感到幸福。他感到美满是因为对方接受他为她做的每件事。女人则完全相反，她只要接受爱就是幸福。如果女人去爱去追求她喜欢的男子，那是顶痛苦的事，而且被她爱的男人也就没有幸福的感觉了。这是非常奇妙的感觉。"

在茫茫的暮色中，从座位旁的窗口望下去，街上的行人如水，许多各种各样身世的男人和女人在匆匆走动。

"一般来说，男子的爱比女子长久。只要是他寄托过一段情感的女人，在许多年之后向他求助，他总是会尽心地帮助她的。男人并不太计较那女的从前对自己怎样。"

那一刹间我更加坚定了要生儿子的决心。男孩不仅仅天生比女孩能适应社会、忍受困苦，而且是女人幸福的源泉。我希望我的儿子至少能以善心厚待他生命中的女人，给她们的人生中永久的幸福感觉。

"做男人最大的缺点就是，没有办法珍惜他不喜欢的女人对他的爱慕。这种反感发自真心一点不虚伪，他们忍不住要流露出对那女儿的轻视。轻浮的少年就更加过分，在大庭广众下伤害那样的姑娘。这是男人邪恶的一面。"

我想到我的女儿，如果她有幸免遭当众的羞辱，遇到一位完全懂得尊重她感情的男人，却把尊重当成了对她的爱，那样的悲哀不是更深吗？在男人，追求失败了并没有破坏追求时的美感；在女人则成了一生一世的耻辱。

怎么样想，还是不希望有女孩。

用来占卜的水仙花却迟迟不开放。

这棵水仙长得结实，从来没晒过太阳也绿葱葱的，虎虎有生气。

后来，花蕾冲破包裹的叶膜，像孔雀的尾巴一样张开来。

每一个花骨朵都胀得满满的，但是却一直不肯开放。

到底是"金盏"还是"百叶"呢？

弗洛伊德的学说已经够让人害怕了，婴儿在吃奶的时期起就有了爱欲。而一生的行为都受着情欲的支配。

偶然听佛学院学生上课，讲到佛教的"缘生"说。关于十二因缘，就是从受胎到死的生命的因果律，主宰一切有形和无形的生命与精神变化的力量是情欲。不仅是活着的人对自身对事物的感觉受着情欲的支配，就连还没有获得生命形体的灵魂，也受着同样的支配。

生女儿的，是因为有一个女的灵魂爱上了做父亲的男子，投入他的怀抱，化做他的女儿；

生儿子的，是因为有一个男的灵魂爱上了做母亲的女子，投入她的怀抱，化做她的儿子。

如果我到死也没有听到这种说法，脑子里就不会烙下这么骇人的火印。如今却怎么也忘不了。

回家，我问我的郎君："要男孩还是女孩？"

"女孩！"他毫不犹豫地回答。

"男孩！"我气极了！

"为什么？"他奇怪了。

我却无从回答。

就这样，在梦中看见我的水仙花开放了。

无比茂盛，是女孩子的花，满满地开了一盆。

我失望得无法形容。

开在最高处的两朵并在一起的花说：

"妈妈不爱我们,那就去死吧!"

她俩向下一倒,浸入一盆滚烫的开水中。

等我急急忙忙把她们捞起来,并表示愿意带她们走的时候,她们已经烫得像煮熟的白菜叶子一样了。

过了几天,果然是女孩子的花开放了。

在短短的几天内,她们拼命地怒放开所有的花朵。也有一枝花茎抽得最高的,在这簇花朵中,有两朵最大的花并肩开放着。和梦中不同的,她们不是抬着头,而是全部低着头的,像受了风吹,花向一个方向倾斜。抽得最长的那根花茎突然立不直了,软软地东倒西歪。用绳子捆,用铅笔顶,都支不住。一不小心,这花茎就倒下来。

不知多么抱歉,多么伤心。终日看着这盆盛开的花。

它发出一阵阵锐利的芬芳,香气直钻心底。她们无视我的关切,完全是为了她们自己在努力地表现她们的美丽。

每朵花都白得浮悬在空中,云朵一样停着。其中黄灿灿的花瓣,是云中的阳光。她们短暂的花期分秒流逝。

她们的心中鄙视我。

我的郎君每天忙着公务,从花开到花谢,他都没有关心过一次,更没有谈过她们。他不知道我的鬼心眼。

于是这盆女孩子的花就更加显出有多么的不幸了。

她们的花开盛了,渐渐要凋谢了,但依然美丽。

有一天停电,我点了一支蜡烛放在桌上。

当我从楼下上来时,发现蜡烛灭了,屋内漆黑。

我划亮火柴。

是水仙花倒在蜡烛上,把火压灭了。是那支抽得最高的花茎倒在蜡烛上。和梦中的花一样,她们自尽了。

蜡烛把两朵水仙花烧掉了,每朵烧掉一半。剩下的一半还是那样水灵灵地开放着,在半朵花的地方有一条黑得发亮的墨线。

并非不雅观!

我吓得好久回不过神来。

这就是女孩子的花,刀一样的花。

在世上可以做许多错事,但绝不能做伤害女孩子的事。

只剩了养水仙的盆。

我既不想男孩也不想女孩,更不做可怕的占卜了。

但是我命中的女儿却永远不会来临了。

陈从周

小巷人家①

　　江南的小城小巷给人的感觉，总是藏着故事，而且是悠长、奇美的故事。陈从周（1918~2000）不讲故事，他是建筑学家，他用雅致的文字告诉我们那些小巷故事发生的清晰背景。

　　小城春色，小桥流水，小巷人家，多美丽的江南水乡风光啊！"小楼一夜听春雨，深巷明朝卖杏花。""深巷卖樱桃，雨余红更娇。"孩子时读的诗词，在高楼日益增多，小巷、水巷渐渐减少的今天，我想这些句子越来越值得歌颂与留恋了。也许过了多少世纪，小巷灭迹，然而人们还是在低诵它，向往它。

　　我是从小生长于江南水乡的，小巷、水巷，是老屋家门前的事物，青石板，白粉墙，后门河埠头，又是一弯清水，多幽静雅洁啊！在小小的庭院中、书斋中听不到一点嘈杂声，"苔痕上阶绿，草色入帘青"，就是在这种环境中，度过我的童年，我爱小巷，这种小巷人家是富有诗情画意的，永远令我依恋的。

　　江南的小巷，在文学上是多情的，从建筑艺术来说是多变的。我曾经说过，中国城市的特点是"正中求变"，正是大街平直，小巷多变，有弯曲的，有斜歪的，也有直中带曲，曲中带直的。墙门的形成又比较丰富多彩，高低大小与装饰几乎没有一处绝对相同，粉白的墙衬托，人行其间，移步移景，因为墙高，自朝至暮，光影变化非常丰富，有时逢着一段低墙，"春色满园关不住，一枝红杏出墙来"，太引人遐思了。有些小巷中有圈门，有过街楼，还有打更人住的更楼，小小的木屋，也觉玲珑可爱，从石板缝中与墙脚下长出的野草闲花，娇嫩依人，虽然小巷深深，人行其间，静幽多姿，一点也感觉不到寂寞。相反思想上涌上很多反思，边行边想，丝毫不觉疲劳。我在小城中就是闲行代步，记得与世界建筑大师贝聿铭先生在苏州，我们两个人就这样在小巷中步行寻园。人目为"痴"，而这就是"痴"的美。

　　柔橹一声，小舟咿哑，在河埠边欣赏往来的小舟，与对门邻居对话，环洞桥的倒影，宛如半弯明月，正可说隔岸人相唤，水巷小桥通。江南的小巷与水巷组成

① 选自《陈从周散文》，花城出版社，1999年版。

了千变万化恬静明洁的水景,这水景又充满了建筑美。

水巷里人家的河埠头,虽然用几根石条构成,有一字形的,有元宝形的,有如意形的,形成了一面、多面的踏步,河沿边有水阁河房,也有粉墙,偶然从河岸边墙角下长出几株杂树垂杨,拂水依人,照影参差。水面显得更清灵了。水乡城镇就是在这小巷与水巷里产生了无限空间与逗人的美感。如今,我们保护历史文化名城,这小巷与水巷是重要组成部分,爱文化与美的人们,对它一天重视一天,非出于无因的。

观大邑一乐也,步小巷游水巷亦一乐也。事物都是相对的,在建筑大城市的同时,能珍惜与重视保存这从"小"字出发的景观,正同西湖与瘦西湖一样,瘦西湖就是妙在这个"瘦"字啊!

陈从周

说"帘"①

① 选自《陈从周散文》，花城出版社，1999年版。

　　一道帘子，融入人情美、建筑美、文化美。专家面前，我们只有听的份
了。听得痴了，就想：急功近利的赤裸人心，是不是也该垂上一帘？

　　初夏天气，窗前挂上了竹帘，小斋的境界，分外地感到幽绝，瓶花妥帖，十分
宜人。这小天地起了变化，还不是这帘在起作用吧！

　　说起帘，这在中国建筑中是起着神秘作用的东西，与其说得率直点，所谓诗
情画意，而诗情画意又非千篇一律，真是变化无端。上个月老妻去世了，"碧楼帘
影不透愁，还是去年今日意"。去年的今日，她卧病家中，而今日已是人去楼空，
我踏入她的卧室，见了帘影依然，就吟出了古人这句词来。与那句"重帘不卷留香
住"的少年情怀，真是伤心人唯有自家知了。

　　帘在建筑中起"隔"的作用，且是隔中有透，实中有虚，静中有动，因此帘后
美人，帘底纤月，帘掩佳人，帘卷西风，隔帘双燕，掀帘出台，等等，没有一件不教
人遐思，引人入画。

　　记得在"文革"中失去的数十封女作家凌叔华写给诗人徐志摩的信，是用荣
宝斋特制的花笺，画的是帘影双燕，毛笔小楷出之，文情令人魂销。当年的作家们
是如此高雅绝俗，而今事隔几十年，她远客英伦，八十多岁的老人提起此事，还分
明记得呢！

　　"垂帘无个事，抱膝看屏山"，古人在建筑中，帘与屏两者常放在一起，都是
起不同的"隔"的妙用。帘呢？更是灵活了，廊子里、窗上、门上、室内，有了它，就
不一样，慈禧太后垂帘听政，也要装上帘；外国妇女的面纱，也仿佛是帘。因帘而
产生了许多故事："珠帘寨"、"水帘洞"，以及一些因帘而产生的许多韵事，真是
洋洋大观。我说，帘与恋音同，帘者恋也，因物生情，也可说是帘的妙解了。

　　"隔帘双燕飞"是我在儿时最爱欣赏的画本。如今城市空气污染，燕子绝迹
了，闷人的塑料窗帘，清风畏至。而帘呢？珠帘太豪华，徐森玉老先生告诉我，清
代的山西老财家，还是用它。水晶帘没有见到过，那最细的要算虾须帘，如今已入

著名博物馆。单就湘帘、竹帘来说，通风好，隔景好，帘影好，遮阳好，留香好，隔音妙，而且分外雅洁……几乎好说有帘如无帘，可说是有景与无景，静止的环境，产生了动态，而动态又因声、光、影、风、香等起了千变万化的幻境，叹为妙用啊！

帘的美，还要配合着帘钩、帘架，"百尺虾须上玉钩"，虽未说出什么帘架，想来也不会太寒酸的。至于"草色入帘青"，疏帘听雨，那也必然是很雅洁的竹帘了。"珠帘暮卷西山雨"，只能在滕王阁上方得体。帘上绣花的绣帘，缺少空透，棉帘、布帘，只求实用。而帘上画画称画帘，但我总不太欣赏它，似乎多此一举，用假景来扰乱真情了。素帘起的变化，那真是移步换影了。

贝聿铭香山饭店设计建成，邀我小住，窗上装有竹帘，这迷人的山居，添上这迷人的帘影，不愧为出于大师手笔，他对中国文化是有深厚的感情，小至一帘，也不肯轻易放过。我在录音机中放出了昆曲《琴挑》，华文漪的那句"帘卷残荷水殿风"唱词，正仿佛帘动风来，客中寻趣，我则得之了。

今日的建筑师、园林师们，似乎将帘已抛出九霄云外了。我总感到中国人的用帘，不仅仅是一个功能问题，它是蕴藏着深厚的文化在内。

胡晓鸣

听雨·看月·弄水①

现代文明的发展使我们越来越生活在一个"人造的世界"，"怀念自然"就成了现代人的"怀乡病"。可是，拉开距离想，无论生活方式变化多大，人类总不能脱离大自然的怀抱，天空照样下雨、升月，地上依旧流水（麻烦的是，雨变酸、水变污、月亮也不分明，但好歹有那些东西），让我们刻骨相思的是古人的生活情趣，我们要重新学会"听雨、看月、弄水"。

西方人长于虚幻的听觉，中国人长于自然的听觉。听交响乐或奏鸣曲或室内乐，如看悲剧，如听雄辩会，如入现代豪华宾馆；听丝竹钟磬之乐，如临清泉，如卧青草地看云起，如入细雨微风之中。所以中国人最能从蟋蟀叫、青蛙鸣、树叶的低语和檐雨的滴答声中听出无尽的意思来。西人这方面能力似稍逊一筹。因而，为什么汉语中有关"雨"的词丰富得不得了，而英语中仅有"rain"、"storm"等几个词，就不奇怪了。

我实在忘不了李义山那首绝佳的听雨诗："竹坞无尘水槛清，相思迢递隔重城。秋阴不散霜飞晚，留得残荷听雨声。"很少人能真实地拥有那一片竹坞水槛，但很多人心里可以占有那一片清纯；很少人会真的养有荷藕，但很多人会在心底里长留一片"残荷"。然而，愿意任雨水洒向枯荷，又从那声音中品味入痴，却未必会有很多人的。因为如李义山那样的自虐者，非千世不遇之大情种不能办。

我颇疑心中国人听雨能力的发展，很大程度上就是把痛苦化掉（诗化掉）的过程。最早的听雨诗只是"空阶听雨"，先说出来的是南朝人何逊："夜雨滴空阶，绕灯暗离室"，那声音未免太冰冷了些。以至后来"何水部"径直成了"吟苦怨空阶"的代名词。到了唐代人的诗化生活里，于是有了"梧桐听雨"、"槐叶听雨"、"漏间听雨"等听法，细腻多了。"雨滴梧桐秋夜长，愁心和雨到昭阳"（刘媛《长门怨》）；"秋雨梧桐叶落时"，"夜雨闻铃肠断声"（白居易《长恨歌》），这愁心断肠，终于有雨来同情，如有友人听我诉苦。"岭色千重万重雨，断弦收与泪痕深"（王昌龄《听流人唱水调子》），当雨声音乐化，或音乐雨声化了时，诗人

---

① 选自《中外散文选粹》（第一辑），百花文艺出版社，1991年版。

的痛苦也就诗化了。还问泪痕深几许？"暮雨萧萧过凤城，霏霏飒飒重还轻。闻君此夜东林宿，听得池荷几番声？"（李端：《听夜雨寄卢纶》）当你我相互想着时，友情那温润，即如雨丝润入心田，何等温馨。我读宋词，简直进入了一个雨世界。没有一个词人与雨无缘。宋人喜写雨打团荷："看尽满池疏雨，打团荷"；"秋雨连绵，声散败荷丛里，那堪深夜枕前听，酒初醒"。喜写芭蕉叶听雨："窗外芭蕉窗里人，分明叶上心头滴"；还有竹风听雨："何处笛，深夜梦回情脉脉，竹风檐雨寒窗滴"；雨中听笛："闲梦江南梅熟日，夜船吹笛雨潇潇，人语驿桥边"等等，多层自然音响叠合的世界。读久了，竟有清凉感、湿润感。但愿能带着这雨的憧憬，去寻得一个雨搋搋的梦。

苦夏难眠。或傍晚时分，携幼女于大街广庭看星看月，或夜静翻身下床，点香烟一支，任火光明灭，看月轮浮沉，何等情调。于是读诗词也对月多有留意。

老杜诗"四更山吐月，残夜水明楼"，东坡称为"绝唱"。真可以说是前不见古人，后不见来者，中国绝无而仅有的一个诗品。我喜欢它不仅仅因为这句子出奇的净洁、硬朗，而且因它能表现诗人的整个精神。因而换成孟浩然、王维、李白、李商隐，都不行，它只属于老杜。须知安史之乱后，大唐社会是何等黑暗，于是在那样一个漆黑如墨的夜晚，那样一个忧国忧民心力交瘁的诗人，如何饱尝着难眠的痛苦。突然黑洞洞的山嘴里一下吐出一颗盈盈明月，月光即随波光融融泄泄，空明一片。夜，在空明一片中隐隐残褪，而诗人的心境，于是也由阴暗、晦闷而转向空明、澄净——大自然的生机，竟给予诗人一种生命情感的复苏、滋养！多奇妙的心物感应！我就喜欢这种心物感应的刹那，一下子敞亮了存在的意义，一下子开放了精神生活的境界，一下子提升了、滋养了最为珍贵的生命向力。这种生命向力和存在的敞亮，当然只属于老杜那种人。

中国诗人的看月，更比听雨细腻、丰富。夜深点点滴滴的雨声，在中国诗中总是感应着各种心态中点点滴滴的泪水。而明月则如一面明镜，映照出中国诗文化的各种性格、情调，因为"举杯邀明月，对影成三人"，所以我爱喝酒，尤其爱独饮。因为"峨嵋山月半轮秋"，我常憧憬着峨嵋山和三峡。因为"高高秋月下长城"，我常向往着北国边塞的雄浑。因为"罗帷舒卷，似有人开，明月直入，无心可猜"，我常想象着无须防范、心心相印的人间情谊。"明月落谁家"的怅然，"山月随人归"的自足，"玲珑望秋月"的少妇眼神，"垆边人似月"的游子情怀，以及"沧海月明珠有泪"、"碧海青天夜夜心"的那一份亘古至今的孤独，以及"江畔何人初见月，江月何年初照人"？那一种"我是谁，我从哪里来，到哪里去"的天真而又深沉的发问，诸般况味，诸种经验，宇宙、人生、历史，皆被那一轮碧天明月一眼看穿了。

忽然想起4岁的小女儿也会背"床前明月光"。诗人心灵当时的颤动，竟通过如水盈盈的月光，荡漾在一代代后人的心头。我因此而再一次认定，中国诗不仅仅是文学，而且是文化，是生生不息新新不已的人的存在方式、感觉方式。就像明月，终古常见而光景常新。

夏天里大人们也冲动着要玩水。西方式的最佳玩水之处，在海边；中国最好的地方却在河边，没有冲浪、比基尼和大白鲨，却有荷叶、鱼戏、棹歌、木兰舟、抛莲子。也许水使人重新获得最为根本的生命种族记忆，也许是作为与大自然肌肤相亲的最佳方式，玩水的冲动中很早就含有"性"的因素。《诗经》里就有男女在涣涣之水畔"伊其相谑"风俗，有女子挑逗情郎"褰裳涉溱"的游戏，有情人相送于淇水之上的欢歌，有"所谓伊人，在水一方"的那一份怅惘不甘。《诗经》里的鱼也表现着生殖，性苦闷。于是后来夏天的民歌"鱼戏莲叶东，鱼戏莲叶西"也隐然含有那种挑逗和游戏因素。但是最为突出的一点是中国特有的性冲动苦闷拥有的那一种"烟水迷离"的味道。因而水与性爱在中国文学中就有了不解之缘。蒹葭苍苍，湘水潇潇，巫山云梦，江南烟雨楼台，多少销魂事，一任水云空。那些南方荷花池塘鳜鱼溪河里的嬉戏，也一样的烟水迷离。"月暗送湖风，相寻路不通。菱歌唱不彻，知在此塘中"。（崔国辅《小长干曲》）"荷叶罗裙一色裁，芙蓉向脸两边开，乱入池中看不见，闻歌始觉有人来"。（王昌龄《采莲曲》之二）看不见，路不通，正是中国式水中游戏的特点。"日暮长江里，相邀归渡头。落花如有意，来去逐轻舟。"（储光羲《江南曲》之三）明明是人的有意和缠绵，偏偏写成水中落花的有意与缠绵，于是对人的调情就转换成了对水的抚弄。南唐李珣专写过玩水的一组《南乡子》，那里面的水就有一种深曲和迷离。"沙月静，水烟轻，芰荷香里夜船行。绿发红脸谁家女，遥相顾，缓唱棹歌极浦去。"歌远人远，于是有"回塘深处遥相见"（第二首），"暗里回眸深属意"（第十首），"玉纤遥指花深处"（第十四首），好幽美的去处！"烟深锁，豆蔻花垂千万朵"（第三首），幽美迷蒙之中饶有生机性欲的跃动，因而我极赏爱皇甫松的两首《采莲子》："船动湖光滟滟秋，贪看少年信船流。无端隔水抛莲子，遥被人知半日羞。"（第一首）"菡萏香连十顷波，小姑贪戏采莲迟。晚来弄水船头湿，更脱红裙裹鸭儿。"（第二首）那样的真率、活泼、自由、欢快，又是那样的含羞、温柔、乐而不淫、谑而不虐。生命热力转换成那个跃动在红裙里的鸭儿，那个鲜气扑人的抛莲子。于是我更加瞧不起阳光海岸的一览无余而更加想象着南方河塘的烟水迷离。是因为喜欢南方的彩舫莲塘而喜欢这些诗呢，还是因为喜欢这些诗而更爱南方的棹歌游女，在我也一样的"迷离"了。

周作人

北京的茶食①

周作人（1885~1967）以提倡"闲适"而招人诟病。他从北京的茶点心想到："我们于日用必需的东西之外，必须还有一点无用的游戏与享乐，生活才觉得有意思。"不错，在纷纭的时事烟灭之后，在人们普遍地获得温饱之后，精致而不是粗鄙地活着才是人间常情，只可惜说话的时代超前了。

在东安市场的旧书摊上买到一本日本文章家五十岚力的《我的书翰》，中间说起东京的茶食店的点心都不好吃了，只有几家如上野山下的空也，还做得好点心，吃起来馅和糖及果实浑然融合，在舌头上分不出各自的味来。想起德川时代江户的250年的繁华，当然有这一种享乐的流风余韵留传到今日，虽然比起京都来自然有点不及。北京建都已有五百余年之久，论理于衣食住方面应有多少精微的造就，但实际似乎并不如此，单以茶食而论，就不曾知道什么特殊的有滋味的东西。固然我们对于北京情形不甚熟悉，只是随便撞进一家饽饽铺里去买一点来吃，但是就撞过的经验来说，总没有很好吃的点心买到过。难道北京竟是没有好的茶食，还是有而我们不知道呢？这也未必全是为贪口腹之欲，总觉得住在古老的京城里吃不到包含历史的精炼的或颓废的点心是一个很大的缺陷。北京的朋友们，能够告诉我两三家做得上好点心的饽饽铺么？

我对于20世纪的中国货色，有点不大喜欢，粗恶的模仿品，美其名曰国货，要卖得比外国货更贵些。新房子里卖的东西，便不免都有点怀疑，虽然这样说好像遗老的口吻，但总之关于风流享乐的事我是颇迷信传统的。我在西四牌楼以南走过，望着异馥斋的丈许高的独木招牌，不禁神往，因为这不但表示他是义和团以前的老店，那模糊阴暗的字迹又引起我一种焚香静坐的安闲而丰腴的生活的幻想。我不曾焚过什么香，却对于这件事很有趣味，然而终于不敢进香店去，因为怕他们在香盒上已放着花露水与日光皂了。我们于日用必需的东西以外，必须还有一点无用的游戏与享乐，生活才觉得有意思。我们看夕阳，看秋河，看花，听雨，闻香，喝不求解渴的酒，吃不求饱的点心，都是生活上必要的——虽然是无用的装

① 选自张菊香编《周作人散文选集》，百花文艺出版社，1990年版。

点，而且是愈精炼愈好。可怜现在的中国生活，却是极端地干燥粗鄙，别的不说，我在北京彷徨了10年，终未曾吃到好点心。

民国十三年二月

周作人

苍 蝇①

周作人的文风与乃兄迥异,一个尖锐如刀,一个清淡如茶。但是底蕴有相通之处——都带苦涩的幽默。只不过鲁迅伸手伸脚,一目了然;周作人藏头露尾,不易察觉而已。他说"有点喜欢"苍蝇,并找来一大堆中外例证引为同好,他没有要说服读者,而你读过后不知不觉换了一副眼光看苍蝇——这种小生命。

苍蝇不是一件很可爱的东西,但我们在做小孩子的时候都有点喜欢它。我同兄弟常在夏天乘大人们午睡,在院子里弃着香瓜皮瓤的地方捉苍蝇——苍蝇共有3种,饭苍蝇太小,麻苍蝇有蛆太脏,只有金苍蝇可用。金苍蝇即青蝇,小儿谜中所谓"头戴红缨帽,身穿紫罗袍"者是也。我们把它捉来,摘一片月季花的叶,用月季的刺钉在背上,便见绿叶在桌上蠕蠕而动,东安市场有卖纸制各色小虫者,标题云"苍蝇玩物",即是同一的用意。我们又把他的背竖穿在细竹丝上,取灯心草一小段放在脚的中间,它便上下颠倒地舞弄,名曰"戏棍";又或用白纸条缠在肠上纵使飞去,但见空中一片片的白纸乱飞,很是好看。倘若捉到一个年富力强的苍蝇,用快剪将头切下,它的身子便仍旧飞去。希腊路吉亚诺思(Luklanos)的《苍蝇颂》中说:"苍蝇在被切去了头之后,也能生活好些时光。"大约2000年前的小孩已经是这样的玩耍的了。

我们现在受了科学的洗礼,知道苍蝇能够传染病菌,因此对于它们很有一种恶感。三年前卧病在医院时曾作有一首诗,后半云:

大小一切的苍蝇们,

美和生命的破坏者,

中国人的好朋友的苍蝇们呵,

我诅咒你的全灭,

用了人力以外的

---

① 选自张菊香编《周作人散文选集》,百花文艺出版社,1990年版。

最黑最黑的魔术的力。

但是实际上最可恶的还是它的别一种坏癖气，便是喜欢在人家的颜面手脚上乱爬乱舔，古人虽美其名曰"吸美"，在被吸者却是极不愉快的事。希腊有一篇传说说明这个缘起，颇有趣味。据说苍蝇本来是一个处女，名叫默亚（Muia），很是美丽，不过太喜欢说话。她也爱那月神的情人恩迭米盎（Endymion），当他睡着的时候，她总还是和他讲话或唱歌，弄得他不能安息，因此月神发怒，把她变成苍蝇。以后她还是纪念着恩迭米盎，不肯叫人家安睡，尤其是喜欢搅扰年轻的人。

苍蝇的固执与大胆，引起好些人的赞叹。诃美洛思（Homeros）在史诗中常比勇士于苍蝇，他说，虽然你赶他去，他总不肯离开你，一定要叮你一口方才罢休。又有诗人云，那小苍蝇极勇敢地跳在人的肢体上，渴欲饮血，战士却躲避敌人的刀锋，真可羞了。我们侥幸不大遇见渴血的勇士，但勇敢地攻上来舐我们的头的却常常遇到。法勃尔（Fabre）的《昆虫记》里说有一种蝇，乘土蜂负虫入穴之时，下卵于虫内，后来蝇卵先出，把死虫和蜂卵一并吃下去。他说这种蝇的行为好像是一个红巾黑衣的暴客在林中袭击旅人，但是他的慓悍敏捷的确也可佩服，倘使希腊人知道，或者可以拿去形容阿迭修思（Odysseus）一流的狡侩英雄罢。

中国古来对于苍蝇也似乎没有什么反感。《诗经》里说："营营青蝇，止于樊。岂弟君子，无信谗言。"又云："非鸡则鸣，苍蝇之声。"据陆农师说，青蝇善乱色，苍蝇善乱声，所以是这样说法。传说里的苍蝇，即使不是特殊良善，总之决不比别的昆虫更为卑恶。在日本的俳谐中则蝇成为普通的诗料，虽然略带湫秽的气色，但很能表出温暖热闹的境界。小林一茶更为奇特，他同圣芳济一样，以一切生物为弟兄朋友，苍蝇当然也是其一。检阅他的俳句选集，咏蝇的诗有20首之多，今举两首以见一斑。一云：

笠上的苍蝇，比我更早地飞进去了。

这诗有题曰《归庵》。又一首云：

不要打哪，苍蝇搓他的手，搓他的脚呢。

我读这一句，常常想起自己的诗觉得惭愧，不过我的心情总不能达到那一步，所以也是无法。《埤雅》云："蝇好交其前足，有绞蝇之象……亦好交其后足。"这个描写正可作前句的注解。又绍兴小儿谜语歌云："像乌豇豆格乌，像乌豇豆格粗，堂前当中央，坐得拉胡须。"也是指这个现象。（格犹云"的"，坐得即"坐着"之意。）

据路吉亚诺思说，古代有一个女诗人，慧而美，名叫默亚，又有一个名妓也以此为名，所以滑稽诗人有句云："默亚咬他直达他的心房。"中国人虽然永久与苍蝇同桌吃饭，却没有人拿苍蝇作为名字，以我所知只有一二人被用为诨名而已。

林徽因

蛛丝和梅花①

16岁是"解看花意"的年纪，是"同花恋爱"的季节，怜月惜花的"未恋"时段。那蛛丝般纤细的惆怅，拂过春心，正牵惹出生命的觉醒。那即将牵引出的，是一丝一缕的初恋的心情。16岁，人生的诗篇正待起句。

林徽因（1904~1955），建筑学家，作家。

真真地就是那么两根蛛丝，由门框边轻轻地牵到一枝梅花上。就是那么两根细丝，迎着太阳光发亮……再多了，那还像样么。一个摩登家庭如何能容蛛网在光天白日里作怪，管它有多美丽，多玄妙，多细致，够你对着它联想到一切自然造物的神工和不可思议处；这两根丝本来就该使人脸红，且在冬天够多特别！可是亮亮的，细细的，倒有点像银，也有点像玻璃制的细丝，委实不算讨厌，尤其是它们那么洒脱风雅，偏偏那样有意无意地斜着搭在梅花的枝梢上。

你向着那丝看，冬天的太阳照满了屋内，窗明几净，每朵含苞的，开透的，半开的梅花在那里挺秀吐香，情绪不禁迷茫缥缈地充溢心胸，在那刹那的时间中振荡。同蛛丝一样的细弱，和不必需，思想开始抛引出去；由过去牵到将来，意识的，非意识的，由门框梅花牵出宇宙，浮云沧波踪迹不定。是人性、艺术，还是哲学，你也无暇计较，你不能制止你情绪的充溢、思想的驰骋，蛛丝梅花竟然是瞬息可以千里！

好比你是蜘蛛，你的周围也有你自织的蛛网，细致地牵引着天地，不怕多少次风雨来吹断它，你不会停止了这生命上基本的活动。此刻……"一枝斜好，幽香不知甚处"……

拿梅花来说吧，一串串丹红的结蕊缀在秀劲的傲骨上，最可爱，最可赏，等半绽将开地错落在老枝上时，你便会心跳！梅花最怕开；开了便没话说。索性残了，沁香拂散同夜里炉火都能成了一种温存的凄清。

记起了，也就是说到梅花、玉兰。初是有个朋友说起初恋时玉兰刚开完，天气每天的暖，住在湖旁，每夜跑到湖边林子里走路，又静坐幽僻石上看隔岸灯火，感

---

① 选自乔继堂编《中国二十世纪散文精品·梁思成 林徽因卷》，太白文艺出版社，1996年版。

到好像仅有如此虔诚的孤对一片泓碧寒星远市，才能把心里情绪抓紧了，放在最可靠最纯净的一撮思想里，始不至亵渎了或是惊着那"寤寐思服"的人儿。那是极年轻的男子初恋的情景——对象渺茫高远，反而近求"自我的"郁结深浅——他问起少女的情绪。

就在这里，忽记起梅花。一枝两枝，老枝细枝，横着，虬着，描着影子，喷着细香；太阳淡淡金色地铺在地板上：四壁琳琅，书架上的书和书签都像在发出言语；墙上小对联记不得是谁的集句；中条是东坡的诗。你敛住气，简直不敢喘息，跐起脚，细小的身形嵌在书房中间，看残照当窗，花影摇曳，你像失落了什么，有点迷惘。又像"怪东风着意相寻"，有点儿没主意！浪漫，极端的浪漫。"飞花满地谁为扫？"你问，情绪风似的吹动，卷过，停留在惜花上面。再回头看看，花依旧嫣然不语。"如此娉婷，谁人解看花意"，你更沉默，几乎热情地感到花的寂寞，开始怜花，把同情统统诗意地交给了花心！

这不是初恋，是未恋，正自觉"解看花意"的时代。情绪的不同，不止是男子和女子有分别，东方和西方也甚有差异。情绪即使根本相同，情绪的象征，情绪所寄托，所栖止的事物却常常不同。水和星子同西方情绪的联系，早就成了习惯。一颗星子在蓝天里闪，一流冷涧倾泻一片幽愁的平静，便激起他们诗情的波涌，心里甜蜜地，热情地便唱着由那些鹅羽的笔锋散下来的"她的眼如同星子在暮天里闪"，或是"明丽如同单独的那颗星，照着晚来的天"，或"多少次了，在一流碧水旁边，忧愁倚下她低垂的脸"。

惜花、解花太东方，亲昵自然，含着人性的细致是东方传统的情绪。

此外年龄还有尺寸，一样是愁，却跃跃似喜，16岁时的，微风零乱，不颓废，不空虚，跐着理想的脚充满希望，东方和西方却一样。人老了脉脉烟雨，愁吟或牢骚多折损诗的活泼。大家如香山、稼轩、东坡、放翁的白发华发，很少不梗在诗里，至少是令人不快。话说远了，刚说是惜花，东方老少都免不了这嗜好，这倒不论老的雪鬓曳杖，深闺里也就攒眉千度。

最叫人惜的花是海棠一类的"春红"，那样娇嫩明艳，开过了残红满地，太招惹同情和伤感。但在西方即使也有我们同样的花，也还缺乏我们的廊庑庭院。有了"庭院深深深几许"才有一种庭院里特有的情绪。如果李易安的"斜风细雨"底下不是"重门须闭"也就不"萧条"得那样深沉可爱；李后主的"终日谁来"也一样的别有寂寞滋味。看花更须庭院，常常锁在里面认识，不时还得有轩窗栏杆，给你一点凭藉，虽然也用不着十二栏杆倚遍，那么惆弱无聊。

当然旧诗里伤愁太多：一首诗竟像一张美的证券，可以照着市价去兑现！所以庭花，乱红，黄昏，寂寞太滥，时常失却诚实。西洋诗，恋爱总站在前头，或是"忘掉"，或是"记起"，月是为爱，花也是为爱，即使全是真情，也未尝不太腻味。就以两边好的来讲。拿他们的月光同我们的月色比，似乎是月色滋味深长得多。花更不用说了；我们的花"不是预备采下缀成花球，或花冠献给恋人的"，却是一树一树绰约的，个性的，自己立在情人的地位上接受恋歌的。

所以未恋时的对象最自然的是花，不是因为花而起的感慨，——16岁时无所谓感慨，——仅是刚说过的自觉解花的情绪。寄托在那清丽无语的上边，你心折它绝韵孤高，你为花动了感情，实说你同花恋爱，也未尝不可，——那惊讶狂喜也不减于初恋。还有那凝望，那沉思……

一根蛛丝！记忆也同一根蛛丝，搭在梅花上就由梅花枝上牵引出去，虽未织成密网，这诗意的前后，也就是相隔十几年的情绪的联络。

午后的阳光仍然斜照，庭院阒然，离离疏影，房里窗棂和梅花依然伴和成为图案，两根蛛丝在冬天还可以算为奇迹，你望着它看，真有点像银，也有点像玻璃，偏偏那么斜挂在梅花的枝梢上。

二十五年前新年漫记

张爱玲

道路以目①

张爱玲自得于名字的俗不可耐，宣称自己不可救药地热爱世俗。所以她"道路以目"——睁大眼睛走在街上，看行人、看橱窗、看热闹，津津有味地看出"此中有人，呼之欲出"——"道路以目"，大约也是作家的一门日常功课吧？

张爱玲（1920~1995），现代文学中独具魅力的女作家。著有《倾城之恋》《金锁记》《流言》等。

有个外国姑娘，到中国来了两年，故宫、长城、东方蒙特卡罗、东方威尼斯，都没瞻仰过，对于中国新文艺新电影似乎也缺乏兴趣，然而她特别赏识中国小孩，说："真美呀，尤其是在冬天，棉袄、棉裤、棉袍、罩袍，一个个穿得矮而肥，蹒跚地走来走去。东方人的眼睛本就生得好，孩子的小黄脸上尤其显出那一双神奇的吊梢眼的神奇。真想带一个回欧洲去！"

思想严肃的同胞们觉得她将我国未来的主人翁当做玩具看待，言语中显然有辱华性质，很有向大使馆提出抗议的必要。爱说俏皮话的，又可以打个哈哈，说她如果要带个有中国血的小孩回去，却也不难。

我们听了她这话，虽有不同的反应，总不免回过头来向中国孩子看这么一眼——从来也没有觉得他们有什么了不得之处！家里人讨人嫌，自己看惯了不觉得；家里人可爱，可器重，往往也要等外人告诉我们，方才知道。诚然，一味的恭维是要不得的，我们亟待弥补的缺点太多了，很该专心一致吸收逆耳的忠言，借以自警，可是——成天汗流浃背惶愧地骂自己"该死"的人，活着又有什么意思呢？拣那可喜之处来看看也好。

读万卷书不如行万里路。我们从家里上办公室，上学校，上小菜场，每天走上一里路，走个一二十年，也有几千里地；若是每一趟走过那条街，都仿佛是第一次认路似的，看着什么都觉得新鲜希罕，就不至于"视而不见"了，那也就跟"行万里路"差不多，何必一定要漂洋过海呢？

闲情偶记

---

① 选自来凤仪编《张爱玲散文全编》，浙江文艺出版社，1992年版。

街上值得一看的正多着。黄昏的时候，路旁歇着人力车，一个女人斜欠坐在车上，手里挽着网袋，袋里有柿子。车夫蹲在地下，点那盏油灯。天黑了，女人脚旁的灯渐渐亮了起来。

烘山芋的炉子的式样与那黯淡的土红色极像烘山芋。

小饭铺常常在门口煮南瓜，味道虽不见得好，那热腾腾的瓜气与"照眼明"的红色却予人一种"暖老温贫"的感觉。

寒天清早，人行道上常有人蹲着生小火炉，搧出滚滚的白烟。我喜欢在那个烟里走过。煤炭汽车行门前也有同样的香而暖的呛人的烟雾。多数人不喜欢燃烧的气味——烧焦的炭与火柴、牛奶、布质——但是直截地称它为"煤臭"、"布毛臭"，总未免武断一点。

坐在自行车后面的，十有八九是风姿楚楚的年轻女人，再不然就是儿童，可是前天我看见一个绿衣的邮差骑着车，载着一个小老太太，多半是他的母亲吧？此情此景，感人至深。然而李逵驮着老母上路的时代毕竟是过去了。做母亲的不惯受抬举，多少有点窘。她两脚悬空，兢兢业业坐着，满脸的心虚，像红木高椅坐着的告帮穷亲戚，迎着风，张嘴微笑，笑得舌头也发了凉。

有人在自行车轮上装着一盏红灯，骑行时但见红圈滚动，流丽之极。

深夜的橱窗上，铁栅栏枝枝交影，底下又现出防空的纸条，黄的、白的、透明的，在玻璃上糊成方格子、斜格子，重重叠叠，幽深如古代的窗棂与帘栊。

店铺久已关了门，熄了灯，木制模特儿身上的皮大衣给剥去了，她光着脊梁，旋身朝里，其实大可以不必如此守礼谨严，因为即使面朝外也不至于勾起夜行人的绮思。制造得实在是因陋就简，连皮大衣外面露出的脸与手脚都一无是处。在香港的一家小西装店里看见过劳莱哈台的泥塑半身像，非但不像，而且恶俗不堪，尤其是那青白色的肥脸。上海西装店的模特儿也不见佳，贵重的呢帽下永远是那笑嘻嘻的似人非人的脸。那是对于人类的一种侮辱，比"沐猴而冠"更为严重的嘲讽。

如果我会雕塑，我很愿意向这一方面发展。橱窗布置是极有兴趣的工作，因为这里有静止的戏剧。（欧洲中古时代，每逢佳节，必由教会发起演戏敬神。最初的宗教性的戏剧甚为简单，没有对白，扮着《圣经》中人物的演员，穿上金彩辉煌的袍褂，摆出优美的姿势来，一动也不动地站着。每隔几分钟换一个姿势，组成另一种舞台图案，名为tableau①。中国迎神赛会，台阁上扮戏的，想必是有唱做的吧？然而纯粹为tableau性质的或许也有。）

橱窗的作用不外是刺激人们的购买欲。现代都市居民的通病据说是购买欲的过度膨胀。想买各种不必要的东西，便想非分的钱，不惜为非作歹。然则橱窗是

---

① tableau：活人画（指由人体造型组成的画面）。

不合理的社会制度的不合理的附属品了。可是撇开一切理论不讲，这一类的街头艺术，再贵族化些，到底参观者用不着花钱。不花钱而得赏心悦目，无论如何是一件德政。

四五年前在隆冬的晚上和表姐看霞飞路上的橱窗，霓虹灯下，木美人的倾斜的脸，倾斜的帽子，帽子上斜吊着的羽毛。既不穿洋装，就不会买帽子，也不想买，然而还是用欣羡的眼光看着，缩着脖子，两手插在袋里，用鼻尖与下颌指指点点，暖的呼吸在冷玻璃上喷出淡白的花。近来大约是市面萧条了些，霞飞路的店面似乎大为减色。即使有往日的风光，也不见得有那种兴致吧？

倒是喜欢一家理发店的橱窗里，张着绿布帷幕，帷脚下永远有一只小狸花猫走动着，倒头大睡的时候也有。

隔壁的西洋茶食店每晚机器轧轧，灯光辉煌，制造糕饼糖果。鸡蛋与香草精的气味，氤氲至天明不散。在这"闭门家里坐，账单天上来"的大都市里，平白地让我们享受了这馨香而不来收账，似乎有些不近情理。我们的芳邻的蛋糕，香胜于味，吃过便知。天下事大抵如此——做成的蛋糕远不及制造中的蛋糕，蛋糕的精华全在烘焙时期的焦香。喜欢被教训的人，又可以在这里找到教训。

上街买菜，恰巧遇着封锁，被羁在离家几丈远的地方，咫尺天涯，可望而不可即。太阳地里，一个女佣企图冲过防线，一面挣扎着，一面叫道："不早了呀！放我回去烧饭吧！"众人全都哈哈笑了。坐在街沿上的贩米的广东妇人向她的儿子说道："看医生是可以的；烧饭是不可以的。"她的声音平板而郑重，似乎对于一切都甚满意，是初级外国语教科书的口吻，然而不知道为什么，听在耳朵里使人不安，仿佛话中有话。其实并没有。

站在麻绳跟前，竹篱笆底下，距我一丈远近，有个穿黑衣的男子，戴顶黑呢帽，矮矮个子，使我想起《歇浦潮》[①]小说插图中的包打听。麻绳那边来了三个穿短打的人，挺着胸，皮鞋啪啪响——封锁中能够自由通过的人，谁都不好意思不挺着胸，走得啪啪响——两个已经越过线去了，剩下的一个忽然走近前来，挽住黑衣人的胳膊，熟狎而自然，把他搀到那边去了，一句话也没有。三人中的另外两个也凑了上来，兜住黑衣人的另一只胳膊，撒开大步，一霎时便走得无影无踪。这是我第一次亲眼看见捉强盗。捕房方面也觉得这一幕太欠紧张，为了要绷绷场面，事后特地派了十几名武装警察到场弹压，老远地就拔出了手枪，目光四射，准备肃清余党。我也准备着枪声一起便向前扑翻，俯伏在地，免中流弹。然而他们只远远望了一望，望不见妖氛黑气，用山东话表示失望之后，便去了。

空气松弛下来，大家议论纷纷。送货的人扶着脚踏车，掉过头来向贩米的妇人笑道："哪儿跑得掉！一出了事，便画影图形四处捉拿，哪儿跑得掉！"又向包车

---

① 《歇浦潮》：20世纪20年代初出版的邪狎小说，朱瘦菊（海上说梦人）著。

夫笑道："只差一点点——两个已经走过去了，这一个偏偏看见了他！"又道："在这里立了半天了——谁也没留心到他！"

包车夫坐在踏板上，笑嘻嘻抱着胳膊道："这么许多人在这里，怎么谁也不捉，单单捉他一个！"

幸灾乐祸的，无聊的路边的人——可怜，也可爱。

路上的女人的绒线衫，因为两手长日放在袋里，往下坠着的缘故，前襟拉长了，后面却缩了上去，背影甚不雅观。

"司马昭之心，路人皆知。""路人"这名词在美国是专门代表"一般人"的口头禅。新闻记者鼓吹什么，攻击什么的时候，动辄抬出"路人"来："连路人也知道……""路人所知道的"往往是路人做梦也没想到的。

在路上看人，人不免要回看，便不能从容地观察他们。要使他们服服帖帖被看而不敢回看一眼，却也容易。世上很少"从头看到脚，风流往下落；从脚看到头，风流往上流"的人物。普通人都有这点自知之明，因此经不起你几次三番迅疾地从头至脚一打量，他们或她们便浑身不得劲，垂下眼去。还有一个办法，只消凝视他们的脚，就足以使他们惊惶失措。他们的袜子穿反了么？鞋子是否看得出来是假皮所制？脚有点外八字？里八字？小时候听合肥老妈子叙述乡下打狼的经验，说狼这东西是"铜头铁背麻秸腿"，因此头部与背脊全都富于抵抗力，唯有四条腿不中用。人类的心理上的弱点似乎也集中在下肢上。

附近有个军营，朝朝暮暮努力地学吹喇叭，迄今很少进步。照说那是一种苦恼的、磨人的声音，可是我倒不嫌它讨厌。伟大的音乐是遗世独立的，一切完美的事物皆属于超人的境界，唯有在完美的技艺里，那终日纷哜的，疲乏的"人的成分"能够获得片刻的休息。在不纯熟的手艺里，有挣扎，有焦愁，有慌乱，有冒险，所以"人的成分"特别的浓厚。我喜欢它，便是因为"此中有人，呼之欲出"。

初学拉胡琴的音调，也是如此。听好手拉胡琴，我也喜欢听他调弦子的时候，试探的、断续的咿哑。初学拉凡哑林①，却是例外。那尖利的，锯齿形的声浪，实在太像杀鸡了。

有一天晚上在落荒的马路上走，听见炒白果的歌："香又香来糯又糯！"是个十几岁的孩子，唱来还有点生疏，未能朗朗上口。我忘不了那条黑沉沉的长街，那孩子守着锅，蹲踞在地上，满怀的火光。

---

① 凡哑林：小提琴。英语Violin一词的音译。

夏丏尊

幽默的叫卖声①

　　"小楼一夜听春雨，明朝深巷卖杏花。"古人欣赏这优雅的调子，夏丏尊（1886~1946）却对卖臭豆腐声、卖报声情有独钟，从中听出了"愤世嫉俗"和"冷酷的滑稽"。唉，真是世风日下了。

　　住在都市里，从早到晚，从晚到早，不知要听到多少种类多少次数的叫卖声。深巷的卖花声是曾经入过诗的，当然富于诗趣，可惜我们现在实际上已不大听到。寒夜的"茶叶蛋""细沙粽子""莲心粥"等等，声音发沙，十之七八似乎是"老枪"的喉咙，困在床上听去，颇有些凄清。每种叫卖声，差不多都有着特殊的情调。

　　我在这许多叫卖者中发现了两种幽默家。

　　一种是卖臭豆腐干的。每日下午五六点钟，弄堂口常有臭豆腐干担歇着或是走着叫卖，担子的一头是油锅，油锅里现炸着臭豆腐干，气味臭得难闻。卖的人大叫"臭豆腐干！""臭豆腐干！"态度自若。

　　我以为这很有意思。"说真方，卖假药"，"挂羊头，卖狗肉"，是世间一般的毛病，以香相号召的东西，实际往往是臭的。卖臭豆腐干的居然不欺骗大众，自叫"臭豆腐干"，把"臭"作为口号标语，实际的货色真是臭的。言行一致，名副其实，不欺骗别人的事情，怕世间再也找不出来了吧！我想。

　　"臭豆腐干！"这呼声在欺诈横行的现世，俨然是一种愤世嫉俗的激越的讽刺！

　　还有一种是五云升楼卖报者的叫卖声，那里的卖报的和别处不同，没有十多岁的孩子，都是些三四十岁的老枪瘪三，身子瘦得像腊鸭，深深的乱头发，青屑屑的烟脸，看去活像个鬼。早晨是看不见他们的，他们卖的总是夜报。傍晚坐电车打那儿经过，就会听到一片发沙的卖报声。

　　他们所卖的似乎都是两个铜板的东西，如《新夜报》《时报》《号外》之类，叫卖的方法很特别，他们不叫"刚刚出版××报"，却把价目和重要新闻标题连在

──────────
　　① 选自俞元桂主编《中国现代散文精粹类编》，上海文艺出版社，1999年版。

一起，叫起来的时候，老是用"两个铜板"打头，下面接着"要看到"三个字，再下去是当日的重要的国家大事的题目，再下去是一个"哪"字。"两个铜板要看到十九路军反抗中央哪！"在福建事变起来的时候，他们就这样叫。"两个铜板要看到日本副领事在南京失踪哪！"藏本事件开始的时候，他们就这样叫。

在他们的叫声里任何国家大事都只要花两个铜板就可以看到，似乎任何国家大事都只值两个铜板的样子。我每次听到，总深深地感到冷酷的滑稽情味。

"臭豆腐干！""两个铜板要看到××××哪！"这两种叫卖者颇有幽默家的风格。前者似乎富于热情，像个矫世的君子，后者似乎鄙夷一切，像个玩世的隐士。

闲情偶记

徐迟

枯叶蝴蝶①

保护色反成招祸之道，厄运常如附骨之蛆，某一种人生的寓言。

峨眉山下，伏虎寺旁，有一种蝴蝶，比最美丽的蝴蝶可能还要美丽些，是峨眉山最珍贵的特产之一。

当它阖起两张翅膀的时候，像生长在树枝上的一张干枯了的树叶。谁也不去注意它，谁也不会瞧它一眼。

它收敛了它的花纹、图案，隐藏了它的粉墨、色彩，逸出了繁华的花丛，停止了它翱翔的姿态，变成了一张憔悴的、干枯了的，甚至不是枯黄的，而是枯槁的，如同死灰颜色的枯叶。

它这样伪装，是为了保护自己。但是它还是逃不脱被捕捉的命运。不仅因为它的美丽，更因为它那用来隐蔽它的美丽的枯槁与憔悴。

---

① 选自楼肇明、老愚主编《拾穗编·禁锢的火焰色》，北京师范大学出版社，1993年版。

林语堂

一团矛盾①

　　八十岁的林语堂回顾一生，结论是"一团矛盾"。他"以自我矛盾为乐"，坦然面对人生的丰富性。文字中传达的文人情趣，是古今中外文人理想生活的大杂烩。

　　林语堂（1895~1976），原籍福建。现代作家、小品文大家。一生以"两脚踏东西文化，一心评宇宙文章"自命。1936年旅居美国。1947年任联合国教科文组织美术与文学主任。1954年任新加坡南洋大学校长。1966年定居台北。著有《开明英文读本》《生活的艺术》《吾国与吾民》《京华烟云》等。

　　有一次。几个朋友问他："林语堂，你是谁？"他回答说："我也不知道他是谁，只有上帝知道。"又有一次，他说："我只是一团矛盾而已，但是我以自我矛盾为乐。"他喜爱矛盾。他喜欢看到交通安全宣传车出了车祸撞伤人，有一次他到北平西郊的西山上一个庙里，去看一个太监的儿子。他把自己描写成为一个异教徒，其实他在内心却是个基督徒。现在他是专心致力于文学，可是他总以为大学一年级时不读科学是一项错误。他之爱中国和中国人，其坦白真实，甚于所有的其他中国人。他认为中国理想的流浪汉才是最有身份的人，这种极端的个人主义者，才是独裁的暴君最可怕的敌人，也是和他苦斗到底的敌人。他很爱慕西方，但是鄙视西方的教育心理学家。他一度自称为"现实理想主义家"。又称自己是"热心人冷眼看人生"的哲学家。他喜爱妙思古怪的作家，但也同样喜爱平实贴切的理解。他感到兴趣的是文学，漂亮的乡下姑娘，地质学，原子，音乐，电子，电动刮胡刀，以及各种科学新发明的小物品。他用胶泥和滴流的洋蜡做成有颜色的景物和人像，摆在玻璃上，藉以消遣自娱。喜爱在雨中散步；游水大约3码之远；喜爱辩论神学；喜爱和孩子们吹肥皂泡儿。见湖边垂柳浓阴幽僻之处，则兴感伤怀，对于海洋之美却茫然无所感。一切山峦，皆所喜爱。与男友相处，爱说脏话，对女人则极其正流。

---

　　① 选自陈漱渝、刘天华主编《林语堂自传》，中国华侨出版社，1994年版。个别句子有删节。

生平无书不读。希腊文，中文，及当代作家；宗教，政治，科学。爱读纽约时代杂志的Topics栏及伦敦时报的"第四社论"；还有一切在四周加框儿的新闻，及科学医药新闻；鄙视一切统计学——认为统计学不是获取真理真情可靠的方法；也鄙视学术上的术语——认为那种术语只是缺乏妙悟真知的掩饰。对一切事物皆极好奇；对女人的衣裳，罐头起子，鸡的眼皮，都有得意的看法。一向不读康德哲学，他说实在无法忍受；憎恶经济学。但是喜爱海涅、司泰芬·李卡克（Stephen Leacock）和黑乌德·布润恩（Hey Wood Brun）。很迷"米老鼠"和"唐老鸭"，另外还有Lionel Barrmore和Katherin Hepburn。

他与外交大使或庶民百姓同席共坐，全不在乎，只是忍受不了礼仪的拘束。他决不存心给人任何的观感。他恨穿无尾礼服，他说他穿上之后太像中国的西崽。他不愿把自己的照片发表出去，因为读者对他的幻象是个须髯飘动的落落大方年长的东方哲人，他不愿破坏读者心里的这个幻象。只要他在一个人群中间能轻松自如，他就喜爱那个人群；否则，他就离去。当年一听陈友仁的英文，受了感动，就参加了汉口的革命政府，充任外交部的秘书，做了4个月，弃政治而去，因为他说，他"体会出来他自己是个草食动物，而不是肉食动物，自己善于治己，而不善于治人"。他曾经写过："对我自己而言，顺乎本性，就是身在天堂。"

对妻子极其忠实，因为妻子允许他在床上抽烟。他说："这总是完美婚姻的特点。"对他3个女儿极好。他总以为他那些漂亮动人的女朋友，对他妻子比对他还亲密。妻子对他表示佩服时，他也不吝于自我赞美，但不肯在自己的书前写"献给吾妻……"，那未免显得过于公开了。

他以道家老庄之门徒自许，但自称在中国除蒋公中正及夫人之外，最为努力工作者，非他莫属。他不耐静立不动；若火车尚未进站，他要在整个月台上漫步，看看店铺的糖果和杂志。宁愿走上3段楼梯，不愿静候电梯。洗碟子洗得快，但总难免损坏几个。他说艾迪生24小时不睡觉算不了什么；那全在于是否精神专注于工作。"美国参议员讲演过了5分钟，艾迪生就会打盹入睡，我林语堂也会。"

他唯一的运动是逛大街，另有就是在警察看不见时，在纽约中央公园的草地上躺着。

只要清醒不睡眠时，他就抽烟不止，而且自己宣称他的散文都是由尼古丁构成的。他知道他的书上哪一页尼古丁最浓。喝杯啤酒就头晕，但自以为不能忘情于酒。

在一篇小品文里，他把自己人生的理想如此描写："此处果有可乐，我即别无所思。"

"我愿自己有屋一间，可以在内工作。此屋既不须要特别清洁，亦不必过于整齐。不需要《三弥克里的故事》（Story of San Michelet）中的阿葛萨（Agatha）

用抹布在她能够到的地方都去摩擦干净。这个屋子只要我感到舒适、亲切、熟悉即可。床的上面挂一个佛教的油灯笼，就是你看见在佛教或是天主教神坛上的那种灯笼。要有烟、发霉的书、无以名之的其他气味才好……

"我要几件士绅派头儿的衣裳，但是要我已经穿过几次的，再要一只旧鞋。我须要有自由，愿少穿就少穿……若是在阴影中温度高到华氏95°时，在我的屋里，我必须有权一半赤身裸体，而且在我的仆人面前我也不以此为耻。他们必须和我自己同样看着顺眼才行。夏天我需要淋浴，冬天我要有木柴点个舒舒服服的火炉子。

"我需要一个家，在这个家里我能自然随便……我需要几个真有孩子气的孩子，他们要能和我在雨中玩耍，他们要像我一样能以淋浴为乐。

"我愿早晨听喔喔喔公鸡叫。我要邻近有老大的乔木数株。

"我要好友数人，亲切一如日常的生活，完全可以熟不拘礼，他们有些烦恼问题，婚姻问题也罢，其他问题也罢，皆能坦诚相告，他们能引证希腊喜剧家阿里士芬（Aristophanes）的喜剧中的话，还能说荤笑话，他们在精神方面必须富有，并且能在说脏话和谈哲学时候儿坦白自然，他们必须各有其癖好，对事物必须各有其定见。这些人要各有其信念，但也对我的信念同样尊重。

"我需要一个好厨子，他要会做素菜，做上等的汤。我需要一个很老的仆人，心目中要把我看做是个伟人，但并不知道我在哪方面伟大。

"我要一个好书斋，一个好烟斗，还有一个女人，她须要聪明解事，我要做事时，她能不打扰我，让我安心做事。

"在我书斋之前要修篁数竿，夏日要雨天，冬日要天气晴朗，万里一碧如海，就犹如我在北平时的冬天一样。

"我要有自由能流露本色自然，无须乎作伪。"

按照中国学者给自己书斋起个斋名的习惯，他称他的书斋"有不为斋"。在一篇小品文他自己解释说：

"我厌恶费体力的事，永远不骑墙而坐；我不翻跟头，体能上的也罢，精神上的也罢，政治上的也罢。我甚至不知道怎么样趋时尚，看风头。

"我从来没有写过一行讨当局喜欢或是求取当局爱慕的文章。我也从来没说过讨哪个人喜欢的话；连那个想法压根儿就没有。

"我从未向中国航空基金会捐过一文钱，也从未向由中国正统道德会主办的救灾会捐过一分钱。但是我却给过可爱的贫苦老农几块大洋。

"我一向喜爱革命，但一直不喜爱革命的人。

"我从来没有成功过，也没有舒服过，也没有自满过；我从来没有照照镜子而不感觉到惭愧得浑身发麻。

"我极厌恶小政客，不论在什么机构，我都不屑于与他们相争斗。我都是避之唯恐不及。因为我不喜欢他们的那副嘴脸。

"在讨论本国的政治时，我永远不能冷静超然而不动情感，或是圆通机智而八面玲珑。我从来不能摆出一副学者气，永远不能两膝发软，永远不能装作伪善状。

"我从来没救少女出风尘，也没有劝异教徒归向主耶稣。我从来没有感觉到犯罪这件事。

"我以为我像别人同样有道德，我还以为上帝若爱我能如我母亲爱我的一半，他也不会把我送进地狱去。我这样的人若是不上天堂，这个地球不遭殃才怪。

"我在《生活的艺术》里说，理想的人并不是完美的人，而只是一个令人喜爱而通情达理的人，而他也不过尽力做那么样的一个人罢了。"

林语堂

著作和读书①

著作：早期倡导"幽默"的文学，晚期向外界推介中国文化；读书：不喜欢二流作家，只读最高尚和最下流的。林语堂一生以轻松从容的姿态卫护着强势个性。

我初期的文字即如那些学生的示威游行一般，披肝沥胆，慷慨激昂，公开抗议。那时并无什么技巧和细心。我完全归罪于北洋军阀给我们的教训。我们所得的出版自由太多了，言论自由也太多了，而每当一个人可以开心见诚讲真话之时，说话和著作便不能成为艺术了。这言论自由究有甚好处？那严格的取缔，逼令我另辟蹊径以发表思想。我势不能不发展文笔技巧和权衡事情的轻重，此即读者们所称为"讽刺文学"。我写此项文章的艺术乃在发挥关于时局的理论，刚刚足够暗示我的思想和别人的意见，但同时却饶有含蓄，使不至于身受牢狱之灾。这样写文章无异是马戏场中所见的在绳子上跳舞，需眼明手快，身心平衡合度。在这个奇妙的空气当中，我已经成为一个所谓幽默或讽刺的写作者了。也许如某人曾说，人生太悲惨了，因此不能不故事滑稽，否则将要闷死。这不过是人类心理学中一种很寻常的现象罢；即是在十分危险当中，我们树立自卫的机械作用，也就是滑口善辩。这一路的滑口善辩，其中含有眼泪兼微笑的。

我之重新发现祖国之经过也许可咏成一篇古风，可是恐怕我自己感到其中的兴趣多于别人罢。我常徘徊于两个世界之间，而逼着我自己要选择一个，或为旧者，或为新者，由两足所穿的鞋子以至头顶所戴的帽子。现在我不穿西服了，但仍保留着皮鞋。至最近，我始行决定旧式的中国小帽是比洋帽较合逻辑和较为舒服的，戴上洋帽我总觉得形容古怪。一向我都要选择我的哲学，一如决定戴哪种帽子一样。我曾做了一副对联：

两脚踏东西文化

一心评宇宙文章

---

① 选自陈漱渝、刘天华主编《林语堂自传》，中国华侨出版社，1994年版。

有一位好作月旦的朋友评论我说，我的最大长处是对外国人讲中国文化，而对中国人讲外国文化。这原意不是一种暗袭的侮辱，我以为那评语是真的。我最喜欢在思想界的大陆上驰骋奔腾。我偶尔想到有一宗开心的事，即是把两千年前的老子与美国的福特氏（Henry Ford, 汽车大王）拉在一个房间之内，让他们畅谈心曲，共同讨论货币的价值和人生的价值。或者要辜鸿铭导引孔子投入麦唐纳（前英国内阁总理）之家中，而看着他们相视而笑、默默无言，而在杯酒之间得完全了解。这样发掘一中一西之原始的思想而做根本上的比较，其兴味之浓不亚于方城之戏，各欲猜度他人手上有什么牌。又如打牌完了四圈又四圈，不独可以夜以继日，日复继夜，还可以永不停息，没有人知道最后输赢。

在这里可以略说我读书的习惯。我不喜欢第二流的作家，我所要的是表示人生的文学界中最高尚的和最下流的。在最高尚的一级可以说是人类思想之源头，如孔子、老子、庄子、柏拉图等等是也。我所爱之最下流的作品，有如Baroness Crczsy, Edgar Wallace和一般价极低廉的小书，而尤好民间歌谣和苏州船户的歌曲。大多数的著书都是由最下流的或最高尚的剽窃抄袭而来，可是他们剽窃抄袭永不能完全成功。如此表示的人生中失了生活力，词句间失了生气和强力，而思想上也因经过剽窃抄袭的程序而失却真实性。因此，欲求直接的灵感，便不能不向思想和生命之渊源处去追寻了。为此特别的宗旨，老子的《道德经》和苏州船户的歌曲，对我均为同等。

我读一个人的作品，绝不因有尽责的感觉，我只是读心悦诚服的东西。他们摄引我的力量在于他们的作风，或相近的观念。我读书极少，不过我相信我读一本书得益比别人读10本的为多，如果那特别的著者与我有相近的观念。由是我用心吸收其著作，不久便似潜生根蒂于我心内了。我相信强逼人读无论哪一本书是没用的。人人必须自寻其相近的灵魂，然后其作品乃能成为生活的。这一偶然的方法，也是发展个人的观念和内心生活之独一无二的法门。然而我并不强逼别人与我同好一个著者。我相信有一种东西如Sinte Beuve之所谓"人心的家庭"，即是"灵魂之接近"，或是"精神之亲属"。虽彼此时代不同、国境不同，而仍似能互相了解，比同时同市的人为多些。一个人的文章嗜好是先天注定，而不能自已的。

朱自清

论书生的酸气①

　　"穷酸"、"寒酸"，"酸"，似乎是中国书生传统的特殊气味。朱自清（1898~1948）分析，书生的酸气，原指读书时使人鼻酸的声调——"声酸"，后来演变为吟诗作文时的无病呻吟。由声音到文字，让人耳朵、鼻子、眼睛、审美心理一齐酸倒，实在该打。"可是这几年时代逼得更紧了，大家只得抹干了鼻涕眼泪走上前去。这才真是'洗尽书生气味酸'了。"要治疗这书生老病，似乎非得现实冷酷不可？

　　读书人又称书生。这固然是个可以骄傲的名字，如说"一介书生"、"书生本色"，都含有清高的意味。但是正因为清高，和现实脱了节，所以书生也是嘲讽的对象。人们常说"书呆子"、"迂夫子"、"腐儒"、"学究"等，都是嘲讽书生的。"呆"是不明利害，"迂"是绕大弯儿，"腐"是顽固守旧，"学究"是指一孔之见。总之，都是知古不知今，知书不知人，食而不化的读死书或死读书，所以在现实生活里老是吃亏、误事、闹笑话。总之，书生的被嘲笑是在他们对于书的过分的执着上；过分的执着书，书就成了话柄了。

　　但是还有"寒酸"一个话语，也是形容书生的。"寒"是"寒素"，对"膏粱"而言。是魏晋南北朝分别门第的用语。"寒门"或"寒人"并不限于书生，武人也在里头；"寒士"才指书生。这"寒"指生活情形，指家世出身，并不关涉到书；单这个字也不含嘲讽的意味，加上"酸"字成为连语，就不同了，好像一副可怜相活现在眼前似的。"寒酸"似乎原作"酸寒"。韩愈"荐士"诗，"酸寒溧阳尉"，指的是孟郊；后来说"郊寒岛瘦"，孟郊和贾岛都是失意的人，作的也是失意诗。"寒"和"瘦"映衬起来，够可怜相的，但是韩愈说"酸寒"，似乎"酸"比"寒"重。可怜别人说"酸寒"，可怜自己也说"酸寒"，所以苏轼有"故人留饮慰酸寒"的诗句。陆游有"书生老瘦转酸寒"的诗句。"老瘦"固然可怜相，感激"故人留饮"也不免有点儿。范成大说"酸"是"书生气味"，但是他要"洗尽书生气味酸"，那大概是所谓"大丈夫不受人怜"罢？

---

　　① 选自蔡清富编《朱自清散文选集》，百花文艺出版社，1996年版。

为什么"酸"是"书生气味"呢？怎么样才是"酸"呢？话柄似乎还是在书上。我想这个"酸"原是指读书的声调说的。晋以来的清谈很注重说话的声调和读书的声调。说话注重音调和辞气，以朗畅为好。读书注重声调，从《世说新语·文学》篇所记殷仲堪的话可见；他说，"三日不读《道德经》，便觉舌本闲强"，说到舌头，可见注重发音，注重发音也就是注重声调。《任诞》篇又记王孝伯说："名士不必须奇才，但使常得无事，痛饮酒，熟读《离骚》，便可称名士。"这"熟读《离骚》"该也是高声朗诵，更可见当时风气。《豪爽》篇记"王司州（胡之）在谢公（安）坐，咏《离骚》《九歌》'入不言兮出不辞，乘回风兮载云旗'，语人云，'当尔时，觉一坐无人。'"正是这种名士气的好例。读古人的书注重声调，读自己的诗自然更注重声调。《文学》篇记着袁宏的故事：

> 袁虎（宏小名虎）少贫，尝为人佣载运租。谢镇西经船行，其夜清风朗月，闻江渚间估客船上有咏诗声，甚有情致，所诵五言，又其所未尝闻，叹美不能已。即遣委曲讯问，乃是袁自咏其所作咏史诗。因此相要，大相赏得。

从此袁宏名誉大盛，可见朗诵关系之大。此外《世说新语》里记着"吟啸"、"啸咏"、"讽咏"、"讽诵"的还很多，大概也都是在朗诵古人的或自己的作品罢。

这里最可注意的是所谓"洛下书生咏"或简称"洛生咏"。晋书《谢安传》说：

> 安本能为洛下书生咏。有鼻疾，故其音浊。名流爱其咏而弗能及，或手掩鼻以效之。

《世说新语·轻诋》篇却记着：

> 人问顾长康"何以不作洛生咏？"答曰，"何至作老婢声！"

刘孝标注，"洛下书生咏音重浊，故云'老婢声'。"所谓"重浊"，似乎就是过分悲凉的意思。当时诵读的声调似乎以悲凉为主。王孝伯说"熟读《离骚》，便可称名士"，王胡之在谢安坐上咏的也是《离骚》《九歌》，都是《楚辞》。当时诵读《楚辞》，大概还知道用楚声楚调，乐府曲调里也正有楚调。而楚声楚调向来是以悲凉为主的。当时的诵读大概受到和尚的梵诵或梵唱的影响很大，梵诵或梵唱主要的是长吟，就是所谓"咏"。《楚辞》本多长句，楚声楚调配合那长吟的梵调，相得益彰，更可以"咏"出悲凉的"情致"来。袁宏的咏史诗现存两首，第一首开始就是"周昌梗概臣"一句，"梗概"、"慷慨"，"慷慨悲歌"也是一种"书生本色"。沈约《宋书·谢灵运传论》所举的五言诗名句，钟嵘《诗品序》里所举的五言诗名句和名篇，差不多都是些"慷慨悲歌"。《晋书》里还有一个故事：晋朝曹摅的《感旧》诗有"富贵他人合，贫贱亲戚离"两句。后来殷浩被废为老百姓，送他的心爱的外甥回朝，朗诵这两句，引起了身世之感，不觉泪下。这是悲凉的朗诵的确例。但是自己若是并无真实的悲哀，只去学时髦，捏着鼻子学那悲哀的"老婢声"的"洛生咏"，那就过了分，那也就是赵宋以来所谓"酸"了。

唐朝韩愈有《八月十五夜赠张功曹》诗，开头是：

纤云四卷天无河，清风吹空月舒波，沙平水息声影绝，一杯相属君当歌。

接着说：

君歌声酸辞且苦，不能听终泪如雨。

接着就是那"酸"而"苦"的歌辞：

洞庭连天九疑高，蛟龙出没猩鼯号。十生九死到官所，幽居默默如藏逃。下床畏蛇食畏药，海气湿蛰熏腥臊。

昨者州前捶大鼓，嗣皇继圣登夔皋。赦书一日行万里，罪从大辟皆除死。迁者追回流者还，涤瑕荡垢朝清班。

州家申名使家抑，坎坷只得移荆蛮。判司卑官不堪说，未免捶楚尘埃间。同时辈流多上道，天路幽险难追攀！

张功曹是张署，和韩愈同被贬到边远的南方，顺宗即位，只奉命调到近一些的江陵做个小官儿，还不得回到长安去，因此有了这一番冤苦的话。这是张署的话，也是韩愈的话。但是诗里却接着说：

君歌且休听我歌，我歌今与君殊科。

韩愈自己的歌只有三句：

一年明月今宵多，人生由命非由他，有酒不饮奈明何！

他说认命算了，还是喝酒赏月罢。这种达观其实只是苦情的伪装而已。前一段"歌"虽然辞苦声酸，倒是货真价实，并无过分之处。由那"声酸"知道吟诗的确有一种悲凉的声调，而所谓"歌"其实只是讽咏。大概汉朝以来不像春秋时代一样，士大夫已经不会唱歌，他们大多数是书生出身，就用讽咏或吟诵来代替唱歌。他们，尤其是失意的书生的苦情就发泄在这种吟诵或朗诵里。

战国以来,唱歌似乎就以悲哀为主,这反映着动乱的时代。《列子·汤问》篇记秦青"抚节悲歌,声振林木,响遏行云",又引秦青的话,说韩娥在齐国雍门地方"曼声哀哭,一里老幼悲愁垂涕相对,三日不食",后来又"曼声长歌,一里老幼,善跃抃舞,弗能自禁"。这里说韩娥虽然能唱悲哀的歌,也能唱快乐的歌,但是和秦青自己独擅悲歌的故事合看,就知道还是悲歌为主。再加上齐国杞梁的妻子哭倒了城的故事,就是现在还在流行的孟姜女哭倒长城的故事,悲歌更为动人,是显然的。书生吟诵,声酸辞苦,正和悲歌一脉相传。但是声酸必须辞苦,辞苦又必须情苦;若是并无苦情,只有苦辞,甚至连苦辞也没有,只有那供人酸鼻的声调,那就过了分,不但不能动人,反要遭人嘲弄了。书生往往自命不凡,得意的自然有,却只是少数,失意的可太多了。所以总是叹老嗟卑,长歌当哭,哭丧着脸一副可怜相。朱子在《楚辞辨证》里说汉人那些模仿的作品"诗意平缓,意不深切,如无所疾痛而强为呻吟者"。"无所疾痛而强为呻吟"就是所谓"无病呻吟"。后来的叹老嗟卑也正是无病呻吟。有病呻吟是紧张的,可以得人同情,甚至叫人酸鼻;无病呻吟,病是装的、假的,呻吟也是装的、假的,假装可以酸鼻的呻吟,酸而不苦像是丑角扮戏,自然只能逗人笑了。

苏东坡有《赠诗僧道通》的诗:

雄豪而妙苦而腴,只有琴聪与蜜殊。语带烟霞从古少,气含蔬笋到公无。……

查慎行注引叶梦得《石林诗话》说:

近世僧学诗者极多,皆无超然自得之趣,往往掇拾摹仿士大夫所残弃,又自作一种体,格律尤俗,谓之"酸馅气"。子瞻……尝语人云,"颇解'蔬笋'语否?为无'酸馅气'也。"闻者无不失笑。

东坡说道通的诗没有"蔬笋"气,也就没有"酸馅气",和尚修苦行,吃素,没有油水,可能比书生更"寒"更"瘦";一味反映这种生活的诗,好像酸了的菜馒头的馅儿,干酸,吃不得,闻也闻不得,东坡好像是说,苦不妨苦,只要"苦而腴",有点儿油水,就不至于那么扑鼻酸了。这酸气的"酸"还是从"声酸"来的。而所谓"书生气味酸"该就是指的这种"酸馅气"。和尚虽苦,出家人原可"超然自得",却要学吟诗,就染上书生的酸气了。书生失意的固然多,可是叹老嗟卑的未必真的穷苦到他们嗟叹的那地步;倒是"常得无事",就是"有闲",有闲就无聊,无聊就作成他们的"无病呻吟"了。宋初西昆体的领袖杨亿讥笑杜甫是"村夫子",大概就是嫌他叹老嗟卑的太多。但是杜甫"窃比稷与契",嗟叹的其实是天下之大,绝不止于自己的鸡虫得失。杨亿是个得意的人,未免忘其所以,才说出这样不公道的话。可是像陈师道的诗,叹老嗟卑,吟来吟去,只关一己,的确叫人腻

书生心事

101

味。这就落了套子，落了套子就不免有些"无病呻吟"，也就是有些"酸"了。

道学的兴起表示书生的地位加高，责任加重，他们更其自命不凡了，自嗟自叹也更多了。就是眼光如豆的真正的"村夫子"或"三家村学究"，也要哼哼唧唧的在人面前卖弄那背得的几句死书，来嗟叹一切，好搭起自己的读书人的空架子。鲁迅先生笔下的孔乙己，似乎是个更破落的读书人，然而"他对人说话，总是满口之乎者也，教人半懂不懂的"。人家说他偷书，他却争辩着，"窃书不能算偷……窃书！……读书人的事，能算偷么"？"接连便是难懂的话，什么'君子固穷'，什么'者乎'之类，引得众人都哄笑起来。"孩子们看着他的茴香豆的碟子：

孔乙己着了慌，伸开五指将碟子罩住，弯下腰去说道"不多了，我已经不多了"。直起身又看一看豆，自己摇头说，"不多不多！'多乎哉？不多也'"于是这一群孩子都在笑声里走散了。

破落到这个地步，却还只能"满口之乎者也"，和现实的人民隔得老远的，"酸"到这地步真是可笑又可怜了。"书生本色"虽然有时是可敬的，然而他的酸气总是可笑又可怜的。最足以表现这种酸气的典型，似乎是戏台上的文小生，尤其是昆曲里的文小生，那哼哼唧唧、扭扭捏捏、摇摇摆摆的调调儿，真够"酸"的！这种典型自然不免夸张些，可是许差不离儿罢。

向来说"寒酸"、"穷酸"，似乎酸气老聚在失意的书生身上。得意之后，见多识广，加上"一行作吏，此事便废"，那时就会不再执着在书上，至少不至于过分的执着在书上，那"酸气味"是可以多多少少"洗"掉的。而失意的书生也并非都有酸气。他们可以看得开些，所谓达观，但是达观也不易，往往只是伪装。他们可以看远大些，"梗概而多气"是雄风豪气，不是酸气。至于近代的知识分子，让时代逼得不能读死书或死读书，因此也就不再执着那些古书。文言渐渐改了白话，吟诵用不上了；代替吟诵的是又分又合的朗诵和唱歌。最重要的是他们看清楚了自己，自己是在人民之中，不能再自命不凡了。他们虽然还有些闲，可是要"常得无事"却也不易。他们渐渐丢了那空架子，脚踏实地向前走去。早些时候还不免带着感伤的气氛，自爱自怜，一把眼泪一把鼻涕；这也算是酸气，虽然念诵的不是古书而是洋书。可是这几年时代逼得更紧了，大家只得抹干了鼻涕眼泪走上前去。这才真是"洗尽书生气味酸"了。

老舍

文 牛①

　　专门生产牛奶的是奶牛,专门生产文字的就是"文牛"了。老舍奉劝青
年人别干这一行。你看他挤不出"奶"的时候有多狼狈?

　　老舍(1899~1966),原名舒庆春,字舍予,生于北京,满族正红旗
人。现代文学大师。著有小说《骆驼祥子》《四世同堂》;戏剧《茶馆》等。
"文革"中不堪屈辱,自沉于北京太平湖。

　　干哪一行的总抱怨哪一行不好。在这个年月能在银行里,大小有个事儿,总
该满意了,可是我的在银行做事的朋友们,当和我闲谈起来,没有一个不觉得怪
委屈的。真的,我几乎没有见过一个满意、夸赞他的职业的。我想,世界上也许有
几位满意于他们的职业的人,而这几位人必定是英雄好汉。拿破仑、牛顿、爱因
斯坦、罗斯福,大概都不抱怨他们的行业"没意思"。虽然不自居拿破仑与牛顿,
我自己可是一向满意我的职业。我的职业多么自由啊!我用不着天天按时候上课
或上公事房,我不必等7天才到星期日;只要我愿意,我可连着有一个星期的星期
日!

　　我的资本很小,纸笔墨砚而已。我的生活可以按照自己的意思安排,白天睡,
夜里醒着也好,昼夜都不睡也可以;一日三餐也好,八餐也好!反正我是在我自己
的屋里操作,别人也不能敲门进来,禁止我把脚放在桌子上。专凭这一点自由,我
就不能不满意我的职业。况且,写得好吧歹吧,大致都能卖出去,喝粥不成问题,
倒也逍遥自在;虽然因此而把妒忌我的先生们鼻子气歪,我也没法子代他们去搬
正!

　　可是,在近几个月来,也不知怎么我也失去了自信,而时时不满意我的职业
了。这是吉是凶,且不去管,我只觉得"不大是味儿"!心里很不好过!

　　我的职业是"写"。只要能写,就万事亨通,可是,近来我写不上来了!问题严
重得很,我不晓得生了娃娃而没有奶的母亲怎样痛苦,我可是晓得我比她还更痛
苦。没有奶,她可以雇乳娘,或买代乳粉,我没有这些便利。写不出就是写不出,

---

① 选自舒济编《老舍散文精编》,人民文学出版社,1994年版。

找不到代替品与代替的人。

天天能写一点，确实能觉得很自由自在，赶到了一点也写不出的时节呀，哈哈，你便变成世界上最痛苦的人！你的自由，闲在，正是对你的刑罚；你一分钟一分钟无结果的度过，也就每一分钟都如坐针毡！你不但失去工作与报酬，你简直失去了你自己！

一夏天除了阴雨，我的卧室兼客厅兼饭厅兼浴室兼书房的书房，热得老像一只大火炉。夜间一点钟以后，我才能勉强的进去睡。睡不到四个小时，我就必须起来，好乘早凉儿工作一会儿；一过午，屋内即又成烤炉。一夏天，我没有睡足。睡不足，写的也就不多，一拿笔就觉得困啊。我很着急，但是想不出办法，缙云山上必定凉快，谁去得起呢！

入秋，我本想要"好好"的工作一番，可是天又霉，纸烟的价钱好像疯了似的往上涨。只好戒烟。我曾经声明过："先上吊，后戒烟！"以示至死不戒烟的决心。现在，自己打了嘴巴。最坏的烟卖到一百元一包（二十支：我一天须吸三十支），我没法不先戒烟，以延缓上吊之期了；人都惜命呀！没有烟，我只会流汗，一个字也写不出！戒烟就是自己跟自己摔跤，我怎能写字呢？半个月，没写出一个字！

烟瘾稍杀，又打摆子，本来贫血，摆子使血更贫。于是，头又昏起来。不留神，猛一抬头，或猛一低头，眼前就黑那么一下，老使人有"又要停电"之感，每天早上，总盼着头不大昏，幸而真的比较清爽，我就赶快的高高兴兴去研墨，期望今天一下子能写出两三千字来。墨研好了，笔也拿在手中，也不知怎的，头中轰的一下，生命成了空白，什么也没有了，除了一点轻微的嗡嗡的响声。这一阵好容易过去了，脑中开始抽着疼，心中烦躁得要狂喊几声！只好把笔放下——文人缴械！一天如此，两天如此，忍心的、耐性的、敷衍自己："明天会好些的！"第三天还是如此，我开始觉得："我完了！"放下笔，我不会干别的！是的，我晓得我应当休息，并且应当吃点补血的东西——豆腐、猪肝、猪脑、菠菜、红萝卜等。但是，这年月谁休息得起呢？紧写慢写还写不出香烟钱怎敢休息呢？至于补品，猪肝岂是好惹的东西，而豆腐又一见双眉紧皱，就是菠菜也不便宜啊！如此说来，理应赶快服点药，使身体从速好起来。可是西药贵如金，而中药又无特效。怎办呢？到了这般地步，我不能不后悔当初为什么单单选择这一门职业了！唱须生的倒了嗓子，唱花旦的损了面容，大概都会明白我的苦痛：这苦痛是来自希望与失望的相触，天天希望，天天失望，而生命就那么一天天的白白的摆过去，摆向绝望与毁灭！

最痛苦是接到朋友征稿的函信的时节。

朋友不仅拿你当做个友人，而且是认为你是会写点什么的人。可是，你须向友人们道歉；你还是你，你也已经不是你——你已不能够作了！

吃的是草,挤出的是牛奶;可是,文人的身体并不和牛一样壮,怎办呢?

青年朋友们,假使你没有变成一头牛的把握,请不要干我这一行事吧;当你写不出字来的时候,你比谁的苦痛都更大!我是永不怨天尤人的人,今天我只后悔自己选错了职业——完全是我自己的事,与别人毫不相干。我后悔做了写家的正如我后悔"没"做生意,或税吏一样;假若我起初就做着囤积居奇,与暗中拿钱的事,我现在岂不正兴高采烈的自庆前程远大么?啊,青年朋友们,尽使你健壮如牛,也还要细想一想再决定吧,即在此处,牛恐怕是永远没有希望的动物,管你,和我一样的,不怨天尤人。

老舍

小 传①

　　古代文人自传，多述少时寒苦、长时刻苦、成名后清苦，字字句句绕着
"醋缸"转。老舍是与林语堂一道提倡幽默的，这回，他幽了自己一默。

　　舒舍予，字老舍，现年40岁，面黄无须，生于北平。3岁失怙，可谓无父；志学
之年，帝王不存，可谓无君。无父无君，特别孝爱老母。布尔乔亚之仁不能一扫空
也。幼读"三百千"，不求甚解。继学师范，遂奠教书匠之基。及壮，糊口四方，教
书为业，甚难发财。每购奖券，以得末奖为荣，示甘于寒贱也。27岁，发愤著书，科
学哲学无所懂，故写小说，博大家一笑。没什么了不得。34岁结婚，今已有一男一
女，均狡猾可喜。闲时喜弄花，不得甚法，每每有叶无花，亦不忍弃。书无所不读，
全无所获，并不着急。教书做事，均甚认真，往往吃亏，亦不后悔。如是而已，再活
40年也许能有点出息。

书生心事

---

　　① 选自老舍《有钱最好》，敦煌文艺出版社，1991年版。

启功

墓志铭①

　　启功(1912~2005)教授以书法名天下,六十六岁时,为自己写下这篇墓志铭。七十二字囊括一生,字字如其书法,骨气凛凛。

　　中学生,副教授。博不精,专不透。名虽扬,实不够。高不成,低不就。瘫趋"左",派曾"右"。面微圆,皮欠厚。妻已亡,并无后。丧犹新,病照旧。六十六,非不寿,八宝山,渐相凑。计平生,谥曰陋。身与名,一齐臭。

---

　　① 选自《启功韵语》,北京师范大学出版社,1989年版。

吴晗

海瑞骂皇帝①

108

　　海瑞骂皇帝，幸免于难；响应毛泽东提出的学习海瑞刚正不阿、说真话的精神，吴晗（1909~1969）写了短文《海瑞骂皇帝》，写了历史剧《海瑞罢官》，作品成为"文革"的导火索，作者成为"文革"的首个蒙难者。其妻、女、弟、妹也受株连致死。

　　在封建时代，皇帝是不可侵犯的，连皇帝的名字都要避讳，一个字不幸成为"御讳"，就得缺笔闹残废，不是缺胳膊，就是缺腿，成为不全的字。人们不小心把该避"御讳"的字写了正字，就算犯法，要吃官司，判徒刑。至于骂皇帝，那是很少听说过的事。真正骂过皇帝，而又骂得非常痛快的是海瑞。海瑞骂嘉靖皇帝最厉害的几句话说："现在人民的赋役要比平常多许多，到处都是这样。您花了许多钱，用在宗教迷信上，而且一天比一天多，弄得老百姓都穷得光光的，这十几年来闹到极点。天下人民就用您改元的年号嘉靖，取这两个字音说，'嘉靖'皆净，家家穷得干干净净，没有钱用。"这样大胆直接骂皇帝的话，不仅嘉靖当了几十年皇帝没有听见过，就是从各朝各代的古书上也很难找到。但却句句刺痛了他的要害，嘉靖又气又恼，十分冒火。

　　原来嘉靖做皇帝时间长了，懒得管事，不上朝，住在西苑，成天拜神作斋醮（宗教仪式），上青词。青词是给天神写的信，要写得很讲究，宰相严嵩、徐阶都因为会写青词得宠。政治腐败到极点，朝臣中有人提意见的，不是杀头，便是革职，监禁，充军，吓得没人敢说话。海瑞在嘉靖45年（1566年）二月上的治安疏，便是针对当时的问题，向皇帝提出的质问，要求改革。他在疏中说：

　　"你比汉文帝怎么样？你前些年倒还做些好事。这些年呢，只讲修道，大兴土木。二十多年不上朝，滥派官职给人。跟两个儿子也不见面，人家以为你薄于父子。以猜疑诽谤杀戮臣下，人家以为你薄于君臣。尽住西苑不回宫，人家以为你薄于夫妇。弄得天下吏贪将弱，到处有农民暴动。这种情况，你即位初年也有，但没有这样严重。现在严嵩虽然罢相了，但是没有什么改革，还不是清明世界。我看你

---

　　① 选自孙珉编《20世纪巨人随笔·社会科学家卷·人迹罕至的地方》，光明日报出版社，1995年版。

远不如汉文帝。"

嘉靖自比为尧,号尧斋。海瑞说他连汉文帝也不如,他怎么能不冒火。海瑞接着又说:

"天下的人不满意你已经很久了,内外大小官员谁都知道。

"你一意修道,只想长生不老,你的心迷惑了。过于苛断,你的性情偏了。你自以为是,拒绝批评,你的错误太多了。你一心想成仙得道,长生不老。你看尧、舜、禹、汤、文王、武王哪个活到现在?你的老师陶仲文教你长生之法,他已经死了。他不能长生,你怎么能求长生呢?你说上天赐你仙桃、药丸,那就更怪了,桃、药是怎么来的呢?是上天用手拿着给你的吗?

"你要知道,修道没有什么好处,应该立即醒悟过来,每天上朝,研究国计民生,痛改几十年的错误,为人民谋些福利。

"目前的问题是君道不正,臣职不明,这是天下第一件大事。这事不说,别的还说什么!"

嘉靖看了,大怒,把奏本丢在地下,叫左右立刻逮捕海瑞,不要让他跑了。宦官黄锦在旁边说:"听说这人自知活不了,已向妻子作临死告别,托人准备后事,家里的佣人都吓得跑光了,他不会逃。这个人素性刚直,名声很大,居官清廉,不取官家一丝一粟,是个好官呢!"嘉靖一听海瑞不怕死,倒愣住了,又把奏本捡起来,一面读,一面叹气,下不了决心。过了好些日子,想起来就发脾气,拍桌子骂人。有一天发怒打宫婢,宫婢私下哭着说:"皇帝挨了海瑞的骂,却拿我们来出气。"嘉靖又派人私下查访,有谁和海瑞商量出主意的。同官的人都怕连累,看到海瑞就躲在一边,海瑞也不以为意,在家等候坐牢。

嘉靖有时自言自语说:"这人真比得上比干,不过我还不是纣王。"他叫海瑞是畜生,口头上和批处海瑞案件的文件上都不叫海瑞的名字。病久了,又有气,和宰相徐阶商量,要传位给太子,说:"海瑞的话都对,只是我病久,怎么能上朝办事呢?"又说:"都是自己不好,不自爱惜,闹了这场病。要是能上朝办事,怎么会挨这个人的骂。"下令逮捕海瑞下狱,追查主使的人。刑部论处海瑞死刑,嘉靖也不批复。过了两个月,嘉靖死了,新皇帝即位,才放海瑞出来,仍回原职,作户部主事。

海瑞大骂皇帝,同情他和支持他的人到处都是,他的名声越来越大了。万历十四年(公元1586年),海瑞被人向皇帝诬告,青年进士顾允成、彭遵古、诸寿贤替他辩诬申救,写的文章中说:"我们从十几岁时,就听说海瑞的名声,认为是当代的伟人,永远被人瞻仰,这是任何人都不能赶得上的。"这是当时青年人对他的评价。

巴金

"文革"博物馆①

　　巴金老人晚年一连写了五本《随想录》，用颤抖的文笔忏悔。他的声音苍老而微弱，并未能唤醒一个民族的良心。"建立'文革'博物馆"的呼声，就像在旷野呼号，声音随风飘逝。

　　巴金（1904~2005），生于成都，现代文学大师。著有小说《家》《春》《秋》《寒夜》等。

　　前些时候我在《随想录》里记下了同朋友的谈话，我说"最好建立一个'文革'博物馆"。我并没有完备的计划，也不曾经过周密的考虑，但是我有一个坚定的信念：这是应当做的事情，建立"文革"博物馆，每个中国人都有责任。

　　我只说了一句话，其他的我等着别人来说。我相信那许多在"文革"中受尽血与火磨炼的人是不会沉默的。各人有各人的经验。但是没有人会把"牛棚"描绘成"天堂"，把惨无人道的残杀当做"无产阶级的大革命"。大家的想法即使不一定相同，我们却有一个共同的决心：绝不让我们国家再发生一次"文革"，因为第二次的灾难，就会使我们民族彻底毁灭。

　　我绝不是在这里危言耸听，20年前的往事仍然清清楚楚地出现在我的眼前。那无数难熬难忘的日子，各种各样对同胞的伤天害理的侮辱和折磨，是非颠倒、黑白混淆、忠奸不分、真伪难辨的大混乱，还有那些搞不完的冤案，算不清的恩仇！难道我们应该把它们完全忘记，不让人再提它们，以便20年后又发动一次"文革"拿它当做新生事物来大闹中华?!有人说："再发生?不可能吧。"我想问一句："为什么不可能?"这几年我反复思考的就是这个问题，我希望找到一个明确的回答：可能，还是不可能?这样我晚上才不怕做怪梦。但是谁能向我保证20年前发生过的事不可能再发生呢?我怎么能相信自己可以睡得安稳不会在梦中挥动双手滚下床来呢?

　　并不是我不愿意忘记，是血淋淋的魔影牢牢地揪住我不让我忘记。我完全给解除了武装，灾难怎样降临，悲剧怎样发生，我怎样扮演自己憎恨的角色，一步一

---

①　选自巴金《随想录第五集·无题集》，人民文学出版社，1993年版。

步走向深渊，这一切就像是昨天的事，我不曾灭亡，却几乎被折磨成一个废物，多少发光的才华在我眼前毁灭，多少亲爱的生命在我身边死亡。"不会再有这样的事了，还是揩干眼泪向前看吧。"朋友们这样地安慰我，鼓励我。我将信将疑，心里想：等着瞧吧。一直到宣传"清除精神污染"的时候。

那一阵子我刚刚住进医院。这是第二次住院，我患的是帕金森氏综合征，是神经科的病人。一年前摔坏的左腿已经长好，只是短了3公分，早已脱离牵引架；我拄着手杖勉强可以走路了。读书看报很吃力，我习惯早晨听电台的新闻广播，晚上到会议室看电视台的新闻联播。从下午3点开始，熟人探病，常常带来古怪的小道消息。我入院不几天，空气就紧张起来，收音机每天报告某省市领导干部对"清污"问题发表意见，在荧光屏上文艺家轮流向观众表示清除污染的决心。听人说部队里有人要战士交出同女同志一起拍摄的照片，不论是朋友还是亲属；又听说在首都某机关传达室里准备了大堆牛皮筋让披长发的女人扎好头发才允许她们进去。我外表相当镇静，每晚回到病房却总要回忆1966年"文革"发动时的一些情况，我不能不感觉到大风暴已经逼近，大灾难又要到来。我并无畏惧，对自己几根老骨头也毫无留恋，但是我想不通：难道真的必须再搞一次"文革"把中华民族推向万劫不复的深渊?仍然没有人给我一个明确的回答。小道消息越来越多。我仿佛看见一把大扫帚在面前扫着，扫着。我也一天、两天、三天地数着，等着。多么漫长的日子!多么痛苦的等待!我注意到头上乌云越聚越密，四周鼓声愈来愈紧，只是我脑子清醒，我还能够把当时发生的每一件事同上次"文革"进展的过程相比较。我没有听到一片"万岁"声，人们不表态，也不缴械投降。一切继续在进行，雷声从远方传来，雨点开始落下。然而不到一个月，有人出来讲话，扫帚扫不掉"灰尘"，密云也不知给吹散到了何方，吹鼓手们也只好销声匿迹。我们这才免掉了一场灾难。

1984年5月在日本东京召开的第47届国际笔会邀请我出席，我的发言稿就是在病房里写成的。我安静地在医院中住满了第二个半年。探病的客人不断，小道消息未停，真真假假，我只有靠自己的脑子分析。在病房里我没有受到干扰，应当感谢那些牢牢记住"文革"的人，他们不再让别人用他们的血在中国的土地上培养"文革"的花朵。用人血培养的花看起来很鲜艳，却有毒，倘使花再次开放，哪怕只开出一朵，我也会给拖出病房，得不到治疗了。

经过半年的思考和分析，我完全明白：要产生第二次"文革"，并不是没有土壤，没有气候，正相反，仿佛一切都已准备妥善，上面讲的"不到一个月"的时间要是拖长一点，譬如说再翻一番，或者再翻两番，那么局面就难收拾了，因为靠"文革"获利的大有人在。……

我用不着讲下去。朋友和读者寄来不少的信，报刊上发表了赞同的文章，他们讲得更深刻，更全面，而且更坚决。他们有更深切的感受，也有更惨痛的遭遇。"千万不能再让这段丑恶的历史重演，哪怕一星半点也不让!"他们出来说话了。

建立"文革"博物馆，这不是某一个人的事情，我们谁都有责任让子子孙孙、世世代代牢记十年惨痛的教训。"不让历史重演"，不应当只是一句空话。要使大家看得明明白白，记得清清楚楚，最好是建立一座"文革"博物馆，用具体的、实在的东西，用惊心动魄的真实情景，说明20年前在中国这块土地上，究竟发生了什么事情?让大家看看它的全部过程，想想个人在十年间的所作所为，脱下面具，掏出良心，弄清自己的本来面目，偿还过去的大小欠债。没有私心才不怕受骗上当，敢说真话就不会轻信谎言。只有牢牢记住"文革"的人才能制止历史的重演，阻止"文革"的再来。

建立"文革"博物馆是一件非常必要的事，唯有不忘"过去"，才能做"未来"的主人。

魏明伦

雌雄论①

伟人的妻子从不改嫁，伟人却不必如此守贞。剧作家魏明伦（1941年生）指明这种中国怪现状，从中引出妇女解放问题——男女平等要从伟人做起。

维妇代会召开之年，半边天映红之季，五四名篇《我之节烈观》书箧冷落之秋，传统精品《十二寡妇征西》盛演不衰之时，谨以少妇青丝几缕，老姐白发几茎，杂文一篇，问号一串，怅望苍苍太空，求教于文豪周树人、国父孙逸仙、诗人毛润之三大反封建前驱者麾下。

众公知否？近年海峡两岸议和，拟化干戈为玉帛，五千年前共一家。古语"炎黄子孙"忽变时髦，遂成当代华人自报家门之标准称谓。吾独沉思，炎帝黄帝同属雄性，缘何不提一雌？莫非二帝同性恋，其中一雄竟能代司雌职？据另典记载：俺们华裔，是性欲亢奋的女娲姑娘与伏羲哥哥私生子女。今人不依此说，讳是"女娲子孙"，是否嫌弃始祖野合乱伦，难立贞节牌坊？故而改抱炎黄大腿，连拜两位皇帝老倌作干爹，向外炫耀紫气东来。域外如何？碧眼西人不以祖先偷吃禁果为耻，欣然自称夏娃亚当后代，且裸女夏娃知名度大于雄汉亚当。伊甸园对比轩辕陵，更加反衬"炎黄子孙"重男轻女，尊父忘母矣。

嗟夫！虽是称谓，亦可窥见男性至上女性附庸的中国封建观念何等根深蒂固。小至称谓，大至婚姻，还有多少雌雄不平实质，深藏于貌似对称的蟠龙华表柱下？

众公当年高擎反封建大旗，鲁迅先生更趋激进。揭示男女不平，呼吁妇女解放，对贞节牌坊深恶痛绝。大笔挥洒《我之贞烈观》，为天下年轻寡妇鸣冤，诉守寡苦，叹守寡难，驳守寡光荣论、斥守寡自愿说。哀其不幸，怒其不争，反对以任何堂皇理由绳引少妇守寡至死。檄文一出，摧枯拉朽，贞节牌坊摇摇欲坠……

愚钝自幼深受先生启迪，愿作迅翁门前桃李之桃李，誓与封建幽灵鏖战复鏖战。昨日繁弦急管，观罢传世之作《三娘教子》等等"寡妇专场"，长叹贞节牌坊

① 选自魏明伦《巴山鬼话》，作家出版社，2001年版。

并未全坍，文明新寡仍饰花环，夜雨绵绵，重读檄文，秋灯闪闪，蓦地发现：先生弥留之前，曾给年轻夫人留下一条至今尚未引起重视的遗嘱："忘记我，管自己生活——倘不，那就真是糊涂虫。"这一笔堪称伟大的暗示，足见先生以身作则，不愧反封建前驱者称号。然而，病榻垂危，毕竟只是曲笔两行，远不及早年宣言黄钟大吕，旗帜鲜明。因此，我进而发现鲁迅研究者们不曾触及，或不敢正视的一大矛盾现象——《我之节烈观》作者的年轻夫人，守着《我之节烈观》作者遗像，从1936年到1968年，青丝变白发，少妇成老妪，熬过漫长的32年孤独生涯至死不渝。伟大的女性为早逝的伟丈夫奉献一生，却与伟丈夫生前启迪世人的指向背道而驰！先生言教和夫人身教孰是孰非？愚钝百思不得其解，迅翁泉下何以仲裁？

国父稍逊文豪一筹，遗嘱似无片言安顿遗孀。国母丧偶时仅仅32岁芳华，辞世时，足足88岁高龄。苍天：孀居绵延半个世纪，长达56年！

固然，发不同青心同热，生同壮志死同穴。山海誓，白首盟，伉俪情，战友谊，继亡夫未竟之事业，履妻子应尽之天职。膝下荒凉，普爱全国儿童；肩负重任，争取寰球和平。高尚人格，灿烂功勋，国之瑰宝；民之慈母，中华儿女谁不引以自豪？我于千声礼赞，万分敬仰之余，略感几分悲怆者，乃是另有不平发现也——神州只见伟丈夫之未亡人从一而终，罕见未亡之伟丈夫始终从一，舞台亦无《十二鳏夫治国》之奇戏。设若夫妻双方均为非凡人物，女杰先逝，伟男健在，风华正茂，能坚持海誓山盟半个世纪永不另择女战友燕尔新婚？即使伟男坚持，必有说客盈门，红线成缕，曰"协助工作"，曰"照顾生活"，曰"大局需要"，曰"群众期望"……总而言之，天经地义。敬请众公屈指遍数，岂有治国安邦伟男于鳏居三五十年死不续弦之一例乎？

换言：设若伟男早夭，女杰孀居，也似国母丧偶时一般年轻，倘有再醮要求，那还了得，国将不国。必有说客盈门，压力如磐，或横眉厉声禁止，或泣血顿首劝阻……统而言之，伟男续弦有理，女杰改嫁无耻。谁敢冒天下之大不韪，海峡两岸共诛之，炎黄子孙共讨之！

至于绝妙好词"我失骄杨君失柳"，更是男女不平佐证。失柳者抚孤一生、失杨者结婚几度。若照董狐秉笔直书，不是"我失骄杨"，应是"骄杨失我"！盖因"杨"于1930年被捕就义，"我"早于1928年另觅佳偶。尔后详情，世人不知……物换星移，80年代，忽然冒出一位梦想破镜重圆，甘守活寡将近半个世纪的红军女杰贺子珍！偌大一座高级贞节牌坊，可歌可泣，可敬可悲。

再嗟夫！伟人是人不是神，何况是在旧中国土壤上产生的伟人，怎能不受一点旧中国气候影响？历史局限，无损光辉形象，反封建前驱者尚且或多或少残存封建遗习，遑论二亿三千五百万文盲半文盲生男育女偏爱这半边天，不喜那半边天乎？甚至一些斯文人家也乐于弄璋，厌于弄瓦哉。纵观茫茫人海，男女不平乃父系社会通病，而吾国此病尤深。反封建大功告成否？女娲子孙——却一辈子加入不了妇联的魏某于妇代会外赠言：姐姐妹妹，婆婆妈妈，辨花环反思牌坊，庆三八勿忘"五四"也！

民间声音

费孝通

孔林片思①
——在"北京大学社会学十年"纪念会上的讲话

116

社会学家费孝通（1910~2005）在北大的演讲，提出了一些大问题：当前经济"中华大龙的总格局"，传统人际关系中"忽略了人和物的关系"，要建立"心态研究"，最后提出"当前人类正需要一个新时代的孔子"，而"我们应当培养孔子"。恍然听取，那一把声音好熟悉，让你误以为是"五四"时代呐喊少年中国的录音回放。

10天前我刚从山东考察回来。在山东考察了沂蒙山区，了解山区发展的情况是我此行的目的。另外附带还参观了曲阜的孔庙、孔府和孔林，又到泰安登泰山，靠缆车上了南天门，遥望十八盘，自叹年高难攀，衰老由不得人。我想了很多，从登山我想到了建设中国现代化的艰巨性，也想到了建设一门学科的艰巨性。哪里谈得到从心所欲。

10年前重建中国社会学的时候，我就给自己规定了一个任务，就是跟上中国农村变革和中国社会发展的步子，认识它，认识这种变革和发展，并将它们记录下来。应该说，这10年是我一生中最好的10年。我利用一切给我的机会，每年都出去跑，出去看。现在除了西藏和台湾没有去以外，其他的省区几乎都跑遍了。西藏是医生不让去，怕我身体吃不消，台湾是时机还不成熟。10年来，我马不停蹄地跑，越跑越觉得自己跟不上时代变革的步伐。

1989年我在《四年思路回顾》中对珠江三角洲城乡发展模式曾作了初步分析，现在看来已经很不够，太简单了。于是今年3月初，我又抽出10天时间，到这地区的顺德县作重点访问。返程中顺便还在东莞和番禺停留了一下。这样，对珠江模式有了一些新的认识，并写了《珠江模式的再认识》。4月下旬，我又到了浦东。

龙是中国的象征。"龙的传人"已经进入歌曲。中国怎样才能真正变成一条龙？我看只有把经济全面发展起来才能成为个名符其实的大国。这需要一个总体战略设想。这条经济上和文化上的大龙得有个龙头、龙身和龙尾。我看形势，

---

① 选自孙珉编《20世纪巨人随笔·社会科学家卷·人迹罕至的地方》，光明日报出版社，1995年版。

或者可以说龙头就是上海。长江是一条可以带动整个内地发展的脊梁骨。龙尾有两端，长得很。一端在西南，以攀枝花和西昌为中心的南方丝绸之路；一端在西北，以兰州为中心，西出阳关的亚欧大陆桥。这是一个中华大龙的总格局。只能有了一个总格局，才能讲各地区的发展怎样配合，才能讲一个个中国人应当怎么办，才能讲每个人自己的位置和出路在哪里。

前两年许多外国朋友为了庆祝我80岁生日，在东京举行了一次研讨会，讨论我对中国社会的研究。我在会上宣读了一篇文章叫"人的研究在中国"，主要讲我一生研究中国农村中应用的比较方法，发表在《读书》杂志1990年第8期上。至于人的研究，内容很广，可以从人们的身体到人与人之间的关系，我所接触到的只是其中极小的一部分，说不到有多大分量。

这次到了孔庙我才更深刻地认识到中国文化中对人的研究早已有很悠久的历史。孔子讲"仁"就是讲处理人与人之间的关系，讲人与人之间如何相处。孔子的家族现在已经到了76代了，这说明中国文化具有多么长的持续性！"文化大革命"中有人要破坏孔庙，群众不让，被保护了下来。为什么老百姓要保护它？说明它代表着一个东西，代表着中国人最宝贵的东西，这就是中国人关心人与人如何共处的问题。

海湾战争之后人们已注意到战争造成了环境污染，认识到了人与地球的关系。这是生态问题。地球上是否还能养活这么多人，现在已经成了大家不能不关心的问题了。这是人与地的生态关系，但最终还是要牵连到人与人的关系上来，反映在人与人之间怎样相处，国与国之间怎样相处的问题。这本是第一位的问题。这个问题现在还没有很好地提出来研究。看来人类在这个问题上还没有足够的觉醒。

到泰安之前，我去了邹平县，邹平是梁漱溟先生当年搞乡村建设的基地。我去给梁先生的墓上坟，明年是梁先生100岁纪念。梁先生的墓建在半山上，视旷眺远，朴实如其人。这说明邹平的老百姓尊敬他。他为人民做了好事，人民会永远纪念他。梁先生在邹平7年，从事乡村建设实践，大力开展乡村教育，推广科学技术，改良农村经济，取得了一定成效。梁先生的主要观点之一是强调中国文化有它自己的特点，他把世界文化分成三种模式，西方文化、中国文化和印度文化。这三种文化造就了三种人生态度：西方人注重物质外界，力图改变环境，满足生活的物质需要；中国人不尚争斗，力谋人与人之间友爱共处，遂生乐业；印度人则纠缠在物质生活与精神生活之间永远调协不了的矛盾里。西方人讲了科学，促进了生产，发展了生产力。这是好的，但还有一面就是这种态度既可活人又可杀人。他们忽略了人与人之间应当怎样相处。

我们中国人讲人与人的相处讲了3000年了，忽略了人和物的关系，经济落后了，但是从全世界看人与人相处的问题却越来越重要了。人类应当及早有所自觉，既要充分认识人与环境的关系，更要明白人与人之间怎样相处才能共同生存下去。现在南北关系是很不合理的。第三世界中的中国，人口就占全世界人口的五分之一。而发达国家的世界上同样占五分之一的人口却占有了五分之四的资源。这样的世界上人与人怎么能和平相处下去呢？21世纪是一个危险的世纪！这一点应当引起重视，如何进一步研究它，也值得考虑。

我从30年代开始研究的是如何充分利用农村的劳动力来解决中国的贫困问题。物质资源的利用和分配还属于人同地的关系，我称之为生态的层次。劳动力对于财富的占有就是人与人之间的关系了。我个人的研究到今天为止，还没有跨出这个层次。现在走到小康的路子是已经清楚了，我已认识到必须及时多想想小康之后我们的路子应当怎样走下去。小康之后人与自然的关系的变化不可避免地要引起人与人的关系的变化，进到人与人之间怎样相处的问题。这个层次应当是高于生态关系。在这里我想提出一个新的名词，称之为人的心态关系。心态研究必然会跟着生态研究提到我们的日程上来了。

生态和心态有什么区别呢？我们常说共存共荣，共存是生态，共荣是心态。共存不一定共荣，因为共存固然是共荣的条件，但不等于共荣。

人们心态正在发生着变化。心态的关系及其变化由谁来研究？目前，文艺界正在接触这个问题，作家们用小说的体裁来表现人们的心态，但还没有上升到科学化的程度。怎样上升到科学化？弗洛伊德做出了尝试，但他却从"病态"来研究人的心态，这是从反面来探索的路子。我们需要从正面来研究，谁来研究？过去是孔夫子。他从正面入手研究心态，落入了封建人伦关系而拔不出来，从实际出发而没有能超越现实。他的背景是春秋战国时代，那是中国古代的战国时代。现在世界正在进入一个全球性的战国时代，是一个更大规模的战国时代，这个时代在呼唤着新的孔子，一个比孔子心怀更开阔的大手笔。

我们这个时代，冲突倍出，海湾战争背后有宗教、民族的冲突，东欧和苏联都在发生民族斗争，炮火不断。这是当前的历史事实，在我看来这不只是个生态失调，而已暴露出严重的心态矛盾。我在孔林里反复地思考，看来当前人类正需要一个新时代的孔子了。新的孔子必须是不仅懂得本民族的人，同时又懂得其他民族、宗教的人。他要从高一层的心态关系去理解民族与民族、宗教与宗教和国与国之间的关系。目前导致大混乱的民族和宗教冲突充分反映了一个心态失调的局面。我们需要一种新的自觉。考虑到世界上不同文化、不同历史、不同心态的人今后必须和平共处在这个地球上，我们不能不为已不能再关门自扫门前雪的人们，找出一条共同生活下去的出路。这使我急切盼望新时代的孔子的出现。看来我自己是见不到这个新的孔子了。但是我希望在新的未来的一代人中能出生一个这样的孔子，他将通过科学、联系实际，为全人类共同生存下去寻找一个办法。

这个孔子需要培养，我们应当学会培养孔子。要创造一个环境、一种气氛。这个时代在思想上理论上必然会有很大的争论，在争论中才能筛洗出人类能共同接受的认识。在这种共识的形成过程中中国人应当有一份。各国都应当有自己的思想家。中国人口这么多，应当在世界的思想之林有所表现。我在宜兴的新闻发布会上曾说过：中国是了不起的，中国的土地养育了50个世纪的人，50个世纪一共养活了多少人？现在活着的有11亿，还要盼望它再养活50个世纪的人。这不是值得研究的奇迹吗？我们不要忘记了历史，这么长的时间里，我们中国人没有停止过创造和发展；有实践，有经验，我们应当好好地去总结，去认识几百代中国人的经历，为21世纪做出贡献。

这些都是我坐在车上穿行孔林时的飘忽的片片思绪。我想到我对人的研究花费一生的岁月。现在才认识到对人的研究看来已从生态的层次进入了心态的层次了。但在这方面，我还能做出什么成就呢？泰山十八盘，我只能望而兴叹了。

北大社会学系的同志认为社会学的发展要理论联系实际，教育与实际相结合，这都很对，但要落实，必须具体化，要善于研究发生在周围的变化。许多东西在我们的周围正在不停地发生着变化，我们却往往没有感觉到。只有紧紧抓住生活中发生的问题，多问几个为什么，然后抓住问题不放，追根究底，才能悟出一些道理来。

北大社会学经过10年的努力，我们大家在这个小小的园地中做了许多工作，我希望经过努力，在我们的新一代中出现几个懂得当"孔子"的人。

刘小枫

记恋冬妮娅①

《钢铁是怎样炼成的》是新中国青年一代的革命教科书，许多人读后却暗恋上资产阶级小姐冬妮娅。青年学者刘小枫（1956年生）回想起在"文革"中，读小说、想冬妮娅、看像冬妮娅一样的女高中生在武斗中丧身，看知青点的女团支书为爱自杀……爱欲与革命是怎样一组关系？两者的共同点：献身。不同点：爱欲献身于个体，革命献身于团体目标，并要求个体的绝对服从。结论：革命没有理由剥夺私人性质的爱欲权利。想明白了问题，而冬妮娅，更让人心痛。

20多年前的初夏，我恋上了冬妮娅。

那一年，"文化大革命"早已取得了决定性的胜利，但革命没有完，正向纵深发展。

恋上冬妮娅之前，我认识冬妮娅已近10年。《钢铁是怎样炼成的》是我高小时读的第一本小说。1965年的冬天，重庆的天气格外荒凉、沉闷，每年都躲不掉的冬雨，先是悄无声息地下着，不知不觉变成了令人忐忑不安的料峭寒雨。

强制性午睡。我躲在被窝里看保尔的连环画。母亲悄悄过来巡视，收缴了小人书，不过说了一句：家里有小说，还看连环画！从此我告别了连环画，读起小说来，而且是繁体字版的。

奥斯特洛夫斯基把革命描写得引人入胜，我读得入迷。回想起来，所以吸引人，是因为它描写伴随着恋爱经历的革命磨炼之路：保尔有过三个女朋友，最后一个女友才成为他的妻子；那时，他已差不多瘫痪了。质丽而佐以革命意识的达雅愿意献身给他——确切地说，献身给保尔代表的革命事业。革命和爱欲都是刺激性的题材，像时下的警匪与美女遭遇的故事，把青少年弄得神情恍惚，亢奋莫名。但革命与爱欲的关系我当时并不清楚：究竟是革命为了爱欲，还是爱欲为了革命？革命是社会性行为，爱欲是个体性行为；革命不是请客吃饭绘画绣花不能那样雅致那样温良恭俭让，革命是……而爱欲是偶在个体脆弱的天然力量，是"一

---

① 选自刘小枫《这一代的怕和爱》，三联书店，1996年版。

种温暖、闪烁并变成纯粹辉光的感觉"……

像大多数革命小说一样，爱欲的伏线在《钢铁是怎样炼成的》故事中牵动着革命者的经历，但革命与爱欲的关系相当暧昧，两者并没有意外相逢的喜悦，反倒生发出零落难堪的悲喜。在"反"革命小说中，革命与爱欲的关系在阴郁的社会动荡中往往要明确得多。帕斯捷尔纳克写道，拉娜的丈夫在新婚之夜发觉拉娜不是处女，被"资产阶级占有过"，于是投奔"资产阶级"的革命；日瓦戈与拉娜的爱情被描写成一盏被革命震得剧烈摇晃的吊灯里的孱弱烛光，它有如夏日旷野上苍凉的暮色，与披红绽赤的朝霞般的革命不在同一个地平线。

爱欲在《钢铁是怎样炼成的》中处于什么位置？它与那场革命的关系究竟怎样？从一开始我就下意识地关心冬妮娅在革命中的位置。我老在想，为何作者要安排保尔与冬妮娅在冰天雪地里意外重逢？在重逢中，保尔用革命意识的"粗鲁"羞辱初恋情人的惊魂，说她变得"酸臭"，还佯装不知站在冬妮娅身边的男人是她丈夫。

这样来叙述自己的初恋，不知是在抱怨革命对初恋的阉割，还是在用革命肥皂清洗初恋中染上的资产阶级的蓝色水兵服和肥腿裤上的异己阶级情调。出逃前夜，保尔第一次与冬妮娅搂抱在一起好几个小时，他感到冬妮娅柔软的身体何等温顺，热吻像甜蜜的电流令他发颤地欢乐；他的那只伙夫手还"无意间触及爱人的胸脯"……要是革命没有发生，或革命在相爱的人儿与温柔之乡紧挨在一起时戛然而止，保尔就与资产阶级的女儿结了婚，那又会是另一番故事。

他们发誓互不相忘。那时保尔没有革命意识，称革命为"骚乱"。

热恋中的情语成了飓风中的残叶，这是由革命意识造成的吗？

这部小说我还没有读完第一遍，大街上、学校里闹起了"文化大革命"。我不懂这场革命的涵义，只听说是革"资产阶级"的命；所有资产阶级都是"酸臭"的，冬妮娅是资产阶级的人，所以冬妮娅是"酸臭"的。可是，为什么资产阶级的冬妮娅的爱抚会激起保尔这个工人的孩子"急速的心跳"，保尔怎么敢说"我多么爱你"？

我没空多想。带着对冬妮娅"酸臭"的反感，怀揣着保尔的自传，加入"文化大革命"的红小兵队伍，散传单去了。

其实，一开始我就暗自喜欢冬妮娅，她性格爽朗，性情温厚，爱念小说，有天香之质；乌黑粗大的辫子，苗条娇小的身材，穿上一袭水兵式衣裙非常漂亮，是我心目中第一个具体的轻盈、透明的美人儿形象。但保尔说过，她不是"自己人"，要警惕对她产生感情……我关心冬妮娅在革命中的位置，其实是因为，如果她不属于革命中的一员，我就不能（不敢）喜欢她。

"文化大革命"已进行到武斗阶段。"反派"占据了西区和南区，正向中区推进；"保派"占据了大部分中区，只余下我家附近一栋六层交电大楼由"反派"控制，"保派"已围攻了一个星期。南区的"反派"在长江南岸的沙滩上一字儿排开几十门高射机关枪，不分昼夜炮击中区。

不能出街，在枪炮声中，除了目送带着细软、扶老携幼出逃的市民，我读完了《钢铁是怎样炼成的》。

就在那天夜里，自动步枪的点射和冲锋枪的阵阵扫射通宵在耳边回荡，手榴弹的爆炸声不时传进我阵阵紧缩的恐惧中；总攻交电大楼的战斗在我家五百米远的范围激烈进行。清晨，大楼冒起浓烟。"保派"通宵攻击未克，干脆放火，三面紧缩包围。死守的"反派"枪手们终于弃楼而逃。

我家门前的小巷已经封锁了，三四个与冬妮娅一般大的女高中生戒守在这里。时值七月，天气闷热，绷紧的武装带使她们青春的胸脯更显丰实，让人联想起保尔"无意间"的碰触。草绿色的钢盔下有一张白皙、娇嫩的脸，眼睛大而亮丽。重庆姑娘很美……她们手中的五六式冲锋枪令我生羡，因为保尔喜欢玩勃朗宁。

她们的任务是堵截散逃的"反派"队员。对方没有统一制服，怎么知道那个提驳壳枪，行色匆匆的青年人是"反派"还是自己人？唯一的辨识是同窗的记忆。提驳壳枪的青年男子被揪回来，驳壳枪被卸掉，少女们手中的冲锋枪托在白皙柔嫩的手臂挥动中轮番砸在他的头上、脸上、胸脯上……他不是自己人，但是同窗。

我第一次见到了单纯的血。

惊颤之余，突然想起了冬妮娅；她为什么要救保尔？她理解革命吗？她为了革命才救保尔吗？保尔明明说过，冬妮娅不是自己人。

革命与爱欲有一个含糊莫辨的共同点：献身。献身是偶在个体身体的位置转移。"这一个"身体自我被自己投入所欲求的时空位置，重新安顿在纯属自己切身的时间中颠簸的自身。革命与爱欲的献身所向的时空位置，当然不同；但革命与爱欲都要求嘲笑怯懦的献身，这往往让人分辨不清两者的差异。

没有无缘无故的献身，献身总是有理由，这种理由可称为"这一个"身体自我的性情气质。革命与爱欲的献身差异在于性情气质。保尔献身革命，冬妮娅献身爱情。身体位置的投入方向不同，本来酝酿着一场悲剧性的紧张，但因保尔的出逃而轻易地了结。保尔走进革命的队伍，留下一连串光辉的业绩；冬妮娅被革命意识轻薄一番后抛入连历史角落都不是的地方。

保尔不是一开始就打算献身革命，献身革命要经历许多磨炼。奥氏喜欢用情欲的磨炼来证明保尔对献身革命的忠贞，但有一次，他用情欲的磨炼来证明保尔对献身情爱的忠贞。在囚室中，保尔面对一位将被蹂躏的少女的献身。同情和情欲都在为保尔接受"这一个"少女的献身提供理由，而且，情欲的力量显然更大，因为，保尔感到自己需要自制的力量，同情显然不需要这样的自制力。事实上，被赫丽丝金娜的"热烈而且丰满"的芳唇激起的情欲，抹去了身陷囚室的保尔"眼前所有的苦痛"，少女的身体和"泪水浸湿的双颊"使保尔感到情不自禁，"实在难于逃避"。

是冬妮娅，是她"那对美丽的、可爱的眼睛"使保尔找到了在自制的力量，不仅抑制住情欲，也抑制住同情。这里根本就没有某种性道德原则的束缚，仅仅因为他心中有"这一个"冬妮娅。保尔的"这一个"身体自我的爱欲只趋向于另一位"这一个"身体自我，她是不可置换的。

革命意识使保尔的情欲力量改变了方向。与冬妮娅临别前的情语被革命意识变成瑟瑟发抖的、应当嘲笑的东西。革命意识的觉醒意味着，"我"的身体自我的情欲必须从属于革命，由此可以理解，为什么革命中会有那么充沛的身体自我的原生性强力。

"九·五命令"下达，所有武斗革命团体在按照领袖的指示下交出各种火器。大街上热闹非凡，"保派"武斗队正举行盛大的交枪典礼。典礼实际是炫耀各种武器；解放牌卡车拖着四管高射炮，载着全副武装的战斗队，在市区徐徐兜圈。

我被一卡车战斗队员吸引住了：20个与冬妮娅一般大的少女端坐卡车上，个个怀抱一挺轻机枪，头戴草绿色钢盔，车上还趴着一位女高中生，握着架在车头上的重机枪，眉头紧锁——特别漂亮的剑眉，凝视前方。少女的满体皆春与手中钢枪的威武煞人真的交相辉映。

傍晚，中学举行牺牲烈士的葬礼。第一个仪式是展示烈士遗体，目的不是为了表现烈士的伟大，而是表明"反派"的反革命意识的残忍。

天气仍然闷热，尸体裸露部分很多，大部分尸体已经变成深灰色，有些部位流出灰黑的液体，弥散着令人窒息的腐气；守护死者的战友捂着洒满香水的手帕，不时用手中干树枝驱散苍蝇。

一个少年男子的尸体。他身上只有一条裤衩，太阳穴上被插入一根拇指粗的钢钎，眼睛睁得很大，像在问着什么，眼球上翻，留下很多眼白。

草坪上躺卧着一具女高中生的尸体，上身盖着一截草席，裸露着的腰部表明她上身是赤裸的；下身有一条草绿色军服短裤。看来她刚"牺牲"不久，尸体尚有人色。她的头歪向一边，左边面颊浸在草丛中，惨白的双唇紧贴着湿热的中国土地，本来，她的芳唇应当期待着接纳夹杂着羞怯的初恋之吻；没有钢盔，一头飘散开来的秀发与披满黄昏露珠草叶织在一起，带点革命小说中描写的"诗意"。她的眉头紧锁，那是饮弹后停止呼吸前忍受像摔了一跤似的疼痛的表情……一颗

（几颗？）子弹射穿她的颈项？射穿胸脯？射穿心脏？

我感到失去了某种生命的维系，那把"这一个"身体自我与"另一个"身体自我连在一起的感觉。我想到趴在车头上紧握重机枪的女高中生的眉头，又突然想到冬妮娅，要是她也献身革命，跟保尔一同上了那列火车……

武斗团的赵团长向围观的人群发表情绪高昂的演说。"为了……（当然不是为了这些死尸的年轻）誓死血战到底！"然后从腰间别着的三支手枪中拔出一支左轮枪，对着天空，他的战友们跟着举起枪。葬礼在令人心惊肉跳的鸣天枪声中结束。

革命的献身与爱欲的献身不同，前者要求个体服从革命的总体性目的，使革命得以实现，爱欲的献身则只是萦绕、巩固个体身位。"这一个"爱上了"另一个"的献身，是偶在个体的爱欲的目的本身，它萦系在个体的有限偶在身上；革命不是献身革命的目的本身，它要服从于一个二次目的，用奥氏令人心血上涌的话说："我的整个生命和全部精力，都献给了世界上最壮丽的事业——为解放全人类而斗争。"斗争是革命，"解放全人类"是这种革命的二次（终极）目的。为了这个目的，个体必须与自己的有限偶在诀别，通过献身革命而献身到全人类的无限恒在中去。在无限恒在中有偶在个体的终极性生存理由，弃绝无限的全人类，有限偶在的个体身位据说就丧失了活着的理由。无限恒在与有限偶在之间的关系，从来就是紧张的，克尔恺郭尔吟哦道："弃绝无限是一则古老传说中所提到的那件衬衫。那丝线是和着泪水织就、和着泪水漂白的，那衬衫是和着泪水缝成的。""反"革命的小说《日瓦戈医生》表达的正是这种"弃绝无限"，所以，它充满了为了无限的革命中惊恐得发抖的泪水。

在基督临世之前，世界上的种种宗教已经星罗棋布，迄今仍在不断衍生；无论哪一种宗教，理性的还是非理性的，寂静的还是迷狂的，目的不外乎要把个体的有限偶在身体挪到无限中去，尽管这无限的蕴含千差万别。有神明，有大全，有梵天，有天堂，有净土，有人民。但革命的无限恒在使魂萦受灾的个体爱欲丧失了自在的理由；弃绝革命就意味着个体偶在的"我"不在了。

在诸多革命中，许许多多"这一个"年轻身体的腐臭不足以让人惊怵，陈示许许多多的"这一个"青春尸体，不过为了革命的教育目的：这是个体为认同"人民"必须支付的代价。保尔与冬妮娅分手时说，"有许多优秀的少女"和他们"一道进行残酷的斗争"，"忍受着一切的困苦"。他要冬妮娅加入残酷的斗争，像他的政治辅导员丽达一样，懂得何时拔出手枪。

武斗过后，在军事管制下，中学生们继续进行对个体偶在的灵与肉的革命，到广阔天地大有作为。那时，我已经过了中学生的年龄，广阔天地令我神往。下乡插队的小火轮沿长江而下，驶向巴东。在船上，我没有观赏风景，只是又读了一遍

《钢铁是怎样炼成的》。我发觉自己的阅读速度大有长进,识繁体字的能力也提高了。

我仍然在想,为什么冬妮娅没有跟随保尔献身革命。第一次读时,曾为冬妮娅和保尔惋惜:要是冬妮娅与保尔一起献身革命,成为革命情侣,该多好。现在,这种惋惜感淡薄了许多。但冬妮娅只是出于单纯的情爱爱保尔,仍然得不到我的理解。

高中毕业生聚集的知青点"插"在布满稀疏寂寞的灌木和夹杂着白色山石的丘陵上,折断的崖石和石缝纠结着奇异枝桠,把高中生们领入情爱附属于革命的山麓,如保尔所描述的那样。

知青点的团支书是个19岁的姑娘,算不上漂亮,但眼睛长得好看,性情爽朗、幽默,是个聪明的女孩子。她与身为当地贫农的儿子的团支部宣传委员谈恋爱。在月光下,这对令我钦慕的革命情侣(敢于冲破城乡隔离的恋人)常常离开大家,在铺满露水的黑魆魆的丛林中谈革命工作,交流玫瑰红的革命体会。他们从树林中回来,总会带给我们充满遐想的革命指示。在他们的革命热情(爱欲?)支配下,知青点的政治活动搞得有声有色。宣传委员虽识字不多,却能言善辩,做政工很有魅力。像保尔一样,他也喜欢读革命小说:《烈火金刚》《林海雪原》《敌后武工队》……

一个初夏的傍晚,我从工地回来,看到团支书浑身湿漉漉地躺在谷场的木板上,尽管面无血色,略带微笑的表情似乎还在吸闻田野幽邃的夜色空明中轻微的气息。她跳塘自杀了!这怎么可能,她怎么会死!青春的生命才刚刚开始,还有那么多生命的悲欢等着她去拥有。这个姑娘难道不是将来某一天要在新婚之夜撩起脉脉温情,在将来某一天用颤然的手臂抱起自己的婴孩的那个她吗?我不相信她已经死了,那是不可能、不应该的。我不自禁地拉起她的手腕,希望能找回脉动。因为我的举动,在场表演性地恸哭的农妇们的嚎啕戛然而止,好奇地看着我……她没有醒过来,我却一直在等待她那曾燃起情霞的呼吸;一种无法言表的毁灭感成了唯一漫漫无尽的出路……

宣传委员始终没有在场。后来听说,我们的团支书死于情爱的挫伤。他作为第一个同她发生那种最属己的、欢乐得惊悸莫名的肌肤之亲的人,并没有珍惜她带着革命情愫的献身;为了自己远大革命前程,他不得不轻薄她。

在猛然碎裂的心绪中,我重读《钢铁是怎样炼成的》。我开始感到:保尔有过的3个女朋友都不过是保尔献身的证明材料:证明忽视个人的正当,以及保尔在磨炼过程中的意志力。

保尔声称,献身革命根本不必有以苦行来考验意志的悲剧成分,他并不想成为革命的禁欲主义者。但情爱必须归属革命,已具有革命意识的保尔对冬妮娅说："你必须跟我们走同样的路。……我将是你的坏丈夫，假如你认为我首先是属于你的，然后才是属于党的。但在我这方面，第一是党，其次才是你和别的亲近的人们。"革命的"我们"成了保尔与冬妮娅个体间的我—你情爱的条件。只有为了党，夫妻情爱才是正当的。

"冬妮娅悲伤地凝望着闪耀的碧蓝的河流，两眼饱含着泪水。"

冬妮娅的心肯定碎了，寒彻骨髓的毁灭感在亲切而又不可捉摸的幸福时刻突然触摸了她一下。

可是，多么可爱的冬妮娅！她没有接受自己所爱的人提出的爱的附加条件，她爱保尔"这一个"人，一旦保尔丢弃了自己，她的所爱就毁灭了。

我开始觉得，那些乘槎驭骏的革命者最好不要去打扰薄如蝉翼的爱欲。革命者其实应该是禁欲主义者，否则难免使执著爱欲的"这一个"成为革命者的垫脚石。爱欲是纯然个体的时间，是"这一个"偶在的身体与另一"这一个"偶在个体相遇的魂牵梦萦的温存，而革命是集体性的事件。社会性的革命与个体性的爱欲各有自己的正当理由，两者并不相干。

我开始懂得冬妮娅何以没有跟随保尔献身革命。她的生命所系固然没有保尔的生命献身伟大，她只知道单纯的缠绵相契的朝朝暮暮。以及由此呵护的质朴蕴藉的、不带有社会桂冠的家庭生活。保尔有什么权利说，这种生活目的如果不附丽于革命身上就卑鄙庸俗，并要求冬妮娅为此感到羞愧？在保尔的忆苦追烦的革命自述中，难道没有流露出天地皆春而我独秋的怨恨？

在那革命年代，并不是有许多姑娘能拒绝保尔式的爱情附加条件。冬妮娅凭什么个体气质抵御以情爱为筹码的献身交易？我想知道这一点。冬妮娅身上有一种由歌谣、祈祷、诗篇和小说营造的贵族气，她懂得属于自己的权利。有一次，面对保尔的粗鲁，冬妮娅说："你凭什么权利跟我这样说话？我从来就不曾问过你跟谁交朋友，或者谁到你家里去。"革命不允许这样的个体权利意识，保尔的政治辅导员兼情人丽达和补偿保尔春情损失的达雅没有这种权利意识。

冬妮娅是"从一大堆读过的小说中成长起来"的，古典小说的世界为她提供了绚丽而又质朴的生活理想。她想在自己个体的偶在身体位置上，拥有寻常的、纯然属于自己的生活。革命有千万种正当的理由（包括讴歌同志式的革命情侣的理由），但没有理由剥夺私人性质的爱欲的权利及其自体自根的价值目的。

献身于偶在个体的爱欲的"酸臭"与献身于革命的粗鲁，在《钢铁是怎样炼成的》故事中发生了历史性的遭遇，并以无产者气的粗鲁羞辱贵族气的"酸臭"告终。它是否暗示，那场被认为"解放全人类"的革命以灭除偶在个体的灵魂和身体用最微妙的温柔所要表达的朝朝暮暮为目的呢？

我很不安，因为我意识到自己爱上了冬妮娅身上缭绕着蔚蓝色雾霭的贵族式气质,爱上了她构筑在古典小说呵护的惺惺相惜的温存情愫之上的个体生活理想,爱上了她在纯属自己的爱欲中尽管脆弱但无可掂量的奉献。她曾经爱过保尔"这一个"人,而保尔把自己并不打算拒绝爱欲的"这一个"抽身出来,投身"人民"的怀抱,这固然是保尔的个人自由,但他没有理由和权利粗鲁地轻薄冬妮娅仅央求相惜相携的平凡人生观。

我用"文化大革命"的经历和对这场大事的私人了解来读《钢铁是怎样炼成的》。这种经历和了解是片面的,世上一定还存在着别一种不同的革命,只是我没有经历过。"史无前例"的事件以后,我没有再读《钢铁是怎样炼成的》。保尔的形象已经黯淡了,冬妮娅的形象却变得春雨般芬芳、细润,亮丽而又温柔地驻留心中,像翻耕过的准备受孕结果的泥土。我开始去找寻也许她读过的那"一大堆小说":《悲惨世界》《被侮辱与被损害的》《白夜》《带阁楼的房子》《嘉尔曼》……

这一私人事件发生在1975年秋天。前不久,我读到法国作曲家Ropartz的一句话:Quinous dira la raison de viver?(谁会告诉我们活着的理由?)这勾起我那珍藏在茫茫心界对冬妮娅被毁灭的爱满含怜惜的经历,我仍然可以感到心在随着冬妮娅飘忽的蓝色水兵衫的飘带颤动。我不敢想到她,一想到她,心就隐隐作痛……

1996年3月 香港

李叔同

送 别①

　　古意词，外来曲，带着世纪初的苍凉拂面而来，栖落在世纪
末的校园，在莘莘学子银亮的童音里漾出一缕人世的沧桑。李叔同
（1880~1942）——弘一法师知音常在。

　　　　长亭外，古道边，芳草碧连天。
　　　　晚风拂柳笛声残，夕阳山外山。
　　　　天之涯，地之角，知交半零落。
　　　　一觚浊酒尽余欢，今宵别梦寒。
　　　　长亭外，古道边，芳草碧连天。
　　　　晚风拂柳笛声残，夕阳山外山。

---

① 选自王川编《少年中国——20世纪图文纪念册》，湖南文艺出版社，1999年版。

徐志摩

再别康桥①

　　只在剑桥作了一年旁听生的浪漫诗人徐志摩（1897~1931），已经把剑桥当做自己的精神故乡了。他"轻轻"、"悄悄"地来去，像朝圣者一般圣洁。剑桥的景物，像女性一样明媚温柔如梦如幻。想在梦中放歌，却响起"别离的笙箫"——故土的召唤。最后"挥一挥衣袖，不带走一片云彩"，是潇洒呢，还是强抑着惆怅、依恋、无奈？

　　轻轻的我走了，
　　　　正如我轻轻的来；
　　我轻轻的招手，
　　　　作别西天的云彩。

　　那河畔的金柳，
　　　　是夕阳中的新娘；
　　波光里的艳影，
　　　　在我的心头荡漾。

　　软泥上的青荇，
　　　　油油的在水底招摇；
　　在康河的柔波里，
　　　　我甘心做一条水草！

　　那榆荫下的一潭，
　　　　不是清泉，是天上虹；
　　揉碎在浮藻间，
　　　　沉淀着彩虹似的梦。

　　寻梦？撑一支长篙，

---

① 选自《徐志摩诗集》，四川人民出版社，1981年版。

  向青草更青处漫溯；
满载一船星辉，
  在星辉斑斓里放歌。

但我不能放歌，
  悄悄是别离的笙箫；
夏虫也为我沉默，
  沉默是今晚的康桥！

悄悄的我走了，
  正如我悄悄的来；
我挥一挥衣袖，
  不带走一片云彩。

           1928年11月6日作

戴望舒

雨 巷①

少年情怀，总伴着莫名的思恋。给他一个合适的场景，他就可以自导自演。古人让他"爱上层楼，为赋新诗强说愁"。戴望舒（1905~1950）的设计更精致：小巷（不是大街）、下着雨（肯定不大）、撑着油纸伞（不是穿雨衣）、像丁香一样（不是火红的玫瑰）、太息般的目光（别傻盯着人看）、哀怨惆怅彷徨等等（千万不能快活得蹦蹦跳跳，否则没法让人怜香惜玉）……如此这般，少年的思恋就演绎得缠绵哀婉了。

撑着油纸伞，独自
彷徨在悠长、悠长
又寂寥的雨巷，
我希望逢着
一个丁香一样地
结着愁怨的姑娘。

她是有
丁香一样的颜色，
丁香一样的芬芳，
丁香一样的忧愁，
在雨中哀怨，
哀怨又彷徨。

她彷徨在这寂寥的雨巷，
撑着油纸伞
像我一样，
像我一样地

---

① 选自《戴望舒诗集》，四川人民出版社，1981年版。

默默彳亍着
冷漠，凄清，又惆怅。

她默默地走近，
走近，又投出
太息一般的眼光
她飘过
像梦一般地，
像梦一般地凄婉迷茫。

像梦中飘过
一枝丁香地，
我身旁飘过这个女郎；
她默默地远了，远了，
到了颓圮的篱墙，
走尽这雨巷。

在雨的哀曲里，
消了她的颜色，
散了她的芬芳，
消散了，甚至她的
太息般的眼光，
丁香般的惆怅。

撑着油纸伞，独自
彷徨在悠长、悠长
又寂寥的雨巷，

我希望飘过
一个丁香一样地
结着愁怨的姑娘。

1927年夏

冯至

蛇①

　　用蛇来喻相思，冯至（1905~1993）想象大胆。"乡思"的谐音手法，
来自古诗，这里推进了一步。它居然想去偷梦——你有没有梦见我？衔来
一枝绯红的花朵——原来花事正旺呢。一首新鲜细腻的爱情诗。鲁迅认
为冯至是"中国现代最杰出的抒情诗人"。

　　　我的寂寞是一条长蛇，
　　　静静地没有言语。
　　　你万一梦到它时，
　　　千万啊，不要悚惧！

　　　它是我忠诚的侣伴，
　　　心里害着热烈的乡思；
　　　它想那茂密的草原——
　　　你头上的、浓郁的乌丝。

　　　它月光一般轻轻地
　　　从你那儿轻轻走过；
　　　它把你的梦境衔了来，
　　　像一枝绯红的花朵。

　　　　　　　　　　　　　　　　1926年

―――――――――
　　① 选自《中国现代抒情短诗一百首》，上海文艺出版社，1981年版。

卞之琳

断 章①

现代诗抄

一种微妙的人际关系，如果你读了浮想联翩，卞之琳（1910~2000）的目的就达到了。

你站在桥上看风景，
看风景人在楼上看你。

明月装饰了你的窗子，
你装饰了别人的梦。

1935年10月

---

① 选自卞之琳《雕虫纪历》，人民文学出版社，1979年版。

海子

日 记①

　　荒凉戈壁，仿佛世界的尽头；夜色沉寂，仿佛时间的尽头。我站在时空的尽头，感觉两手空空；我退居心灵最后的角落，那最温存的一角，是对你的思念，姐姐。而一切都在生长，自顾自地生长，他们在自己的世界里得遂所愿，我的世界里，今夜，只有你。我不打扰这个世界的时候，我可以打扰你吗，姐姐? 今夜，我的思绪和诗句只能奔向你。

　　海子（1964~1989），原名查海生。原籍安徽。当代杰出诗人，在他短暂的一生中天才挥霍，全力冲击文学与生命极限，留下近200万字质量上乘的诗文。1989年3月26日在山海关卧轨自杀。他认为，诗就是那把自由和沉默还给人类的东西。有《海子诗全编》等。

姐姐，今夜我在德令哈，夜色笼罩
姐姐，我今夜只有戈壁

草原尽头我两手空空
悲痛时握不住一颗泪滴
姐姐，今夜我在德令哈
这是雨水中一座荒凉的城

除了那些路过的和居住的
德令哈……今夜
这是唯一的，最后的，抒情。
这是唯一的，最后的，草原。

我把石头还给石头
让胜利的胜利
今夜青稞只属于她自己

---

① 选自西川编《海子诗全编》，上海三联书店，1997年版。

一切都在生长
今夜我只有美丽的戈壁　空空
姐姐，今夜我不关心人类，我只想你

1988.7.25 火车经德令哈

海子

遥远的路程①
十四行献给89年初的雪

一场好雪如镜，照见我落满灰尘的日子。一场新雪是来自远方的干净信息，使人羞愧。多年了，我还站在原地。我一直在混沌、忧伤而愉快的黑暗中伫立，像一棵树做着鸟儿的梦，却从没有到达新的远方。大雪今天为我而下，下到我黑眼睛的内部，我要用铁锹彻底铲除我的肮脏。我澄澈的愿望带领一个崭新的我，到达远方，就是我此后站立的地方。

我的灯和酒坛上落满灰尘
而遥远的路程上却干干净净
我站在元月七日的大雪中，还是四年以前的我
我站在这里，落满了灰尘，四年多像一天，没有变动
大雪使屋子内部更暗，待到明日天晴
阳光下的大雪刺痛人的眼睛，这是雪地，使人羞愧
一双寂寞的黑眼睛多想大雪一直下到他内部

雪地上树是黑暗的，黑暗得像平常天空飞过的鸟群
那时候你是愉快的，忧伤的，混沌的
大雪今日为我而下，映照我的肮脏
我就是一把空空的铁锹
铁锹空得连灰尘也没有
大雪一直纷纷扬扬
远方就是这样的，就是我站立的地方

1989.1.7

---

① 选自西川编《海子诗全编》，上海三联书店，1997年版。

多多

春之舞①

冰雪融化，许多稀里哗啦的声音迎接着大地春回，万物首肯了春天的爱情，诗人的感应最为强烈，以至于惊叫着，推拒这突如其来的巨大的幸福，"我怕我的心啊，会由于快乐而变得无用"，极度的喜悦居然会让人沉醉无力。

多多（1951年生），原名栗世征，朦胧诗人（"今天派"）中硕果仅存的保持旺盛创造力者。生于北京，游学欧洲，现居海南。诗集有《阿姆斯特丹的河流》《多多诗选》等。

雪锹铲平了冬天的额头
树木
我听到你嘹亮的声音

我听到滴水声，一阵化雪的激动：
太阳的光芒像出炉的钢水倒进田野
它的光线从巨鸟展开双翼的方向投来

巨蟒，在卵石堆上摔打肉体
窗框，像酗酒大兵的嗓子在燃烧
我听到大海在铁皮屋顶上的喧嚣

啊，寂静
我在忘记你雪白的屋顶
从一阵散雪的风中，我曾得到过一阵疼痛

当田野强烈地肯定着爱情
我推拒春天的喊声
淹没在栗子滚下坡的巨流中

---

① 选自《多多诗选》，花城出版社，2005年版。

我怕我的心啊
我在喊：我怕我的心啊
会由于快乐，而变得无用！

1985年

多多

四合院①

　　秋雨敲开回忆的大门，黑白片的味道缓缓漾开。故人故事故物，满地都是。风劫持了岁月，也安抚着岁月，牛血红漆的家私与鼠牙头饰，仿佛时间的祭品，家族在其中繁衍，个人只是家谱中的一行文字，姓比名更重要。乐谱失传，乐器失声，姑娘出嫁，杨柳依依，母亲的身影在月光中浮动，而少年在做梦的年龄投入现实的洪流。故物、故园与故城一起消失，新的革命者按照自己的意愿建立了广场，在他的掌心覆盖的缝隙间，传统生活的悲欣滞留在人们的记忆里。多么想把父亲般严慈的传统文化抱在怀里，清洗他年老体衰的脸上的尘垢，磨刀人的吆喝声似乎在为消失的古老世界招魂。张望过去，感觉围墙更高了，传统离我们更远了。"我心中有一座长城是汉语造的。"多多这样说。

　　　　滞留于屋檐的雨滴
　　　　提醒，晚秋时节，故人故事
　　　　撞开过几代家门的橡实

　　　　满院都是

　　　　每一阵风劫掠梳齿一次
　　　　牛血漆成的柜子
　　　　可做头饰的鼠牙，一股老味儿

　　　　挥之不去

　　　　老屋藏秤不藏钟，却藏有
　　　　多少神话，唯瓦拾回到
　　　　身上，姓比名更重

_____

① 选自《多多诗选》，花城出版社，2005年版。

许多乐器

不在尘世演奏已久,五把锯
收入抽屉,十只金碗碰响额头
不借钟声,不能传送

顶着杏花

互编发辫,四位姑娘
围着一棵垂柳,早年见过的
神,已随鱼缸移走

指着石马

枝上的樱桃,不用
一一数净,唯有与母亲
于同一时光中的投影

月满床头

在做梦就是读报的年龄
秋梨按旧谱相撞,曾
有人截住它,串为词

石棺木车古道城基

越过一片平房屋脊,四合院的
逻辑,纵横的街巷,是
从谁的掌纹上预言了一个广场

一阵扣错衣襟的冷

掌心的零钱,散于桌上
按旧城塌垮的石阶码齐
便一边拾捡着,一边

又漏掉更多的欣喜

把晚年的父亲轻轻抱上膝头

朝向先人朝晨洗面的方向
胡同里磨刀人的吆喝声传来

张望，又一次提高了围墙……

1999年

昌耀

良 宵①

跛腿的命运总是跟诗人过不去，多难的人生叫人不敢相信幸福。怀疑这样正常的夜色能否属于自己，怀疑那人人可有的爱情是否属于自己。诗人在跟世界小声商量之后确信，这无花无月的雨夜是属于自己的良宵，因为他对面前的女子产生了羞涩的爱情。

昌耀（1936～2000），当代诗人。原名王昌耀。生于湖南。诗集有《命运之书》《昌耀的诗》等。

放逐的诗人啊
这良宵是属于你的吗？
这新嫁忍受的柔情蜜意的夜是属于你的吗？
这在山岳、涛声和午夜钟楼流动的夜
是属于你的吗？这使月光下的花苞
如小天鹅徐徐展翅的夜是属于你的吗？
不，今夜没有月光，没有花朵，也没有天鹅，
我的手指染着细雨和青草气息，
但即使是这样的雨夜也完全是属于你的吗？
是的，全部属于我。
但不要以为我的爱情已生满菌斑，
我从空气摄取养料，经由阳光提取钙质，
我的须髯如同箭毛，
而我的爱情却如夜色一样羞涩。
啊，你自夜中与我对语的朋友
请递给我十指纤纤的你的素手。

---

① 选自伊沙编《现代诗经》，漓江出版社，2004年版。

于坚

罗家生①

　　诗人刻意寻找一种精心雕琢过的自然口语，控制住平静的语气，冷静地讲述一个平凡工人的生平故事。据作者说，罗家生实有其人，在诗的写法上则受了法国新浪潮电影"纯客观纪录生活"的理论影响。作者的自评："这是一首史诗"，"暗示了一个时代对个人的不公正"。

　　于坚（1954年生），生于昆明。当代诗人，是甘愿把诗歌当做宗教的诗人。口语化诗风，深入浅出，切近世俗与平民生活。著有诗集《对一只乌鸦的命名》《零档案》《便条集》，杂文集《棕皮手记》等。曾与韩东合办《他们》诗刊。

他天天骑一辆旧"兰铃"
在烟囱冒烟的时候
来上班

驶过办公楼
驶过锻工车间
驶过仓库的围墙
走进那间木板搭成的小屋

工人们站在车间门口
看到他　就说
罗家生来了

谁也不知道他是谁
谁也不问他是谁
全厂都叫他罗家生

工人常常去敲他的小屋

---

① 选自王燕生、谢建平主编《一首诗的诞生》，北方文艺出版社，2000年版。

找他修电表 修手表
找他修收音机

"文化大革命"
他被赶出厂
在他的箱子里
搜出一条领带

他再来上班的时候
还骑那辆"兰铃"
罗家生
悄悄地结了婚
一个人也没有请
四十二岁
当了父亲

就在这一年
他死了
电炉把他的头
炸开了一大条口
真可怕

埋他的那天
他老婆没有来
几个工人把他抬到山上
他们说 他个头小
抬着不重
从前他修的表
比新的还好

烟囱冒烟了
工人们站在车间门口
罗家生
没有来上班

1982年

韩东

你见过大海①

当代诗抄

这里的"大海"是个喻体，象征某种你心向往之的东西，可以是理想，也可以是爱情，还可以是民主、正义。你想象过，也可能经历过，但你并不情愿为之献身，"人人都这样"。20世纪80年代的中国青年诗人开始拆解神话，用努力控制的冷言冷语，这是当代的白话诗风。

韩东（1961年生），"先锋派"诗人、作家，现居南京。著有诗集《爸爸在天上看我》，小说《扎根》等。

你见过大海
你想象过
大海
你想象过大海
然后见到它
就是这样
你见过了大海
并想象过它
可你不是
一个水平
就是这样
你想象过大海
你见过大海
也许你还喜欢大海
顶多是这样
你见过大海
你也想象过大海
你不情愿

---

① 选自伊沙编《现代诗经》，漓江出版社，2004年版。

让海水给淹死
就是这样
人人都这样

韩东

温柔的部分①

　　人的内心深处，大约会有一个诗情记忆的部分，诗人把它叫做"性格中的温柔部分"。乡村生活的记忆，贫穷却不绝望，艰难却不悲凉，它构成了我性格中的坚韧和顽强，成为我应对厌倦和无聊情绪的底线，养成我从容生存的习惯。只是，离开乡村后的生活，我再也体会不到那么实实在在的收获。"种字"与种谷，两种不同的活。

　　　我有过寂寞的乡村生活
　　　它形成了我性格中温柔的部分
　　　每当厌倦的情绪来临
　　　就会有一阵风为我解脱
　　　至少我不那么无知
　　　我知道粮食的由来
　　　你看我怎样把贫穷的日子过到底
　　　并能从中体会到快乐
　　　而早出晚归的习惯
　　　捡起来还会像锄头那样顺手
　　　只是我再也不能收获什么
　　　不能重复其中每一个细小的动作
　　　这里永远怀有某种真实的悲哀
　　　就像农民痛哭自己的庄稼

---

① 选自伊沙编《现代诗经》，漓江出版社，2004年版。

伊沙

饿死诗人①

在中国最需要诗人的真诚呐喊时，诗人们居然风花雪月起来。"饿死他们，狗日的诗人。"伊沙哑着嗓子吼，照着镜子对自己吼，"首先饿死我，一个用墨水污染土地的帮凶。"自剖的勇气看似不小，当然，吼完以后，照样活着、写诗。

伊沙（1966年生），当代诗人。原名吴文健。生于成都，现居西安。诗集有《饿死诗人》《我的英雄》等。

那样轻松的 你们
开始复述农业
耕作的事宜以及
春来秋去
挥汗如雨 收获麦子
你们以为麦粒就是你们
为女人迸溅的泪滴吗
麦芒就像你们贴在腮帮上的
猪鬃般柔软吗
你们拥挤在流浪之路上的那一年
北方的麦子自个儿长大了
它们挥舞着一弯弯
阳光之镰
割断麦秆 自己的脖子
割断与土地最后的联系
成全了你们
诗人们已经吃饱了
一望无际的麦田

---

① 选自谭五昌编《中国新诗三百首》，北京出版社，1999年版。

在他们腹中香气弥漫

城市最伟大的懒汉

做了诗歌中光荣的农夫

麦子　以阳光和雨水的名义

我呼吁：饿死他们

狗日的诗人

首先饿死我

一个用墨水污染土地的帮凶

一个艺术世界的杂种

1990年

伊沙

车过黄河①

　　诗人大约不是要亵渎母亲河。个人的溪流无法接通大地上的母亲河，留下诗人一脸错愕。把崇高的东西放到地面上，崇高才可以是人生的一部分。母亲河，不是为了让人赞美而存在的，她的水流中混合着人和动物的血、泪、尿，包容一切，养育一切，才是母亲。母亲河不是为了抒情而存在的，诗人试图用诗歌说明这一点。

　　　　列车正经过黄河
　　　　我正在厕所小便
　　　　我深知这不该
　　　　我应该坐在窗前
　　　　或站在车门旁边
　　　　左手叉腰
　　　　右手作眉檐
　　　　眺望　像个伟人
　　　　至少像个诗人
　　　　想点河上的事情
　　　　或历史的陈账
　　　　那时人们都在眺望
　　　　我在厕所里
　　　　时间很长
　　　　现在这时间属于我
　　　　我等了一天一夜
　　　　只一泡尿功夫
　　　　黄河已经流远

---

① 选自伊沙编《现代诗经》，漓江出版社，2004年版。

王家新

帕斯捷尔纳克①

　　一个诗人在思念另一个诗人时，空气会有点变化吧？帕斯捷尔纳克在思念里尔克和茨维塔耶娃时曾这样想。当王家新思念帕斯捷尔纳克的时候，北京的空气肯定是起了变化的，俄罗斯的大雪弥漫北京，"使我的生命骤然疼痛"，两颗诗心的驳火，是一种痛苦的幸福，而"要说出它"，中国诗人对俄罗斯诗人倾诉："需要以冰雪来充满我的一生。"

　　王家新（1957年生），当代诗人。生于湖北，现居北京。诗集有《一只手掌的声音》《游动悬崖》等。

　　　　不能到你的墓地献上一束花
　　　　却注定要以一生的倾注，读你的诗
　　　　以几千里风雪的穿越
　　　　一个节日的破碎，和我灵魂的颤栗

　　　　终于能按照自己的内心写作了
　　　　却不能按一个人的内心生活
　　　　这是我们共同的悲剧
　　　　你的嘴角更加缄默，那是

　　　　命运的秘密，你不能说出
　　　　只是承受、承受，让笔下的刻痕加深
　　　　为了获得，而放弃
　　　　为了生，你要求自己去死，彻底地死

　　　　这就是你，从一次次劫难里你找到我
　　　　检验我，使我的生命骤然疼痛
　　　　从雪到雪，我在北京的轰响泥泞的

---

① 选自陈思和、李平主编《二十世纪中国文学精品·当代文学100篇》，学林出版社，2000年版。

公共汽车上读你的诗,我在心中

呼喊那些高贵的名字
那些放逐、牺牲、见证,那些
在弥撒曲的震颤中相逢的灵魂
那些死亡中的闪耀,和我的

自己的土地!那北方牲畜眼中的泪光
在风中燃烧的枫叶
人民胃中的黑暗、饥饿,我怎能
撇开这一切来谈论我自己

正如你,要忍受更剧烈的风雪扑打
才能守住你的俄罗斯,你的
拉丽萨,那美丽的、再也不能伤害的
你的,不敢相信的奇迹

带着一身雪的寒气,就在眼前!
还有烛光照亮的列维坦的秋天
普希金诗韵中的死亡、赞美、罪孽
春天到来,广阔大地裸现的黑色

把灵魂朝向这一切吧,诗人
这是幸福,是从心底升起的最高律令
不是苦难,是你最终承担起的这些
仍无可阻止地,前来寻找我们

发掘我们:它在要求一个对称
或一支比回声更激荡的安魂曲
而我们,又怎配走到你的墓前?
这是耻辱!这是北京的十二月的冬天

这是你目光中的忧伤、探询和质问
钟声一样,压迫着我的灵魂
这是痛苦,是幸福,要说出它
需要以冰雪来充满我的一生

欧阳江河

汉英之间①

　　语言文字是文化的载体，是一个民族的生存之本。汉字在"枪声"中缺胳膊少腿，盲人瞎马地行走着。在遍及神州的"英语之角"，"英语在（中国人的）牙齿上走着，使汉语变白"。曾经，"一堆堆汉字在日语中变成尸首"，汉英之间，又会发生些什么呢？"为什么如此多的中国人移居英语"，"从一个象形的人变为一个拼音的人"？英语作为世界性强势语种，对汉语的侵犯已是大势所趋。怎样在文化大融合中不失民族本色？这是诗人对国人的郑重提醒。

　　欧阳江河（1956年生），原名江河，生于四川。当代诗人。诗集有《透过词语的玻璃》《谁去谁留》等。

我居住在汉字的块垒里，
在这些和那些形象的顾盼之间。
它们孤立而贯穿，肢体摇晃不定，
节奏单一如连续的枪。
一片响声之后，汉字变得简单。
掉下了一些胳膊，腿，眼睛，
但语言依然在行走，伸出，以及看见。
那样一种神秘养育了饥饿。
并且，省下很多好吃的日子，
让我和同一种族的人分食、挑剔。
在本地口音中，在团结如一个晶体的方言
在古代和现代汉语的混为一谈中，
我的嘴唇像是圆形废墟，
牙齿陷入空旷
没碰到一根骨头。

---

① 选自白桦主编《20世纪中国名家诗歌精品》，广州出版社，1996年版。

如此风景,如此肉,汉语盛宴天下。
我吃完我那份日子,又吃古人的,直到
一天傍晚,我去英语之角散步,看见
一群中国人围住一个美国佬,我猜他们
想迁居到英语里面。但英语在中国没有领地。
它只是一门课,一种会话方式,电视节目,
大学的一个系,考试和纸。
在纸上我感到中国人和铅笔的酷似。
轻描淡写,磨损橡皮的一生。
经历了太多的墨水,眼镜,打字机
以及铅的沉重之后,
英语已经轻松自如,卷起在中国的一角。
它使我们习惯了缩写和外交辞令,
还有西餐,刀叉,阿斯匹林。
这样的变化不涉及鼻子
和皮肤。像每天早晨的牙刷
英语在牙齿上走着,使汉语变白。
从前吃书吃死人,因此

我天天刷牙。这关系到水,卫生和比较。
由此产生了口感,滋味说,
以及日常用语的种种差异。
还关系到一只手:它伸进英语,
中指和食指分开,模拟
一个字母,一次胜利,一种
对自我的纳粹式体验。
一支烟落地,只燃到一半就熄灭了,
像一段历史。历史就是苦于口吃的
战争,再往前是第三帝国,是希特勒。
我不知道这个狂人是否枪杀过英语,枪杀过
莎士比亚和济慈。
但我知道,有牛津辞典里的、贵族的英语,
也有武装到牙齿的、丘吉尔或罗斯福的英语。
它的隐喻、它的物质、它的破坏的美学,

在广岛和长崎爆炸。
我看见一堆堆汉字在日语中变成尸首——
但在语言之外，中国和英美结盟。
我读过这段历史，感到极为可疑。
我不知道历史和我谁更荒谬。

一百多年了，汉英之间，究竟发生了什么？
为什么如此多的中国人移居英语，
努力成为黄种白人，而把汉语
看做离婚的前妻，看做破镜里的家园？究竟
发生了什么？我独自一人在汉语中幽居，
与众多纸人对话，空想着英语，
并看更多的中国人跻身其间，
从一个象形的人变成一个拼音的人。

王小妮

月光白得很①

　　白银月光照彻所有的生命，城市的晦暗灵魂无处潜藏；我呼吸月光，洗涤灵魂，我忘记了自己是一个尘世中人，我看见了生命最纯净的样子，白银月光正在把我雕塑为一座白银雕像。这是一首关于死亡美学的诗篇。

　　王小妮（1955年生），"朦胧派"诗人，生于吉林，现居深圳。诗集有《我的诗选》《我的纸里包着我的火》等。

157

　　月亮在深夜照出了一切的骨头。

　　我呼进了青白的气息。
　　人间的琐碎皮毛
　　变成下坠的萤火虫。
　　城市是一具发暗的骨架。
　　没有哪个生命
　　配得上这样纯的夜色。
　　打开窗帘
　　天地在眼前交接白银
　　月光使我忘记我是一个人。

　　生命的最后一幕
　　在一片素色里静静地彩排。
　　地板上
　　我的两只脚已经预先白了。

---

　　① 选自伊沙编《现代诗经》，漓江出版社，2004年版。

雷平阳

杀狗的过程①

这是我近年读过的最震撼的白话诗。利用忠诚杀死对方，这岂止是"杀狗"的唯一方式。冷静地白描狗的忠诚与主人的残忍之间持久的爱与死的拔河，一再重复的节奏所积蓄的力量把死亡进行曲演绎到极致，而"红领巾"，"奔丧的游子"等意象仿佛重音鼓点，让一场温情脉脉的屠杀艺术秀变得完美无瑕。

雷平阳(1966年生)，当代诗人，现居昆明。有诗集《云南记》等。

这应该是杀狗的
唯一方式。今天早上10点25分
在金鼎山农贸市场3单元
靠南的最后一个铺面前的空地上
一条狗依偎在主人的脚边，它抬着头
望着繁忙的交易区。偶尔，伸出
长长的舌头，舔一下主人的裤管
主人也用手抚摸着它的头
仿佛在为远行的孩子理顺衣领
可是，这温暖的场景并没有持续多久
主人将它的头揽进怀里
一张长长的刀叶就送进了
它的脖子。它叫着，脖子上
像系了一条红领巾，迅速地
蹿到了店铺旁的柴堆里……
主人向它招了招手，它又爬了回来
继续依偎在主人的脚边，身体
有些抖。主人又摸了摸它的头

---

① 选自《雷平阳诗选》，长江文艺出版社，2006年版。

仿佛为受伤的孩子，清洗疤痕
但是，这也是一瞬而逝的温情
主人的刀，再一次戳进了它的脖子
力道和位置，与前次毫无区别
它叫着，脖子上像插上了
一杆红颜色的小旗子，力不从心地
蹿到了店铺旁的柴堆里
主人向它招了招手，它又爬了回来
——如此重复了5次，它才死在
爬向主人的路上。它的血迹
让它体味到了消亡的魔力
11点20分，主人开始叫卖
因为等待，许多围观的人
还在谈论着它一次比一次减少
的抖，和它那痉挛的脊背
说它像一个回家奔丧的游子

谢湘南

一起工伤事故的调查报告①

一个被遮蔽的世界，一种被忽略的人生，一类在经济转型时代被廉价使用的青春，"人是机器"，哲学家如是说。诗歌能够关注当下，有所承担，是个好兆头。

谢湘南（1974年生），当代诗人，生于湖南，现居深圳。

龚忠会

女

20岁

江西吉安人

工卡号：Z0264

部门：注塑

工种：啤机

入厂时间：970824

啤塑时，产品未落，安全门

未开

从侧面伸手入模内脱

产品。手

触动

安全门

合模时

压烂

中指及无名指

中指2节，无名指1节

调查结果

---

① 选自伊沙编《现代诗经》，漓江出版社，2004年版。

属"违反工厂 安全操作规程"

据说
她的手经常被机器烫出泡
据说
她已连续工作了十二小时
据说事发后 她
没哭 也没
喊叫 她握着手指
走

事发当时 无人
目 睹 现 场

尹丽川

为什么不再舒服一些①

做爱也是一个可以调侃的话题了，可见中国真的开放了。但这首诗从下半身起步，掠过物质层面的戏谑对比，似乎把调侃的箭靶指向了当代文化，多元选择下的混乱与丰富，这呼啸之箭在婉约劝说：为什么不再舒服一些？为什么不真实一些、放松一些、坦诚一些、人性一些？

尹丽川（1973年生），评论界称为"下半身"诗人。生于重庆，现居北京。

哎　再往上一点再往下一点再往左一点再往右一点
这不是做爱　这是钉钉子
噢　再快一点再慢一点再松一点再紧一点
这不是做爱　这是扫黄或系鞋带
喔　再深一点再浅一点再轻一点再重一点
这不是做爱　这是按摩、写诗、洗头或洗脚

为什么不再舒服一些呢　嗯　再舒服一些嘛
再温柔一点再泼辣一点再知识分子一点再民间一点

为什么不再舒服一些

---

① 选自伊沙编《现代诗经》，漓江出版社，2004年版。

何小竹

不是一头牛，而是一群牛[①]

当代诗抄

农民都想给自己的牛照一张相，幽默出现了：牛对于记者，是宣传品；对于农民，是儿女一样的宝贝。两边的意思不一样，就产生了诗的意思。

何小竹（1963年生），苗族，现居成都。"非非主义"代表诗人。

那天的确也是这样
先是一个农民牵来一头牛
让我们拍照
后来别的农民听说了
也把他们的牛从牛圈里牵出来
牵到雪地上
让我们拍照
副县长说，够了，够了
别牵来了
记者们没有胶卷了
但农民们还是把所有的牛都牵了出来
他们都想给自家的牛
照一张相

---

① 选自伊沙编《现代诗经》，漓江出版社，2004年版。

柏桦

苏州记事一年

作者自述："这首诗是在1989年，看了一本关于苏州民俗的书之后写的，当时我还没有来过苏州。这首诗的特点，主要是用民族语言写民俗，节奏也是古典的，有意识地使用了类似骈文的节奏。我觉得我前生是一个江南人，对江南的风物特别敏感。"因为读了一本书而换算为一首诗，这是语言的游戏吗？在最好的文学传统里面，诗意来自于现实生活；然而，还有另一种诗意的源头，那就是文化、书籍这些被前人提炼过的生活，给后人提供了对世界的间接经验，置身于这个文化传统的语境中接着说下去，用文学化的语言写作，也可以有新的诗意。博尔赫斯、卡尔维诺是这样，汉赋、宋代江西诗派等等也是这样。在柏桦这里，诗人找到了自己的一种语调，用古意洋洋的干净白话文，述说古典的风俗，细节选择精当，又加了些现代的调侃，遂从时间序列上白描了一幅"清明上河图"——中国人的生活流。诗人面对传统的姿态是亲近的、礼赞的，因而也是诗意的。这正是现代汉语努力接续传统的合适范本。

柏桦（1956年生），后朦胧诗代表诗人。生于重庆，现居成都，从事自由写作。著有《望气的人》《水绘仙侣1642~1651：冒辟疆与董小宛》等。

正月初一，岁朝
农民晨起看水
开门，放爆竹三声
继续晨，幼辈叩头
邻里贺年
农民忙于自己

初五，财神的生日
农民迎接不暇
采购布匹

十五,悬灶灯于厨下
连续五夜
挂起树火,大张灯市
山水,人物不见天日
妇女为去病过三座石桥
民众击乐,鼓励节日

二月初八,大帝过江,和尚吃肉
前三后四风雨必至
有人称龙头,有人吞土
农家因天气而成熟
有利无利但看"二月二十"

三月初三,蚂蚁搬米上山
农妇洗发、清目
又吃油煎食品

清明,小麦拔节,踏青游春
深蓝、浅绿插入水中
妇女结伴同行
以祈青春长存

四月初一,闲人扛大锣、茶箱
老爷从属西军夜
红衣班扮刽子手
(演员出自肉店、水果店、豆腐店)

立夏见三新:樱桃、青梅、元麦
中医这天勿用
蚕豆也等待尝新

四月十四日,轧神仙
吕纯阳过此
无需回避
他的影子在群众中济世

五月五,端午出自蒲剑

也出自夏至的替身
儿童写王字于前额
身披虎皮，手握蒜头
而城隍是大老爷

六月六，寺院晒经
各户晒书籍、图画、衣被
黄狗洗澡、打滚
老人或下棋、或听书、或无事
小孩吃茶于七家
面貌动荡不宁

立秋之日，以西瓜供献
也制巧果、蝶形油炸
以期颐养天年

八月十五，中秋
柿饼、月饼于月下
蔬菜吃完了
摆上鲤鱼
得下签者不予参加

九月九，郊外登高
望云、望树、望鸟
小贩漫游山下

十一月，日短月长，市场发达
财主收租、收账、剥皮
而冬至大如年
农民重视

冬至，全家吃夜饭
豆芽如意，青菜安乐
年糕、汤团、圆之意
儿子不得外出
嫁女不利亲人
南瓜放出门外过夜

十二月过年，送灶
灯具多自制
热热闹闹、繁文缛节

除夕，又是鸡鸭鱼肉
提灯笼要钱者
来往不绝，直到天明

除夕之末，男孩怀旧
果子即压岁，即吉利
老鼠即女孩的敌人
唯大人不老，放爆竹三声

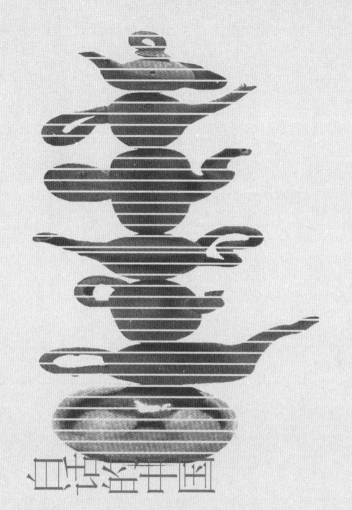

hanyu jiayuan

下编

在中国内地把文学当作毒草的年月，
台港及海外的华人作家一面传承中国
古典文学艺术和"五四"文学精神，
一面沟通世界文坛，吸收现代派的创
作观念和手法，接续了中国白话文学
在二十世纪中叶的人为断裂。

余光中

当我死时①

狐死必首丘，越鸟巢南枝，故土萦怀，动物常情。游子在他乡，这种思念更为强烈，是执拗地寻求灵魂的安眠。远望当归，而"饕餮地图代替回乡"，是特有的游子行径；黄河长江"最母亲"的催眠曲，可以令人死于斯；而鹧鸪声声，说的都是汉语："不如归去，不如归去。"

余光中（1928年生），台湾诗人、散文家、翻译家，原籍福建，生于南京，游学美国，现居台湾。诗集有《莲的联想》《白玉苦瓜》《守夜人》等。

当我死时，葬我，在长江与黄河

之间，枕我的头颅，白发盖着黑土

在中国，最美最母亲的国度

我便坦然睡去，睡整张大陆

听两侧，安魂曲起自长江，黄河

两管永生的音乐，滔滔，朝东

这是最纵容最宽阔的床

让一颗心满足地睡去，满足地想

从前，一个中国的青年曾经

在冰冻的密西根向西瞭望

想望透黑夜看中国的黎明

用十七年未餍中国的眼睛

饕餮地图，从西湖到太湖

到多鹧鸪的重庆，代替回乡

---

① 选自余光中《与海为邻》，上海文艺出版社，1999年版。

余光中

乡 愁①

四个比喻拉出四种距离，一个人生和两种政权便浓缩于一阕小令。乡愁，一个不断解开又系上的结。

小时候
乡愁是一枚小小的邮票
我在这头
母亲在那头

长大后
乡愁是一张窄窄的船票
我在这头
新娘在那头

后来啊
乡愁是一方矮矮的坟墓
我在外头
母亲在里头

而现在
乡愁是一湾浅浅的海峡
我在这头
大陆在那头

1972年1月21日

海外中文诗

172

---

① 选自余光中《与海为邻》，上海文艺出版社，1999年版。

洛夫

独饮十五行①

　　背对着镜子喝酒，不愿面对自我而买醉。人生可堪挂念的不过二三事，酒意阑珊，心意凉寒，想念回乡取暖的炉火，那不是地理中国，是文化中国。凭谁说，壶中日月长？我一仰成秋，再仰冬深，身与心同老俱寒，而炉火，远在唐诗里。空瓶，喝空的人生，不值几个钱。

　　洛夫（1928年生），原名莫洛夫。台湾诗人，人称"诗魔"。原籍湖南，现居国外。诗集有《众荷喧哗》《月光房子》等。

令人醺醺然的
莫非就是那
壶中一滴一滴的长江黄河
近些日子
我总是背对着镜子
独饮着
胸中的二三事件
嘴里嚼着鱿鱼干
愈嚼愈想
唐诗中那只焚着一把雪的
红泥小火炉

一仰成秋
再仰冬已深了
干
退瓶也只不过十三块五毛

---

① 选自伊沙编《现代诗经》，漓江出版社，2004年版。

洛夫

寄 鞋①

中国故事中国诗，中国女子中国情，全寄于一双布鞋里了。这是只有生活在台湾地区的中国诗人才有机会写出来的诗。

间关千里
寄给你一双布鞋
一封
无字的信
积了四十多年的话
想说无从说
只好一句句
密密缝在鞋底

这些话我偷偷藏了很久
有几句藏在井边
有几句藏在厨房
有几句藏在枕头下
有几句藏在午夜明灭不定的灯火里
有的风干了
有的生霉了
有的掉了牙齿
有的长出了青苔
现在一一收集起来
密密缝在鞋底

鞋子也许嫌小一些
我是以心裁量，以童年

---

① 选自楼肇明编《八十年代台湾散文选》中张拓芜《读鞋》一文的附录，中国友谊出版公司，1991年版。

以五更的梦裁量
合不合脚是另一回事
请千万别弃之
若敝屣
四十多年的思念
四十多年的孤寂
全都缝在鞋底

【后记】好友张拓芜与表妹沈莲子自小订婚，因战乱在家乡分手后，天涯海角，不相问闻已逾48年。近透过海外友人，突然获表妹寄来亲手缝制的布鞋一双，拓芜捧着这双鞋，如捧一封无字而千言万语尽在其中的家书，不禁涕泪纵横，欷歔不已。现拓芜与表妹均已老去，但情之为物，却是生生世世难以熄灭。本诗乃假借沈莲子的语气写成，故用词力求浅白。

非马

醉 汉①

醉汉的思维是非理性的，却是诗的，诗的乡愁。

非马（1936年生），诗人，艺术家。原名马为义。祖籍广东，生于台湾，现居美国。有《非马的诗》等。

把短短的巷子
走成一条
曲折
回荡的
万里愁肠
左一脚
十年
右一脚
十年
母亲呵
我正努力向您
走
来

1977年2月5日

---

① 选自《非马的诗》，花城出版社，2000年版。

非马

无性繁殖歌之恋歌①

象形诗——一种形式主义诗歌流派，古今中外不乏好此者。这首"克隆诗"贵在幽默。

我
爱
你

我我
爱爱
你你

我我我我
爱爱爱爱
你你你你你你你你你你……

你别繁殖得那么快好不好

海外中文诗

177

---

① 选自《非马的诗》，花城出版社，2000年版。

商禽

长颈鹿①

无中生有，就是想象。想象，是诗的翅膀。囚犯光长脖子，是无中生有，是为了引出"瞻望岁月"；狱卒下班后去动物园，是不是犯了职业病？

商禽（1930年生），台湾诗人。原名罗燕，原籍四川。诗集有《梦成黎明》《商禽·世纪诗选》等。

那个年轻的狱卒发觉囚犯们每次体格检查时身长的逐月增加都
是在脖子之后，
他报告典狱长说："长官，窗子太高了！"
而他得到的回答却是："不，他们瞻望岁月。"

仁慈的青年狱卒，不识岁月的容颜，不知岁月的籍贯，不明岁月
的行踪；
乃夜夜往动物园中，到长颈鹿栏下，去逡巡，去守候。

1959年

---

① 选自谭五昌编《中国新诗三百首》，北京出版社，1999年版。

商禽

鸡①

由此及彼，叫联想，巧妙的联想可以带出深刻的寓意。吃速食午餐想起久违了的鸡叫——由熟鸡到活鸡；用骨骼拼图却找不到声带——它们已经不是那种"雄鸡一唱天下白"的禽鸟了，它们现在只是自己生产自己的一种食品；在温室里它们没有梦也没有黎明——人类已经彻底改变了一个物种的习性，或者说，消灭了一个物种。——人类自己会不会也有这一天？或许，这一天已经开始了？

星期天，我坐在公园中静僻的一角一张缺腿的铁凳上，享用从速食店买来的午餐。啃着啃着，忽然想起我已经好几十年没有听过鸡叫了。

我试图用那些骨骼拼成一只能够呼唤太阳的禽鸟。我找不到声带，因为它们已经无须啼叫了。工作就是不断进食，而它们生产它们自己。

在人类制造的日光下

既没有梦

也没有黎明

① 转引自欧阳江河《站在虚构这边·命名的分裂：商禽的散文诗<鸡>》，三联书店，2001年版。

痖弦

红玉米①

红，年代久远的老玉米的色彩。一串红玉米引发的联想，仿佛是少年时光的记忆展览，清末民初的历史游记画面：忧郁的北方，私塾先生的戒尺，桑树下的驴儿；加入音响，风吹玉米的声音联想：凄凉的唢呐追不回祖先的亡灵，叫蝈蝈的声音有一点温暖，滚着铜环自个玩儿，终于看见外婆家没有迷路的哭声……这样的饱含温情记忆的红玉米，孩子们不懂，外国的乡村诗人也不懂。只能挂在我记忆的屋檐下，随风晃动。乡愁，不只是纸上的黄河长江，真实的乡愁常常有具体的意象，比如一串红玉米。

痖弦（1932年生），台湾诗人。原名王庆麟。生于河南，现居国外。诗集有《深渊》《痖弦诗集》等。

宣统那年的风吹着
吹着那串红玉米

它就在屋檐下
挂着
好像整个北方
整个北方的忧郁
都挂在那儿
犹似一些逃学的下午
雪使私塾先生的戒尺冷了
表姊的驴儿就拴在桑树下面

犹似唢呐吹起
道士们喃喃着
祖父的亡灵到京城去还没有回来
犹似叫哥哥的葫芦儿藏在棉袍里

---

① 选自伊沙编《现代诗经》，漓江出版社，2004年版。

一点点凄凉，一点点温暖
以及铜环滚地岗子
遥见外婆家的荞麦田
便哭了

就那种玉米是红
挂着，久久地
在屋檐底下
宣统那年的风吹着

你们永不懂得
那样的红玉米
它挂在那儿的姿态
和它的颜色
我的南方出生的女儿也不懂得
凡尔哈仑也不懂得

犹似现在
我已老迈
在记忆的屋檐下
红玉米挂着
一九五八年的风吹着
红玉米挂着

郑愁予

错 误①

唐诗宋词中常见的意境：春闺里的寂寞守候。由于尾句的调皮戏语，诗有了现代味道。

郑愁予（1933年生），台湾诗人。诗多写旅人，人称"浪子诗人"。原名郑文韬，原籍河北，生于山东，现居美国。诗集有《衣钵》《寂寞的人坐着看花》《郑愁予诗集》等。

（我打江南走过
那等在季节里的容颜如莲花的开落）

东风不来，三月的柳絮不飞
你底心如小小的寂寞的城
恰若青石的街道向晚
跫音不响，三月的春帷不揭
你底心是小小的窗扉紧掩

我达达的马蹄是美丽的错误
我不是归人，是个过客……

---

① 选自伊沙编《现代诗经》，漓江出版社，2004年版。

夏宇

甜蜜的复仇①

奇异的想象，矛盾的标题；刻骨的恋情，终生的相思。

夏宇（1956年生），台湾诗人。原名黄庆绮。原籍广东，生于台湾，现居法国。诗集有《备忘录》《腹语术》等。

把你的影子加点盐
腌起来
风干

老的时候
下酒

---

① 选自张默编《台湾青年诗选》，人民文学出版社，1991年版。

木心

素履之往①

　　木心先生的学养丰赡，文风睿智，识见通达，写一手雅趣沉静的文人味道的白话文，是现代汉语别开生面的收获。中文读者应该感谢陈丹青先生的引介，将这位隐居美国的文坛外高手迎回大陆故里。私心以为，木心先生的长篇文字曲折多思难窥全豹，反而是三言两语更见胸襟与智趣，时有醍醐灌顶当头棒喝之力，因而斗胆拆碎琉璃宝塔，在多本文集中寻章摘句，玉屑重铸，集成此篇。此举并非意味着，木心先生只是白话文时代的语录体文学大师。

　　木心（1927年生），画家，作家。原名孙璞，原籍浙江。少年师从刘海粟、林风眠学画，"文革"期间曾被捕入狱，曾任上海市工艺美术协会秘书长，《美化生活》期刊主编，交通大学美学理论教授。1982年旅居美国。著有十余本小说、散文和诗集，他有画作被大英博物馆收藏。

一、西方文学的糊涂账

希腊神话是一大笔美丽得发昏的糊涂账，这样糊涂这样发昏才这样美丽。

竟是如此高尚其事，荷马一句也不写他自己。先前是不谈荷马而读荷马，后来是不读荷马而谈荷马。

一个清早，但丁醒来，敲了七下钟，天色渐明，史学家把这叫做"文艺复兴"。很多年后，但丁又醒来，敲了七下钟，黑暗……仍然黑暗，有人劝但丁再敲，但丁说：我没错，如果敲第八下，倒是我错了。

但丁真好，又是艺术，又是象征。除了好的艺术，是还要有人作好的象征。有的人也象征了，不好。

---

　　① 选自木心《素履之往》《即兴判断》《琼美卡随想录》，广西师大出版社，2007年版。小标题为编者所拟。

塞万提斯的高名,出乎他自己的意料,也出乎我的意料,低一点点才好。

像莫扎特、肖邦、莎士比亚、普希金,真相一开始就是归真返璞的。

歌德是丰饶的半高原,这半高原有一带沼泽,我不能视而不见,能见而不视。

拜伦死得其所死得其时,鸡皮鹤发的拜伦影响世界文学史的美观。

在我的印象中,有的人只写,不说话,例如大贤大德的居斯塔夫·福楼拜。永恒的单身汉。

纪德是法兰西的明智和风雅,有人说他不自然,我一笑。何止不自然……

普鲁斯特(M.Proust)的文体,纪德(A.Gide)认为读来如置身于极乐河中。伍尔科特(A.Woollcott)的感觉说是像躺在别人洗过的脏水中。
纪德的话,我认同。伍尔科特的话,我也认同。

……狄更斯的,有托尔斯泰读。托尔斯泰的,有福楼拜读。福楼拜的,有纪德读……
有一个这样的读者,可以满足,满满足足。

有时我会觉得巴尔扎克是彩色的陀思妥耶夫斯基,陀思妥耶夫斯基是黑白的巴尔扎克。

俄罗斯一阵又一阵的文学暴风雪,没有其他的词好用了,就用"暴风雪"来形容。

真想不到俄罗斯人会这样的可爱,这了不起的狗崽子兔崽子普希金。

别再提柴可夫斯基了,他的死……使我们感到大家都是对不起他的。

陀思妥耶夫斯基嗜赌,其实更严重的是嗜人,他的小说中人人人人,从不愿费笔墨于自然景象,偶涉街道房屋,也匆匆然赶紧折入人事中去。他在文稿上画人,人的脸,脸的眼睛。
他在文学上嗜人,实际生活中并不嗜人——所以伟大。
文学上的人真有味,生活中的人极乏味。这样不好,不这样就更不好。

还有,像陀思妥耶夫斯基的那种诚恳,只有陀思妥耶夫斯基才有。

津津乐道列夫·托尔斯泰矛盾复杂的人,他自己一定并不复杂矛盾。

谈列夫·托尔斯泰，可以这样谈：

另一个人，天性纯极了，品行之美，无可指摘，他写很多很厚的小说，本本猥琐窳陋……

就这样，谈完了。

快乐无过于看托尔斯泰上当。

上了肖邦的当，听"肖邦"听得老泪纵横，转过头去骂道："畜生。"

上一次当，使人聪明一点，一点是不够的，托尔斯泰又上当了——读"尼采"，读得忘了世上还有个列夫·托尔斯泰，好容易慢慢醒来，细细回味，天哪天哪，该死的，多么野蛮。

但几乎没有谁能比托尔斯泰更清楚地看出一切"运动"和"团体"的人们有着复杂的企图，这些企图与公开表示出来的宗旨并不一致，甚或相反。

我试图分析哈代的《苔丝》的文学魅力，结果是从头到底又读了一遍，听见自己在太息。

《老人与海》是杰作，其中的小孩是海明威的一大败笔。

古人作寓言，匠心既成，戛然而止。今人用小说、长篇小说作寓言，实在拖沓乏味，一则寓言能包涵多少，几万字烘托，太劳累了。

卡夫卡的《城堡》等等，命意都极好。然而难怪他临终嘱咐至友将遗作全部付之一炬。

米兰·昆德拉以为欧罗巴有一颗长在母体之外的心脏。

有吗，我找遍现代的整个欧罗巴，只见肾脏迁移在心脏的位置上。

海明威的意思是：有的作家的一生，就是为后来的另一作家的某个句子作准备。我想：说对了的，甚至类同于约翰与耶稣的关系。

本该是"想象力"最自由，"现实主义"起来之后，想象力死了似的。加西亚·马尔克斯又使想象力复活——我们孤寂了何止百年。

继"迷惘的一代"而来的是，"全无心肝的一代"。

写不出情诗是日日相伴夜夜共眠的缘故——文学家与世界切忌如此而每每如此。

那些飞扬跋扈的年轻人，多半是以生命力浑充才华。

叶芝，叶芝们，一直璀璨到晚年，晚之又晚，犹能以才华接替生命力。

穆罕默德等山来电话，等了好久。
穆罕默德打电话给山，山不在。
这便是你们口口声声的现代、后现代。

文学是什么，文学家是什么，文学是对文学家这个人的一番终身教育。

说得好，那真是说得极好，记不起是谁了，说：
兰波是亚当
马拉美是夏娃
苹果呢，塞尚
（那么，说这话……蛇）

二、智者的舌头

睿智的耶稣，俊美的耶稣，我爱他爱得老是忘了他是众人的基督。

四个使徒四种说法，《新约》真够意思。耶稣对自己的言行记录采取旁观者的态度。

九十九个人背了十字架，空手兀立一旁的便是耶稣。

"……那个希伯来人，死得太早，他的早死，对于以后的许多人是致命的不幸"。"为什么他不留在沙漠里，远避那些善良者正直者，也许他能学会如何活，如何爱，如何笑"。

"他死得太早，如果活到我这样的年纪，他会撤销自己的学说，他的高贵会使他撤销自己的学说。"

"他还没有成熟，这青年人的爱是不成熟的，所以他也不成熟地恨人类与大地，他的精神之翼还是被束缚着。"

"……如果肯定的时期已过，他便是一个否定者。"
尼采以查拉图斯特拉的名义，对耶稣作如是判断。
查拉图斯特拉也不及成熟，尼采病得太早太重，虽然他知道"一个成熟了的男子较一个青年更孩子气些"，无奈尼采就是不够孩子气，这位没有喝过酒的酒神——未臻成熟的哲学家，即使活到六七十岁，还应嗟悼为英年早逝。

柏拉图、亚里士多德，他们好像真的在思想，用肉体用精神来思想，后来的，一代代下来的哲学家，似乎是在调解民事纠纷，或者，准备申请发明专利权。

骄狂是豪奢的，苏格拉底的骄狂何其寒伧，令人想起中国民间传统中的济颠僧。也许圣者都矫情，以此打动人心。

蒙田，最后还是请神父到床前来，我无法劝阻，相去四百年之遥的憾事。

康德是个榜样，人，终生住在一个地方，单凭头脑，做出非同小可的大事来。

"天上的星辰""心中的道德"之所以感动康德，谅想他认为星辰降临心中便是道德，道德升行天上便是星辰——苦韧的哲理终不免归于甜烂的童话。

尼采在最后十年中，亦未有一句粗话脏话——使所有的无神论者同声感谢上帝。一个人，清纯到潜意识内也没渣滓，耶稣并非独生子。

海德格尔是存心到时候作一个窝，大窝，大得可以把上帝放进去。尼采是漂泊者，"海呵海呵海呵"，飞到跌在海里为止。

思想家分两型：信仰型，怀疑型。

三、发脾气的艺术

伟人，就是能把童年的脾气发向世界，世界上处处可见他的脾气。不管是好脾气坏脾气。

如果脾气很怪异很有挑逗性，发得又特别厉害，就是大艺术家。

用音乐来发脾气当然最惬意。

艺术是光明磊落的隐私

达·芬奇的公式"知与爱永成正比"，似乎缺了一项什么，寻思之下，其"知"其"爱"已饱含了"德"。

时常苦劝自己饮食，睡眠。列奥纳多·达·芬奇。

"电影"这门后来居上的艺术，正要成熟，纷纷烂掉了。

满目坏电影。看一次等于受一次辱。

偶尔看到了好的电影……报了仇似的痛快。

贝多芬在第九交响乐中所作的规劝和祝愿，人类哪里就担当得起。

"听着您的琴声，我总感到是在与您促膝谈心，甚至，似乎是跟一个比您本人更好的人在……"侯爵优雅地将双手按在胸前。

德·居斯泰因侯爵,留名于《肖邦传》。

莫扎特除了天才之外,实在没有什么。
莫扎特的智慧是"全息智慧"。

在莫扎特的音乐里,常常触及一种……一种灵智上……灵智上的性感——只能用自身的灵智上的性感去适应。如果作不出这样的适应,莫扎特就不神奇了。

莫扎特真纯粹呀,在巴赫之后同样可以滔滔不绝于音乐自身的泉源。肖邦是浪漫乐派的临界之塔,远远望去以为它位据中心,其实唯独肖邦不作非音乐的冶游,不贪无当之大的主题。他的爱巴赫、爱莫扎特,意思是:爱音乐的人只爱音乐,其他以音乐的名义而存在的东西,要把它们与音乐分开,分开了才好爱音乐。

他的琴声一起,空气清新,万象透明,他与残暴卑污正相反,肖邦至今还是异乎寻常者中之异乎寻常者。

勃拉姆斯的脸,是沉思的脸,发脾气的脸。在音乐中沉思,脾气发得大极了。

东方与西方最大的分异显在音乐上:东方的音乐越听人越小,世界越小。西方的音乐越听人越大,世界越大。东方人以西方音乐的方法来作东方之曲,听起来人还是小世界还是小,西方人以东方音乐的方法来作西方之曲,听起来人还是大世界还是大——再说下去,就太滑稽。

理想主义,是表示耐性较好的意思。然而深夜里,我听到过的绝叫,都是从理想主义者的床头传来的,明月在天,大江东去,一声声的绝叫,听惯了就不太凄惨。

任何理想主义,都带有伤感情调。

所有的艺术,所已有的艺术,不是几乎都浪漫,是都浪漫,都是浪漫的,这泛浪漫,泛及一切艺术。当我自身的浪漫消除殆尽,想找些不浪漫的艺术来品赏,却四顾茫然,所有的艺术竟是全都浪漫,而谁也未曾发现这样一件可怕的大事。

精致而不止,不止而知适可而止,这是颓废。
精致而不止,不止而不知适可而止,就糜烂了。
颓废是悠曼的,希腊雕像起始就懒洋洋,取个站千万年不必更换的姿势,亲眼看到爱琴海,才知平静得要睡着了似的,一大片颓废的清水,何况当年的希腊是彩色的,我自幼认知的是单色的希腊,单色比彩色颓废,宗教比哲学颓废,男人比女人颓废,爱情比性欲颓废,户外比室内颓废,阳光比月色颓废,流亡比旅游颓废，未来比过去颓废……辣椒比蜜糖颓废。

新逮到野马，驯师拍拍它的汗颈：

"你要入世呀！"

假如老虎背个包在森林里走多难看。

花，那些花，所有的花，都很严肃。
自然界中任何美丽的东西一律是十分严肃。

四、中国文化的乡愁

"三百篇"中的男和女，我个个都爱，该我回去，他和她向我走来就不可爱了。

庄周悲伤得受不了，踉跄去见李聃，李聃哽咽道：亲爱的，我之悲伤更甚于尔。

如果司马迁不取孔丘的观点而持李耳的观点来治《史记》，这部作品就难想象有多伟大。

"礼"，是中国人际关系学的精髓之所在。不幸孔丘对"礼"的阐扬和实践，在目的论与方法论上整个儿错。

汉家多礼。称愚人曰笨伯。

修身——好玩。齐家——不好玩。治国——好玩。平天下——不好玩。因为，因为修身可能。齐家不可能。治国可能。平天下不可能。比起来，治国最好玩，堪惜很少大玩家。

儿时看武打戏似的读诸子百家。

嵇康的才调、风骨、仪态，是典型吗？我听到"典型"二字，便恶心。

阮嗣宗口不臧否人物，笔不臧否人物——这等于人睡在罐里，罐塞在瓮里，瓮锁在屋子里。下大雨。

致芥川：有时，人生真不如一句陶渊明。

如果抽掉杜甫的作品，一部《全唐诗》会不会有塌下来的样子。

唐代能解白居易诗的老妪，如落在现代中国内地，便是街道居民委员会主任，专事监督管制白居易之类的知识分子的。

子厚颂：唐朝那么多的文士，俊杰廉悍的柳宗元尤难为怀——他有现代性，这容易解。难解的倒是为什么柳宗元有现代性，为什么独独他有现代性。

李商隐活在十九世纪，他一定精通法文，常在马拉美家谈到夜深人静，喝棕榈酒。

吴文英的艺术年龄很长，悄悄地绿到现代，珍奇的文学青苔。

王实甫比关汉卿更懂事些。

南宋词人的颓废，认认真真精精致致的颓废，确有许多愁，双溪的舴艋舟载不动。更南的南渡之后，饱食以群居，痴騃而儇薄，捏造出许多愁来推销。那许多愁呀，加在一起也装不满舴艋舟。

持平常心，不作平常语。
汤显祖、曹雪芹辈每论智极成圣，情极成佛，吁，智极而不欲圣，情极而不欲佛，庶几持平常心矣。
遇自谓持平常心而满口平常语者，挥之如蝇蚋。

曹雪芹在当时，真是既出了类，又拔了萃，他写贾宝玉的用情，越尊卑，破伦常，忘性别——不止现代、后现代，还远超得很哩。
"天下第一淫人"（意淫）唯曹侯当之，无愧。

如果，是别人写了一部《红楼梦》，曹雪芹会不会成为毕生考证研究《红楼梦》的大学者。

袋是假的，袋里的东西是真的——曹雪芹用的是这个方法。
红学家们左说右说横说竖说，无非在说袋是真的！
袋是真的？当他们认为袋是真的时，袋里的东西都是假的了。

凡是认定一物或一事，赋之、咏之、铭之、讽之、颂之，便逐渐自愚，卒致愚不可及。中国文学每多此类荒唐行径。

中国文学，有许多是"服装文学"，内里干瘪得很，甚至槁骨一具，全靠古装、时装、官服、军服，裹着撑着的。

有血肉之躯，能天真相见的文学，如果还要比服装，也是可嘉的，那就得拿出款式来；乱穿一气，不是角色。

中国的浮士德：浮士德精神，套用中国的说法是"君子以自强不息"，那种自强是内向的，弄到后来斗不过外界的强物强势，就又有个说法，"成则济世，败则独善"，谓之应顺天命。有的固然竭力拼搏过，到底败北，独善了，那自然没话可说。但中国的自强者往往先设计好"独善"的退路，然后尝试去济世，稍一接触，便断定不成，退回来，觉得委屈万分，于是独善起来特别有滋味。中国没有浪子，中国的浪子还没离家已经想家了。

哦，人文关怀，已是邻家飘来的阵阵焦锅味。

"五四"以来，许多文学作品之所以不成熟，原因是作者的"人"没有成熟。

当年"西风东渐"，吹得乍卸古衣冠的"中国文学"纷纷感冒。半个世纪过去，还时闻阵阵咳嗽，不明底细的人以为蛙鼓竞噪，春天来了。

中国人醒了，不是觉醒的，是吵醒的。

记忆里的中国　唯山川草木葆蕴人文主义精髓

乡村暮色中野烧枯秸的烟香令人销魂

能与当年拜占庭媲美的是《伽蓝记》中的洛阳呀

五、风中写字的人

在寂静而微风之中写作　是个这样的人

犹记童年的中秋夜宴邀客名单上，魏晋人士占了一大半，柳敬亭、王月生也是请的，宋代理学家一个也不请。

在决定邀请的名单中，普洛斯佩·梅里美先生也必不可少，还可以请他评评各种食品。

如果必得两边都有邻居，一边先定了吧，那安安静静的孟德斯鸠先生。

我与世界的勃谿　不再是情人间的争吵

区区人情历练，亦三种境界耳，秦卿一唱，尽在其中：初艾——新晴细履平沙。及壮——乱分春色到人家。垂暮——暗随流水到天涯。

无情的抒情：愚民政策，造成移民对策，苦于被愚，纷纷移了算了。
清明时节的雨呀，路上移民的魂哪。

西方精神与东方精神，一体之两面，倘若与西方精神格格不入，那么于东方精神也不及格、不入格，根本没格儿。试想庄周、嵇康、八大山人，他们来了欧美，才如鱼得水哩，嵇康还将是一位大钢琴家，巴黎、伦敦，到处演奏……

鹤立鸡群，不是好景观——岂非同时要看到许多鸡吗。

有时，也觉得人生真不如一行波德莱尔——那是我自己心情欠佳的缘故。

有时，又觉得没有一行波德莱尔中我的意——那是我心情很坏的缘故。

苦行和祈祷，无能赎回"童贞"，唯借韬略，布阵役，出奇策，明明灭灭地巧战恶斗，以求保定生命，然后（假如是文学家）一个字一个字地救出自己。

那终于赎回来的，已非天然的童贞，天然的童贞是碳素，赎回来的童贞是钻晶。

耶稣问：

除了自己写，在文学上，你还想要做什么？

答：

在文学上，推倒法利赛人的桌子。

你煽情，我煽智

蜜蜂撞玻璃　读罗马史　春日午后图书馆

我病态：我把最大的求知欲、好奇心、审美力，都耗在"人"的身上，颠沛流离，莫知所终。

我宠爱那种书卷气中透出来的草莽气

草莽气中透出来的书卷气也使我惊醒

摸着门铰链涂了点油　夜寂寂　母亲睡在隔壁

一个酒鬼哼着莫扎特踉跄而过　我觉得自己蠢极了

一天比一天柔肠百转地冷酷起来

他忘掉了他是比她还可爱得心酸的人

詹姆斯·乔伊思的"流亡就是我的美学"是很阔气的。不用那样阔气，美学就是我的流亡。

希腊的夕阳至今犹照着我的脊背

别的，不是我最渴望得到的，我要尼采的那一分用过少些而尚完善的温柔。

如欲相见　我在各种悲喜交集处

能做的事就只是长途跋涉的归真返璞

王鼎钧

最美和最丑①

台湾散文大师王鼎钧（1925年生）的散文所达到的人性深度，许多作家无能探视。读这篇传奇色彩的故事，千万不要让封建余孽、奴才、愚贞、愚忠之类的标签封闭了心眼，把它当做一曲命运的哀歌、人性的壮歌来聆听吧。

每人讲一个最美跟最丑的故事，很好。你们每一位都已经讲过，最后才轮到我。这时候，夜已深，你们已经非常疲乏，屋子里的火炉快要熄灭，而屋子外面的露水正凝结成霜。

我不想讲什么，可是不能不讲。你们未必想听，也不能不听。当初的约定像绳子一样捆住我们，无法解开。你们在前面浪费时间太多，在最后残余的一刻，我必须把故事浓缩得非常简洁，让你们听了以后承认这不但是最美与最丑的故事，也是最好的。

同时，这故事也是最真实的，一切我亲眼看见，亲耳听见，正如你们正在看见我，听见我。如果有谁不信，可以看看我妻子手上的戒指，你们都见过那只戒指，上面镶着一粒晶莹的珍珠。我讲的故事，就是这颗珍珠的来历。

这颗珍珠，本来戴在一位娘娘的手上。你们见过娘娘没有？我见过。那时，抗战胜利，在北京。她的丈夫是满洲国的皇帝，你们都知道那皇帝的下场如何。她在变乱中逃走，跑到北京，定居下来，因为她本来就是北京人。啊！那是25年，不，27年以前的事情，我们复员，回到北京，自认为是年轻的英雄，有资格怜爱别人，经常给饭店里的侍者过多的小费，大把抓辅币给乞丐，为满足女店员的期待而乱买不必要的东西。我们时常去看那位娘娘，同情她的遭遇，而不承认那是为了满足自己的好奇心。

想想看，多有意思，在1945年，还能看到一个娘娘。这就好像你已经长大成人了，忽然发现童年时期的玩具完好如新。好像考古学家看见了刚刚出土的殷商铜器，好像在最能够代表现代文明的摩天大楼里面挂上原始非洲人的脸谱和模

① 选自《王鼎钧散文》，浙江文艺出版社，1994年版。

型。那种新鲜、那种刺激、那种快乐、那种优越感、那种兴奋！看娘娘去！看娘娘去！就是今天，你们今天说看少年棒球队去，也不会比我们更响亮、更轻快、更踌躇满志。

告诉你，那个娘娘22岁，绝对美丽。20年来我奔波了4000多公里……由最繁华的都市到最迷人的都市，到最糜烂的都市，再到营养学和化妆术最发达的都市，从没有见过一个女孩子比她更漂亮。她既然是娘娘，就不能与穷苦的爸爸、妈妈、哥哥、弟弟、姐姐、妹妹聚在一起，需要单独的住处，她以为应该这样，她的爸爸、妈妈也以为应该。她那间临时租来的"皇宫"很小，砖瓦破烂，屋子里只有一张床，一张桌子，两条长凳子，还有一只古色古香红漆描金的木箱。我们去了，就坐在长凳上，她的态度是不招待任何人，也不拒绝任何人进门，她只是端端正正坐在床沿上，双目下垂，一只手压在木箱上，不看、不听、不说、不动。据说，除了吃饭、睡觉等等必要的事情以外，她整天这样坐着，不管屋子外面发生了什么事情，甚至也不管屋子里面发生了什么事情。

尽管她比海还要沉默，比山还要端正，尽管她把自己坐成一条虹，可是我们这一群年轻的单身汉还是常常去看她。只要有一个人说看娘娘去，其他的人毫无异议跟着走，而每星期总有一个人或是两个人这么说。我们塞满了她的小房间，自己谈天说笑，甚至后来我们自己带了啤酒酱肉在她的桌子上大吃大喝。她好像没看见我们，而我们也装作没看见她。

慢慢的，我们知道了很多事情。我们知道娘娘发誓不再结婚，她从她的皇宫里逃出来的时候随身带了一包首饰。她变卖首饰维持生活。她已经对她的父母、对天、对地立下血誓，什么时候首饰卖完、吃光，她就自杀。她吃得非常少，用钱尽力节省，也就是尽力延长她的生命。慢慢地我们又发现，这位娘娘的处境，虽然艰难，但是，还能够有一个太监来伺候她。这位太监由关外逃到关内，听说北京有一位娘娘，就跑来向她报到。他在郊外找了一个容身的地方，每天早晨进城到这一间光线暗淡、空气污浊的房子里，跟娘娘请安；把整个房间收拾得干干净净，替娘娘买菜做饭。饭做好了以后，他绝对不肯留下来吃，连一片菜叶、一粒米也不肯沾，他回到郊外的茅草房里去啃他又冷又硬的窝窝头。

我们又有事情好做了——看太监去。

太监已老，弯着腰。我们第一眼看到的是他的秃顶和头顶四周稀稀落落的白发，然后我看见他发肿的眼囊，残缺不全的牙齿，黄澄澄的白眼球。他的态度跟娘娘完全不同，非常客气地请我们进去，可是房子太矮了，我们进去以后又退出来，在门外站直了身体跟他说话。我们很想知道一个太监怎样成为太监的，但是他什么也不肯说，无论你用什么方法，只能听到他一句话："先生，何必谈过去的事情？那连一点意思也没有。"

　　双方僵持了一会儿，这位太监有了新客人，一个人带三四个人。那个带头儿的人显然是一个向导，另外三个人显然是游客。太监非常客气、非常熟练地把游客请进屋子里，看见屋子那样的肮脏、矮小、黑暗，有一个游客站在门口迟疑了一会儿，最后终于下了决心跟他的同伴一块进去了。太监关上门，把我们关在门外，那个向导也留在门外，他自己点上一支烟，问我们看见了没有。

　　看见了什么？

　　你们不是来看太监的吗？

　　是的，我们已经看见他了。

　　你们怎么知道他在这儿？还有，你们花了多少钱？

　　花钱？我们一块钱也没花。

　　那怎么可能呢？你们不花钱他吃什么？说句不客气的话，我又吃什么？

　　我不知道向导说什么，就仔细追问。那三个人都是来看太监的吗？是的。都是你带来的？是的。他们来看太监要花钱？当然。为什么要花钱？向导愣了一下，反问我，不是为了钱，谁肯脱了裤子让人家看？说完，他看看那扇紧紧关闭着的门，自言自语：这些家伙怎么还不出来？看得那么仔细！

　　他又回过头来对我们说：你们一定还没看过。你们一定没有找到门道。如果你们肯花钱，这件事情包在我身上。他很坦白地对我说，不看实在可惜，这是唯一的机会，以后不管你花多少钱，也不可能再有太监让你看。

　　他见我们不做声，又用煽动的语气说：这是一个真正的太监，很多外国人来看他看完以后都表示非常满意。钱是花了，可是一点也不冤枉。

　　我们这才明白他所谓看太监是什么意思。我们同时明白关在屋子里面的三个人跟那位满头白发的太监正在做什么。我们弄清楚了这个向导和那个太监生活的办法。这实在太丑恶了，这是我一生之中所知道的最丑恶的故事。这个巨大的、重要的意外发现，把我吓呆了。我们都没有反应，不知道说什么才好。在我们失去反应能力的几分钟，门开了，太监捆他的腰带，游客开他的皮夹。太监弯着腰，客客气气把他的主顾送出门外，那么大方，那么老练，就好像北京百年老店里面训练有素的店员。

　　我仔细观察太监的表情，他一点也没有惭愧的表示。每天下午，他在这里等生意上门，第二天上午，诚心诚意地到娘娘住的地方尽他的本分，有人听见他说过，如果不是娘娘在，他早已不活。看起来，他真的说过这句话。他从娘娘住的小屋子里找到了生命延续的理由，只要能够伺候娘娘，活着就值得。既然有理由活下去，那么，维持生活的手段也有理由。他不让我们看见他的悲痛，在他眼里，我们不配，尽管我们能够出钱看见他的残缺。他是替娘娘卖首饰的人，娘娘什么时候没有钱用，就拿一件珠宝交给他，他弯着腰慢吞吞地走出去，好久好久以后，又弯着腰慢吞吞地走回来，双手捧着钱，浑身发抖。他望着娘娘接过钱，锁在木箱里，坐在床沿上，一只手压在木箱的盖子上，眼泪一颗颗掉下来。他就朝着娘娘跪下，脸贴在地上，呜呜痛哭。娘娘的邻居都经常听见他的哭声。卖一次首饰哭一次。只有娘娘看见他的悲恸，虽然娘娘并不一定真正明白他的悲恸有多大、有多深。

　　后来，我离开北京，美和丑还是深深印在我心上，遇见从北京来的人，就向他打听，想知道娘娘、太监的生活方式是不是有了改变。奇怪，那些人能说出北京市的鸡毛蒜皮却不知道有这么两个人。太不可思议了，因为在我心目中，那是一对赫赫有名的人物，他们的重量夜夜压在我的胸口，使我从梦中狂叫。怎么，难道这两人只有对我而言才存在？……以后，世界一分为二，再也不会有人从北京来，再也不会有娘娘的消息，这个最美同时也最丑的故事，也就从此没有下文。

王鼎钧

脚 印①

　　从鬼魂拾脚印的传说落笔说乡愁，这已经是生死以之的境界了。活着回去，把走过的路再走一遍，在两岸相隔四十年后，在满头乌丝已成霜雪之后，在灼灼秋水已被相思熬枯之后，该是怎样的迷离和沉重？但是，只要能回去，王鼎钧说："空气会把我浮起来。"

　　乡愁是美学，不是经济学。思乡不需要奖赏，也用不着和别人竞赛。我的乡愁是浪漫而略近颓废的，带着像感冒一样的温柔。

　　你该还记得那个传说：人死了，他的鬼魂要把生前留下的脚印一个一个都捡起来。为了做这件事，他的鬼魂要把生平经过的路再走一遍。车中船中，桥上路上，街头巷尾，脚印永远不灭。纵然桥已坍了，船已沉了，路已翻修上柏油，河岸已变成水坝，一旦鬼魂重到，他的脚印自会一个一个浮上来。

　　想想看，有朝一日，我们要在密密的树林里，在黄叶底下，拾起自己的脚印，如同当年捡拾坚果。花市灯如昼，长街万头攒动，我们去分开密密的人腿捡起脚印，一如我们当年拾起挤掉的鞋子。想想那个湖！有一天，我们得砸破镜面，撕裂天光云影，到水底去收拾脚印，一如当年采集鹅卵石。在那个供人歌舞跳跃的广场上，你的脚印并不完整，大半只有脚尖或只有脚跟。在你家门外窗外后院的墙外，你的灯影所及你家梧桐的阴影所及，我的脚印是一层铺上一层，春夏秋冬千层万层，一旦全部涌出，恐怕高过你家的房顶。

　　有时候，我一想起这个传说就激动；有时候，我也一想起这个传说就怀疑。我固然不必担心我的一肩一背能负载多少脚印，一如无须追问一根针尖上能站多少天使，可是这个传说跟别的传说怎样调和呢？末日大限将到的时候，牛头马面不是拿着令牌和锁链在旁等候出窍的灵魂吗，以后是审判，是刑罚，他哪有时间去捡脚印；以后是喝孟婆汤，是投胎转世，他哪有能力去捡脚印？鬼魂怎能如此潇洒、如此淡泊、如此个人主义？好，古圣先贤创设神话，今圣后贤修正神话，我们只有拆开那个森严的故事结构，容纳新的传奇。

──────────

① 选自楼肇明编《八十年代台湾散文选》，中国友谊公司，1991年版。

199

　　我想，捡脚印的情节恐怕很复杂，超出众所周知。像我，如果可能，我要连你的脚印一并收拾妥当。如果捡脚印只是一个人最末一次余兴，或有许多人自动放弃，如果事属必要，或将出现一种行业，一家代捡脚印的公司。至于我，我要捡回来的不止是脚印。那些歌，在我们唱歌的地方，四处都有抛掷的音符，歌声冻在原处，等我去吹一口气，再响起来。那些泪，在我流过泪的地方，热泪化为铁浆，倒流入腔，凝成铁心钢肠，旧地重临，钢铁还原成浆还原成泪，老泪如陈年旧酿。人散落，泪散落，歌声散落，脚印散落，我一一仔细收拾，如同向夜光杯中仔细斟满葡萄美酒。

　　也许，重要的事情应该在生前办理，死后太无凭，太渺茫难期。也许捡脚印的故事只是提醒游子在垂暮之年作一次回顾式的旅行，镜花水月，回首都有真在。若把平生行程再走一遍，这旅程的终站，当然就是故乡。

　　人老了、能再年轻一次吗？似乎不能，所有的方士都试验过、失败了。但是我想有个秘方可以再试，就是这名为捡脚印的旅行。这种旅行和当年逆向，可以在程序上倒过来实施，所以年光也仿佛倒流。以我而论，我若站在江头江尾想当年名士过江成鲫，我觉得我20岁。我若坐在水穷处、云起时看虹，看上帝在秦岭为中国人立的约，看虹怎样照着皇宫的颜色给山化妆，我15岁。如果我赤足站在当初看蚂蚁打架看鸡上树的地方让泥地由脚心到头顶感动我，我只有6岁。

　　当然，这只是感觉。并非事实。事实在海关人员的眼中，在护照上。事实是访旧半为鬼，笑问客从何处来。但是人有时追求感觉，忘记事实，感觉误我，衣带渐宽终不悔。我感觉我是一个字，被批判家删掉，被修辞学家又放回去。我觉得紧身马甲扯成碎片，舒服，也冷。我觉得香肠切到最后一刀，希望是一盘好菜。我有脚印留下吗，我怎么觉得少年十五二十时腾云驾雾，从未脚踏实地？古人说，读书要有被一棒打昏的感觉，我觉得"还乡"也是。40岁万籁无声，忽然满耳都是还乡，还乡，还乡——你还记得吗？乡间父老讲故事，说是两个旅行的人住在旅店里，认识了，闲谈中互相夸耀自己的家乡有高楼。一个说，我们的家乡有座高楼，楼顶上有个麻雀窝，窝里有几个麻雀蛋。有一天，不知怎么，窝破了，这些蛋在半空中孵化，幼雀破壳而出，还没等落到地上，新生的麻雀就翅膀硬了、可以飞了。所以那些麻雀一个也没摔死，都贴地飞行，然后一飞冲天。你想那座楼有多高？愿你还记得这个故事。你已经遗忘了太多的东西。忘了故事，忘了歌，忘了许多人名地名。怎么可能呢，那些故事，那些歌，那些人命地名，应该与我们的灵魂同在，与我们的人格同在。你究竟是怎样使用你的记忆呢？

　　……那旅客说：你想我家乡的楼有多高？另一个旅客笑一笑，不温不火，我们家乡也有一座高楼，有一次，有个小女孩从楼顶上掉下来了，到了地面上，她已长成一个老太太。我们这座楼比你们那一座，怎么样？

　　当年悠然神往，一心想奔过去看那样高的楼，千山万水不辞远。现在呢，我想高楼不在远方，它就是故乡，我一旦回到故乡，会恍然觉得当年从楼顶跳下来，落地变成了老翁。真快，真简单，真干净！种种成长的痛苦，萎缩的痛苦，种种期许种种幻灭，生命中那些长跑长考长年煎熬长夜痛哭，根本没有时间也没有机会发生，"昨日今我一瞬间"，间不容庸人自扰。这岂不是大解脱，大轻松，这是大割大舍大离大弃，也是大结束大开始。我想躺在地上打个滚儿恐怕也不能够，空气会把我浮起来。

余光中

猛虎与蔷薇①

　　诗人说，"我心中有猛虎在细嗅蔷薇"。联想到人性的阳刚与阴柔、文气的豪放与婉约、人生的起手破局与垂手弄花，流利滚珠，属于作者所倡导的知性与情趣合一的散文类型。

　　英国当代诗人西格夫里·萨松（Siegfried Sassoon 1886~1967）曾写过一行不朽的警句："In me the tiger sniffs the rose." 勉强把这译成中文，便是："我心里有猛虎在细嗅蔷薇。"

　　如果一行诗句可以代表一种诗派（有一本英国文学史曾举柯立治《忽必烈汗》中的三行诗句："好一处蛮荒的所在！如此的圣洁、鬼怪，像在那残月之下，有一个女人在哭她幽冥的欢爱！"为浪漫诗派的代表），我就愿举这行诗为象征诗派艺术的代表。每次念及，我不禁想起法国现代画家昂利·卢梭（Henri Rousseau, 1844~1910）的杰作《沉睡的吉普赛人》。假使卢梭当日所画的不是雄狮逼视着梦中的浪子，而是猛虎在细嗅含苞的蔷薇，我相信，这幅画同样会成为杰作。惜乎卢梭逝世，而萨松尚未成名。

　　我说这行诗是象征诗派的代表，因为它具体而又微妙地表现出许多哲学家所无法说清的话；它表现出人性里两种相对的本质，但同时更表现出那两种相对的本质的调和。假使他把原诗写成了"我心里有猛虎雄踞在花旁"，那就会显得呆笨，死板，徒然加强了人性的内在矛盾。只有原诗才算恰到好处，因为猛虎象征人性的一方面，蔷薇象征人性的另一面，而"细嗅"刚刚象征着两者的关系，两者的调和与统一。

　　原来人性含有两面：其一是男性的，其一是女性的；其一如苍鹰，如飞瀑，如怒马；其一如夜莺，如静池，如驯羊。所谓雄伟和秀美，所谓外向和内向，所谓戏剧型的和图画型的，所谓戴奥尼苏斯艺术和阿波罗艺术，所谓"金刚怒目，菩萨低眉"，所谓"静如处女，动如脱兔"，所谓"骏马秋风冀北，杏花春雨江南"，所谓"杨柳岸，晓风残月"和"大江东去"，一句话，姚姬传所谓的阳刚和阴柔，都无

①选自《余光中散文》，浙江文艺出版社，1997年版。

非是这两种气质的注脚。两者粗看若相反，实则乃相成。实际上每个人多多少少都兼有这两种气质，只是比例不同而已。

东坡有幕士，尝谓柳永词只合十七八女郎，执红牙板，歌"杨柳岸，晓风残月"；东坡词须关西大汉，铜琵琶，铁棹板，唱"大江东去"。东坡为之"绝倒"。他显然因此种阳刚和阴柔之分而感到自豪。其实东坡之词何尝都是"大江东去"？"笑渐不闻声渐杳，多情却被无情恼"；"绣帘开，一点明月窥人"；这些词句，恐怕也只合十七八女郎曼声低唱吧？而柳永的词句："长安古道马迟迟，高柳乱蝉嘶"，以及"渡万壑千岩，越溪深处。怒涛渐息，樵风乍起；更闻商旅相呼，片帆高举。"又是何等境界！就是晓风残月的上半阕那一句"暮霭沉沉楚天阔"，谁能说它竟是阴柔？他如王维以清淡胜，却写过"一身转战三千里，一剑曾当百万师"的诗句；辛弃疾以沉雄胜，却写过"罗帐灯昏，哽咽梦中语"的词句。再如浪漫诗人济慈和雪莱，无疑地都是阴柔的了。可是清唳的夜莺也曾唱过："或是像精壮的科德慈，怒着鹰眼，凝视在太平洋上。"就是在那阴柔到了极点的《夜莺曲》里，也还有这样的句子："同样的歌声时常——迷住了神怪的长窗——那荒僻妖土的长窗——俯临在惊险的海上。"至于那只云雀，他那《西风歌》里所蕴藏的力量，简直是排山倒海，雷霆万钧！还有那一首十四行诗《阿西曼地亚斯》（Ozymandias）除了表现艺术不朽的思想不说，只其气象之伟大，魄力之雄浑，已可匹敌太白的"西风残照，汉家陵阙"。

也就是因为人性里面，多多少少地含有这相对的两种气质，许多人才能够欣赏和自己气质不尽相同，甚至大不相同的人。例如在英国，华兹华斯欣赏密尔顿；拜伦欣赏颇普；夏绿蒂·白朗戴欣赏萨克瑞；史哥德欣赏简·奥斯丁；史云朋欣赏兰道；兰道欣赏白朗宁。在我国，辛弃疾的欣赏李清照也是一个最好的例子。

但是平时为什么我们提起一个人，就觉得他是阳刚，而提起另一个人，又觉得他是阴柔呢？这是因为各人心里的猛虎和蔷薇所成的形势不同。有人的心原是虎穴，穴口的几朵蔷薇免不了猛虎的践踏；有人的心原是花园，园中的猛虎不免给那一片香潮醉倒。所以前者气质近于阳刚，而后者气质近于阴柔。然而踏碎了的蔷薇犹能盛开，醉倒了的猛虎有时醒来。所以霸王有时悲歌，弱女有时杀贼，梅村，子山晚作悲凉，萨松在第一次大战后出版了低调的《心旅》（The Heart's Journey）。

"我心里有猛虎在细嗅蔷薇。"人生原是战场，有猛虎才能在逆流里立定脚跟，在逆风里把握方向，做暴风雨中的海燕，做不改颜色的孤星。有猛虎，才能创造慷慨悲歌的英雄事业；涵蕴耿介拔俗的志士胸怀，才能做到孟郊所谓"镜破不改光，兰死不改香"！同时人生又是幽谷，有蔷薇才能烛隐显幽，体贴入微；有蔷薇才能看到苍蝇搓脚，蜘蛛吐丝，才能听到暮色潜动，春草萌芽，才能做到"一沙一世界，一花一天国"。在人性的国度里，一只真正的猛虎应该能充分地欣赏蔷薇，而一朵真正的蔷薇也应该能充分地尊敬猛虎；微蔷薇，猛虎变成了菲力斯旦（Philistine）：微猛虎，蔷薇变成了懦夫。韩黎诗："受尽了命运那巨棒的痛打，我的头在流血，但不曾垂下！"华兹华斯诗："最微小的花朵对于我，能激起非泪水所能表现的深思。"完整的人生应该兼有这两种至高的境界。一个人到了这种境界，他能动也能静，能屈也能伸，能微笑也能痛哭，能像二十世纪人一样的复杂，也能像亚当夏娃一样的纯真，一句话，他心里已有猛虎在细嗅蔷薇。

余光中

听听那冷雨①

余光中"右手写诗,左手作文"。他要在中国文字的风火炉里炼出一颗丹来,立意高远,所以下笔自重,把散文当诗写。本文纵横捭阖不离雨、思绪澎湃都是诗,中国美国、大陆"台湾"、故土现实、烟雨江南、水墨画意……洋洋洒洒、痛痛快快地下了一场中国情调的诗雨——冷色调的。安魂曲。

惊蛰一过,春寒加剧。先是料料峭峭,继而雨季开始,时而淋淋漓漓,时而淅淅沥沥,天潮潮地湿湿,即连在梦里,也似乎有把伞撑着。而就凭一把伞,躲过一阵潇潇的冷雨,也躲不过整个雨季。连思想也都是潮润润的。每天回家,曲折穿过金门街到厦门街迷宫式的长巷短巷,雨里风里,走入霏霏令人更想入非非。想这样子的台北凄凄切切完全是黑白片的味道,想整个中国整部中国的历史无非是一张黑白片子,片头到片尾,一直是这样下着雨的。这种感觉,不知道是不是从安东尼奥尼那里来的。不过那一块土地是久违了,25年,四分之一的世纪,即使有雨,也隔着千山万山,千伞万伞。25年,一切都断了,只有气候,只有气象报告还牵连在一起,大寒流从那块土地上弥天卷来,这种酷冷吾与古大陆分担。不能扑进她怀里,被她的裙边扫一扫吧,也算是安慰孺慕之情。

这样想时,严寒里竟有一点温暖的感觉了。这样想时,他希望这些狭长的巷子永远延伸下去,他的思路也可以延伸下去,不是金门街到厦门街,而是金门到厦门。他是厦门人,至少是广义的厦门人,20年来,不住在厦门,住在厦门街,算是嘲弄吧,也算是安慰。不过说到广义,他同样也是广义的江南人,常州人,南京人,川娃儿,五陵少年。杏花春雨江南,那是他的少年时代了。再过半个月就是清明。安东尼奥尼的镜头摇过去,摇过去又摇过来。残山剩水犹如是,皇天后土犹如是。纭纭黔首纷纷黎民从北到南犹如是。那里面是中国吗?那里面当然还是中国永远是中国。只是杏花春雨已不再,牧童遥指已不再,剑门细雨渭城轻尘也都已不再。然则他日思夜梦的那片土地,究竟在哪里呢?

① 选自余光中《满亭星月》,上海文艺出版社,1999年版。

在报纸的头条标题里吗？还是香港的谣言里？还是傅聪的黑键白键、马思聪的跳弓拨弦？还是安东尼奥尼的镜底勒马洲的望中？还是呢，故宫博物院的壁头和玻璃橱内，京戏的锣鼓声中、太白和东坡的韵里？

杏花。春雨。江南。六个方块字，或许那片土就在那里面。而无论赤县也好神州也好中国也好，变来变去，只要仓颉的灵感不灭、美丽的中文不老，那形象，那磁石一般的向心力当必然长在。因为一个方块字是一个天地。太初有字，于是汉族的心灵、他祖先的回忆和希望便有了寄托。譬如凭空写一个"雨"字，点点滴滴，滂滂沱沱，淅淅沥沥淅沥，一切云情雨意，就宛然其中了。视觉上的这种美感，岂是什么rain也好pluie也好所能满足？翻开一部"辞源"或"辞海"，金木水火土，各成世界，而一入"雨"部，古神州的天颜千变万化，便悉在望中，美丽的霜雪云霞，骇人的雷电霹雹，展露的无非是神的好脾气与坏脾气，气象台百读不厌、门外汉百思不解的百科全书。

听听，那冷雨。看看，那冷雨。嗅嗅闻闻，那冷雨，舔舔吧那冷雨。雨在他的伞上、这城市百万人的伞上、雨衣上、屋上、天线上，雨下在基隆港、在防波堤、海峡的船上，清明这季雨。雨是女性，应该最富于感性。雨气空濛而迷幻，细细嗅嗅，清清爽爽新新，有一点点薄荷的香味，浓的时候，竟发出草和树林之后特有的淡淡土腥气，也许那竟是蚯蚓的蜗牛的腥气吧，毕竟是惊蛰了啊。也许地上的地下的生命、也许古中国层层叠叠的记忆皆蠢蠢而蠕，也许是植物的潜意识和梦吧，那腥气。

第三次去美国，在高高的丹佛他山居住了两年。美国的西部，多山多沙漠，千里干旱，天，蓝似益格鲁·撒克逊人的眼睛，地，红如印第安人的肌肤，云，却是罕见的白鸟。落基山簇簇耀目的雪峰上，很少飘云牵雾。一来高，二来干，三来森林线以上，杉柏也止步，中国诗词里"荡胸生层云"或是"商略黄昏雨"的意趣，是落基山上难睹的景象。落基山岑之胜，在石，在雪。那些奇岩怪石，相叠互倚，砌一场惊心动魄的雕塑展览，给太阳和千里的风看。那雪，白得虚虚幻幻，冷得清清醒醒，那股皑皑不绝一仰难尽的气势，压得人呼吸困难，心寒眸酸。不过要领略"白云回望合，青霭入看无"的境界，仍须回来中国。台湾湿度很高，最饶云气氤氲雨意迷离的情调。两度夜宿溪头，树香沁鼻，宵寒袭肘，枕着润碧湿翠、苍苍交叠的山影和万缀都歇的岑寂，仙人一样睡去。山中一夜饱雨，次晨醒来，在旭日未升的原始幽静中，冲着隔夜的寒气，踏着满地的断柯折枝和仍在流泻的细股雨水，一径探入森林的秘密，曲曲弯弯，步上山去。溪头的山，树密雾浓，翁郁的水汽从谷底冉冉升起，时稠时稀，蒸腾多姿，幻化无定，只能从雾破云开的空处，窥见乍现即隐的一峰半壑，要纵览全貌，几乎是不可能的。至少入山两次，只能在白茫茫里和溪头诸峰玩捉迷藏的游戏，回到台北，世人问起，除了笑而不答心自闲，故作神秘之外，实际的印象，也无非山在虚无之间罢了。云缭烟绕，山隐水迢的中国风景，由来予人宋画的韵味。那天下也许是赵家的天下，那山水却是米家的山水。而究竟，是米氏父子下笔像中国的山水，还是中国的山水上纸像宋画，恐怕是谁也说不清楚了吧？

雨不但可嗅，可亲，更可以听。听听那冷雨。听雨，只要不是石破天惊的台风暴雨，在听觉上总是一种美感。大陆上的秋天，无论是疏雨滴梧桐，或是骤雨打荷叶，听去总有一点凄凉，凄清，凄楚，于今在岛上回味，则在凄楚之外，再笼上一层凄迷了，饶你多少豪情侠气，怕也经不起三番五次的风吹雨打。一打少年听雨，红烛昏沉。再打中年听雨，客舟中，江阔云低。三打白头听雨的僧庐下，这便是亡宋之痛，一颗敏感心灵的一生：楼上，江上，庙里，用冷冷的雨珠子串成。10年前，他曾在一场摧心折骨的鬼雨中迷失了自己。雨，该是一滴湿漓漓的灵魂，窗外在喊谁。

雨打在树上和瓦上，韵律都清脆可听。尤其是铿铿敲在屋瓦上，那古老的音乐，属于中国。王禹偁在黄冈，破如椽的大竹为屋瓦。据说住在竹楼上面，急雨声如瀑布，密雪声比碎玉，而无论鼓琴，咏诗，下棋，投壶，共鸣的效果都特别好。这样岂不像住在竹筒里面，任何细脆的声响，怕都会加倍夸大，反而令人耳朵过敏吧。

雨天的屋瓦，浮漾湿湿的流光，灰而温柔，迎光则微明，背光则幽暗，对于视觉，是一种低沉的安慰。至于雨敲在鳞鳞千瓣的瓦上，由远而近，轻轻重重轻轻，夹着一股股的细流沿瓦槽与屋檐潺潺泻下，各种敲击音与滑音密织成网，谁的千指百指在按摩耳轮。"下雨了"，温柔的灰美人来了，她冰冰的纤手在屋顶拂弄着无数的黑键啊灰键，把响午一下子奏成了黄昏。

在古老的大陆上，千屋万户是如此。20多年前，初来这岛上，日式的瓦屋亦是如此。先是天黯了下来，城市像罩在一块巨幅的毛玻璃里，阴影在户内延长复加深。然后凉凉的水意弥漫在空间，风自每一个角落里旋起，感觉得到，每一个屋顶上呼吸沉重都覆着灰云。雨来了，最轻的敲打乐敲打这城市。苍茫的屋顶，远远近近，一张张敲过去，古老的琴，那细细密密的节奏，单调里自有一种柔婉与亲切，滴滴点点滴滴，似幻似真，若孩时在摇篮里，一曲耳熟的童谣摇摇欲睡，母亲吟哦鼻音与喉音。或是在江南的泽国水乡，一大筐绿油油的桑叶被啃于千百头蚕，细细琐琐屑屑，口器与口器咀咀嚼嚼。雨来了，雨来的时候瓦这么说，一片瓦说千亿片瓦说，说轻轻地奏吧沉沉地弹，徐徐地叩吧挞挞地打，间间歇歇敲一个雨季，即兴演奏从惊蛰到清明，在零落的坟上冷冷奏挽歌，一片瓦吟千亿片瓦吟。

在日式的古屋里听雨声，四月，霏霏不绝的黄梅雨，朝夕不断，旬月绵延，湿黏黏的苔藓从石阶下一直侵到他舌底，心底。到七月，听台风台雨在古屋顶上一夜盲奏，千层海底的热浪沸沸被狂风挟来，掀翻整个太平洋只为向他的矮屋檐重重压下，整个海在他的蜗壳上哗哗泻过。不然便是雷雨夜，白烟一般的纱帐里听羯鼓一通又一通，滔天的暴雨滂滂沛沛扑来，强劲的电琵琶忐忐忑忑忐忐忑忑，弹动屋瓦的惊悸腾腾欲掀起。不然便是斜斜的西北雨斜斜，刷在窗玻璃上，鞭在墙上打在阔大的芭蕉叶上，一阵寒潮泻过，秋意便弥漫日式的庭院了。

在日式的古屋里听雨，春雨绵绵听到秋雨潇潇，从少年听到中年，听听那冷雨。雨是一种单调而耐听的音乐，是室内乐是室外乐，户内听听，户外听听，冷冷，那音乐。雨是一种回忆的音乐，听听那冷雨，回忆江南的雨下得满地是江湖，下在桥上和船上，也下在四川，在秧田和蛙塘，下肥了嘉陵江下，下湿布谷咕咕的啼声，雨是潮潮润润的音乐，下在渴望的唇上，舐舐那冷雨。

因为雨是最最原始的敲打，乐从记忆的彼端敲起。瓦是最最低沉的乐器，灰蒙蒙的温柔覆盖着听雨的人，瓦是音乐的雨伞撑起。但不久公寓的时代来临，台北，你怎么一下子长高了，瓦的音乐竟成了绝响。千片万片的瓦翩翩，美丽的灰蝴蝶纷纷飞走，飞入历史的记忆。现在雨下下来下在水泥的屋顶和墙上，没有音韵的雨季。树也砍光了，那月桂，那枫树，柳树和擎天的巨椰，雨来的时候不再有丛叶嘈嘈切切，闪动湿湿的绿光迎接。鸟声减了啾啾，蛙声沉了咯咯，秋天的虫吟也减了唧唧。70年代的台北不需要这些，一个乐队接一个乐队便遣散尽了。要听鸡叫，只有去诗经的韵里寻找。现在只剩下一张黑白片，黑白的默片。

正如马车的时代去后，三轮车的时代也去了。曾经在雨夜，三轮车的油布篷挂起，送她回家的途中，篷里的世界小得多可爱，而且躲在警察的辖区以外。雨衣的口袋越大越好，盛得下他的一只手里握一只纤纤的手。台湾的雨季这么长，该有人发明一种宽宽的双人雨衣，一人分穿一只袖子，此外的部分就不必分得太苛。而无论工业如何发达，一时似乎还废不了雨伞。只要雨不倾盆，风不横吹，撑一把伞在雨中仍不失古典的韵味。任雨点敲在黑布伞或是透明的塑胶伞上，将骨柄一旋，雨珠向四方喷溅，伞缘便旋成了一圈飞檐。跟女友共一把雨伞，该是一种美丽的合作吧。最好是初恋，有点兴奋，更有点不好意思，若即若离之间，雨不妨下大一点。真正初恋，恐怕是兴奋得不需要伞的，手牵手在雨中狂奔而去，把年轻的长发的肌肤交给漫天的淋淋漓漓，然后向对方的唇上颊上尝凉凉甜甜的雨水。不过那要非常年轻且激情，同时，也只能发生在法国的新潮片里吧。

大多数的雨伞想不会为约会张开。上班下班，上学放学，菜市来回的途中。现实的伞，灰色的星期三。握着雨伞。他听那冷雨打在伞上。索性更冷一些就好了，他想。索性把湿湿的灰雨冻成干干爽爽的白雨，六角形的结晶体在无风的空中回回旋旋地降下来，等须眉和肩头白尽时，伸手一拂就落了。25年，没有受故乡白雨的祝福，或许发上下一点白霜是一种变相的自我补偿吧。一位英雄，经得起多少次雨季？他的额头是水成岩削成还是火成岩？他的心底究竟有多厚的苔藓？厦门街的雨巷走了20年与记忆等长，一座无瓦的公寓在巷底等他，一盏灯在楼上的雨窗子里，等他回去，向晚餐后的沉思冥想去整理青苔深深的记忆。前尘隔海。古屋不再。听听那冷雨。

1974年春分之夜

余光中

剪掉散文的辫子①

　　白话文年龄不大，却已经拖下了一条大"辫子"。文言文时代老秀才们脑后皇家定制的封建土八股的"猪尾巴"尚未蜕化，白话文的辫子又由党八股、洋八股、花花公子八股、小女人和浣衣妇八股合力梳拢，招摇于一切传媒。

　　英国当代名诗人格雷夫斯（Robert Graves）曾经说过，他用左手写散文，取悦大众，但用右手写诗，取悦自己。对于一位大诗人而言，要写散文，仅用左手就够了。许多诗人用左手写出来的散文，比散文家用右手写出来的更漂亮。一位诗人对于文字的敏感，当然远胜于散文家。理论上来说，诗人不必兼工散文，正如善飞的鸟不必善于走路，而邓肯也不必参加马拉松赛跑。可是，在实践上，我总有一个偏见，认为写不好（更不论写不通）散文的诗人，一定不是一位出色的诗人。我总觉得，舞蹈家的步行应该特别悦目，而声乐家的说话应该特别悦耳。

　　可是我们生活于一个散文的世界，而且往往是二三流的散文。我们用二三流的散文谈天，用四五流的散文演说，复用七八流的散文训话。偶尔，我们也用诗，不过那往往是不堪的诗，例如歌颂上司，或追求情人。

　　通常我们总把散文和诗对比。事实上这是不很恰当的。散文的反义字有时是韵文（verse），而不是诗。韵文是形式，而诗是本质。可惜在散文的范围，没有专用的名词可以区别形式与本质。有些散文，本质上原是诗，例如《祭石曼卿文》。有些诗，本质上却是散文，例如颇普的《论批评》（Essay on Criticism）这篇名作虽以"英雄式偶句"的诗的形式出现，但说理而不抒情，仍属批评的范围，所以颇普称它为"论文"。

　　在通常的情形下，诗与散文截然可分，前者是美感的，后者是实用的。非但如此，两者的形容词更形成了一对反义字。在英文中，正如在法文和意大利文中一样，散文的形容词（prosaic, prosaique, prosaico）皆有"平庸乏味"的意思。诗像女人，美丽，矛盾，而不可解。无论在针叶树下或阔叶林中，用毛笔或用钢笔，那

---

① 选自余光中《鬼雨》，花城出版社，1989年版。

么多的诗人和学者曾经尝试为诗下一定义,结果都不能令人完全满意。诗流动如风,变化如云,无法制成标本,正如女人无法化验为多少脂肪和钙一样。至于散文呢?散文就是散文,谁都知道散文是什么,没有谁为它的定义烦心。

在一切文体之中,最可厌的莫过于所谓"散文诗"了。这是一种高不成低不就,非驴非马的东西。它是一匹不名誉的骡子,一个阴阳人,一只半人半羊的faun。往往,它缺乏两者的美德,但兼具两者的弱点。往往,它没有诗的紧凑和散文的从容,却留下前者的空洞和后者的松散。此地我要讨论的,是另一种散文——超越实用而进入美感的,可以供独立欣赏的,创造性的散文(creative prose)。

据说,自"五四"以来,中国的新文学中,最贫乏的是诗,最丰富的是散文。这种似是而非的论断,好像已经变成批评家的口头禅,不再需要经过大脑了。未来的文学史必然否定这种看法。事实上,不必等那么久。如果文学的价值都要待时间来决定,那么当代的批评家干什么去了?即在今日,在较少数的敏感的心灵之间,大家都已认为,走在最前面的是现代诗,落在最后面的是文学批评。以散文名家的聂华苓女士,曾向我表示过,她常在读台湾的现代诗时,得到丰盛的灵感。现代诗,现代音乐,甚至现代小说,大多数的文艺形式和精神都在接受现代化的洗礼,作脱胎换骨的蜕变之际,散文,创造的散文(俗称"抒情的散文")似乎仍是相当保守的一个小妹妹,迄今还不肯剪掉她那根小辫子。

原则上说来,一切文学形式,皆接受诗的启示和领导。对于西方,中国古典文学的代表,不是文起八代之衰的韩愈,而是诗人李白。英国文学之父,是"英诗之父"乔叟,而不是"英散文之父"亚佛烈王或威克利夫。在文学史上,大批评家往往是诗人,例如英国的柯文治和艾略特,我国的王渔洋、袁子才和王观堂。在《简明剑桥英国文学史》(The Concise Cambridge History of English Literature)中,自1920至1960年的40年间,被称为"艾略特的时代"。在现代文学中,为大小说家汉明威改作品的,也是诗人庞德。最奇怪的一点是:传统的观念总认为诗人比其他类别的文学作家多情(passionate),却忽略了,他同时也比其他类别的文学作家多智(intellectual)。文学史上的运动,往往由诗人发起或领导。九缪斯之中,未闻有司散文的女神。要把散文变成一种艺术,散文家们还得向现代诗人们学习。

现在,让我们来分析分析目前中国散文的诸态及其得失。我们不妨指出,目前中国的散文,可以分成下列的四型:

(一)学者的散文(scholar's prose):这一型的散文限于较少数的作者。它包括抒情小品、幽默小品、游记、传记、序文、书评、论文等等,尤以融合情趣、智慧和学问的文章为主。它反映一个有深厚的文化背景的心灵,往往令读者心旷神怡,既羡且敬。面对这种散文,我们好像变成面对歌德的艾克尔曼

（J.P.Eckermann），或是恭聆约翰生博士的鲍斯威尔（James Boswell）。有时候，这个智慧的声音变得厚利而辛辣像史感夫特，例如钱钟书；有时候，它变得诙谐而亲切像兰姆，例如梁实秋；有时候，它变得清醒而明快像罗素，例如李敖。许多优秀的"方块文章"的作者，都是这一型的散文家。

这种散文，功力深厚，且为性格、修养和才情的自然流露，完全无法作伪。学得不到家，往往沦幽默为滑稽，讽刺为骂街，博学为炫耀。并不是每个学者都能达到这样美好的境界。我们不妨把不幸的一类，再分成洋学者的散文和国学者的散文。洋学者的散文往往介绍一些西方的学术和理论，某些新文艺的批评家属于这类洋学者。乍读之下，我们疑惑那是翻译，不是写作。内容往往是未经消化的什么什么主义，什么什么派别，形式往往是情人的喃喃，愚人的喋喋。对于他们，含糊等于神秘，噜苏等于强调，枯燥等于严肃。"作为一个伟大的喋喋主义的作家，我们的诗人，现在刚庆祝过他67岁生日的莫名其米奥夫斯基，他，在出版了他那后来成为喋喋主义后期的重要文献的大著《一个穿花格子布裤的流浪汉》和给予后期的喋喋派年轻诗人群以更大的影响力的那本很有深度的《一个戴七百七十七度眼镜的近视患者》之后，忽然做了一个令人惊讶不已的新的努力和尝试，朝20世纪90年代的期期主义和21世纪初期的艾艾主义大踏步地向前勇敢迈进了呢！"读者们觉得好笑吗？这正是目前某些半生不熟的洋学者的散文风格。只有十分愚蠢的读者，才会忍气吞声地读完这类文章。

国学者的散文呢？自然没有这么冗长，可是不文不白，不痛不痒，同样地夹缠难读。一些继往开来俨若新理学家的国学者的论文，是这类散文的最佳样品。对于他们鼓吹的什么什么文化精神，我无能置喙。只是他们的文章，令人读了，恍若置身白鹿洞中，听朱老夫子的训话，产生一种时间的幻觉。下面是两个真实的例句："再如曹雪芹之写《红楼梦》，是涉猎了多少学问知识，洞察了多少世故人情？此中所涵人类之共性，人世间之共相，人心之所同然处，又岂非具有博学通识，而徒读若干文学书，纯为文学而文学者所能达此境域？是故为学，格物，真积力久，感而遂通天下之故，乃为中国学者与文学家所共遵循之途辙。""吾人以上所说之发展智慧之道或工夫，我们皆名之为一种道德之实践，此乃自吾人于此皆须加以力行而非意在增加知识而说。然此诸道或诸工夫，乃属于广义之道德实践。此种种实践，唯是种种如何保养其心之虚灵，而不为名言之习气所缚，不形成知识习气之实践"。

我实在没有胃口再抄下去了。这些哲学家或伦理学家终日学究天人，却忘记了把雕虫末技的散文写通，对自己，对读者都很不便。罗素劝年轻的教授们把第一本著作写得晦涩难解，只让少数的饱学之士看懂；等莫测高深的权威已经竖立，他们才可以从心所欲，开始用"张三李四都懂"的文字（in a language "understanded of the people")来写书。罗素的文字素来清畅有力,他深恶那些咬文嚼字弯来绕去的散文。有一次,他举了一个例子,说虽是杜撰,却可以代表某些社会科学论文的文体:

Human beings are completely exempt from undesirable behavior pattern only when certain prerequisites, not satisfied except in a small percentage of actual cases,have,through some fortuitous concourse of favorable circumstances,whether congenital or environmental,chanced to combine in producing an individual in whom many factors deviate from the norm in a socially advantageous manner.

这真把我们考住了。究其原意,罗素说,不过是:

All men are scoundreis,or at any rate almost all.The men who are not must have had unusual luck,both in their birth and in their upbringing.

(二)花花公子的散文(coxcomb's prose):学者的散文到底限于少数的作者,再不济事,总还剩下一点学问的滓渣,思想的原料。花花公子的散文则到处都是。翻开任何刊物,我们立刻可以拾到这种华而不实的纸花。这类作者,上自名作家,下至初中女生,简直车载斗量,可以开十个虚荣市,一百个化装舞会!

这类散文,是纸业公会最大的恩人。它帮助消耗纸张的速度是惊人的。千篇一律,它歌颂自然的美丽,慨叹人生的无常,惊异于小动物或孩子的善良和纯真,并且惭愧于自己的愚昧和渺小。不论作者年纪有多大,他会常常怀念在老祖母膝上吮手指的金黄色的童年。不论作者年纪有多小,他会说出有白胡子的格言来。这类散文像一袋包装俗艳的廉价的糖果,一味的死甜。有时袋里也会摸到一粒维他命丸,那总不外是一些"记得有一位老哲人说过,人生……"等等的金玉良言。至于那位老哲人到底是萧伯纳、苏格拉底,或者泰戈尔,他也许根本不记得,也绝对不会告诉你。中国的散文随"漂岛"漂得太远,也源得太白了。几乎每一位花花公子都会蒙在泰戈尔的白髯上,荡秋千、唱童歌、说梦话。

花花公子的散文已经泛滥了整个文坛。除了成为"抒情散文"的主流之外,它更装饰了许多不很高明的小说和诗。这些喜欢大排场的公子哥儿们,用起形容词来,简直挥金如土。事实上,他们的金都是赝品,其值如土。他们绝大多数是全盘西化的时代青年,大多数只知道罗密欧与朱丽叶而不知道梁山伯与祝英台,大多数看过蒙娜·莉莎的微笑,听过《流浪者之歌》,大半都富于骑士的精神,不忘记男女两性的平等地位,所以他们的散文里充满了"他(她)们都笑了"的句子。

伤感,加上说教,是这些花花公子的致命伤。他们最乐意讨论"真善美"的问题。他们热心劝善,结果挺身出来说教,更醉心求美,结果每转一个弯伤感一次。可惜他们忽略"真"的自然流露了,遂使他们的天使沦为玩具娃娃,他们的眼泪沦为冒充的珍珠。学者的散文,不高明的时候,失之酸腐。花花公子的散文,即使高明些的，也失之做作。

（三）浣衣妇的散文（washerwoman's prose）：花花公子的散文，毛病是太浓、太花；浣衣妇的散文，毛病却在太淡、太素。后者的人数当然比前者少。这一类作者像有"洁癖"的老太婆。她们把自己的衣服洗了又洗，结果污秽当然向肥皂投降，可是衣服上的花纹，刺绣，连带着别针等等，也一股脑儿统统洗掉了。

这些浣衣妇对于散文的要求，是消极的，不是积极的。她们但求无过，不求有功。对于她们，散文只是传达的工具，不是艺术的创造，只许踏踏实实刻刻板板地走路，不许跳跃、舞蹈、飞翔。她们的散文洗得干干净净的，毫无毛病，也毫无引人入胜的地方。由于太干净，这类散文既无变化多姿起伏有致的节奏，也无独创的句法和新颖的字汇，更没有左右逢源曲折成趣的意象。

这些作者都是散文世界的"清教徒"。她们都是"白话文学"的善男信女，她们的朴素是教会聚会所式的朴素。喝白话文的白开水，她们都会十分沉醉。本来，用很纯粹的白话文来写一般性的应用文，例如演说辞、广播稿、宣传品、新闻报道等等，是应该也是必要的。我不但不反对，而且无条件地赞成。可是创造性的散文（更不论现代诗了）并不在这范围之内。由于过分热心推行国语运动，或长期教授中小学的国语或国文，这类作者竟幻觉一切读者都是国语教学的对象，更进一步，要一切作家（包括诗人）只写清汤挂面式的白话文。根据他们的理想，最好删去《会真记》和《长恨歌传》，只留下《错斩崔宁》和《拗相公》；最好删去杜甫和李商隐的七律，只留下寒山和拾得的白话诗。

在别人的散文里看到一个文言，这类作者会像在饭碗里发现一粒砂，不，一只苍蝇，那么难过。她们幻想这种"文白不分"是散文的致命伤。我绝不赞成，更无意提倡"文白不分"的散文，但是所谓"文白不分"的散文有好几种，有的是坏散文，有的却是好散文。将文白的比例作适当的安排，使文融于白，如鱼之相忘于江湖，而仍维持流畅可读的白话节奏，是"文白佳偶"，不是"文白冤家"。《雅舍小品》，《鸡尾酒会及其他》，《文路》等属于这一种。至于我在前面举例的国学者的"语录体"，非文非白，文得不雅，白得不畅，文白不睦，同床异梦的情形，才是"文白怨偶"，才算文白不分。所以，浣衣妇所奉行的主义，只是"独身主义"，不，只是"老处女主义"。她们自己以为是在推行"纯净主义"（purism），事实上那只是"赤贫主义"（penurism）。

（四）现代散文（modern prose）：对于中国古典文学的修养，眼看着一代不如一代；熟谙旧文学兼擅新文学，能写一手漂亮的散文的学者，已成凤毛麟角。退而求其次，我们似乎又不能寄厚望于呢呢喃喃的花花公子，和本本分分的洗衣妇人。比较注意中国现代文学运动的读者，当会发现，近数年来又出现了第四种散文——讲究弹性、密度和质料的一种新散文。在此我们且援现代诗之例，称之为现代散文。

所谓"弹性"，是指这种散文对于各种文体各种语气能够兼容并包融和无间的高度适应能力。文体和语气愈变化多姿，散文的弹性当然愈大；弹性愈大，则发展的可能性愈大，不至于迅趋僵化。现代散文当然以现代人的口语为节奏的基础。但是，只要不是洋学者生涩的翻译腔，它可以斟酌采用一些欧化的句法，使句法活泼些，新颖些；只要不是国学者迂腐的语录体，它也不妨容纳一些文言的句法，使句法简洁些，浑成些。有时候，在美学的范围内，选用一些音调悦耳表情十足的方言或俚语，反衬在常用的文字背景上，只有更显得生动而突出。

所谓"密度"，是指这种散文在一定的篇幅中（或一定的字数内）满足读者对于美感要求的分量；分量愈重，当然密度愈大。一般的散文作者，或因懒惰，或因平庸，往往不能维持足够的密度。这种稀稀松松汤汤水水的散文，读了半天，既无奇句，又无新意，完全不能满足我们的美感，只能算是有声的呼吸罢了。然而在平庸的心灵之间，这种贫嘴被认为"流畅"。事实上，那是一泻千里，既无涟漪，亦无回澜的单调而已。这样的贫嘴，在许多流水账的游记和瞎三话四的书评里，最为流行。真正丰富的心灵，在自然流露之中，必定左右逢源，五步一楼，十步一阁，步步莲花，字字珠玉，绝无冷场。

所谓"质料"，更是一般散文作者从不考虑的因素。它是指构成全篇散文的个别字或词的品质。这种品质几乎在先天上就决定了一篇散文的趣味甚至境界的高低。譬如岩石，有的是高贵的大理石，有的是普通的砂石，优劣立判。同样写一双眼睛，有的作家说"她的瞳中溢出一颗哀怨"，有的作家说"她的秋波暗弹一滴珠泪"。意思差不多，但是文字的触觉有细腻和粗俗之分。一件制成品，无论做工多细，如果质地低劣，总不值钱。对于文字特别敏感的作家，必然有他自己专用的字汇；他的衣服是定做的，不是现成的。

现代散文的年纪还很轻，她只是现代诗和现代小说的一个幺妹，但是一心一意要学两个姐姐。事实上，在现代小说之中，那散文就是现代散文，司马中原的作品便是一个例子。专写现代散文的作者还很少，成就自然还不够，可是在两位姐姐的诱导之下，她会渐渐成熟起来的。

1963年5月

张晓风

问 名①

读张晓风，有回家的感觉，让你回到温情的、有一个好女人的家园，而且，是中国人的家。她正是一个由中国文化浸染的明媚中慧的中国女子，一个汉语的女儿。她穿越古典的身姿那么自然，仿佛一个深谙行情的小妇人在逛一条琳琅满目的商市街，随手就能采购到又美丽又实用的好货色。她轻易就跨越了一古典就呆板、一现代就撒野这两口泥塘，大大方方地承接着古文化的祥云花雨。她是唐诗宋词里现身而出的贵夫人，又是《国风》《九歌》里狡黠一笑的村姑，虽然，她的肉身只是一个活色生香的现代执笔女人。学学张晓风吧，尤其是女孩子——保持一颗"初心"，满世界去"问名"。

张晓风（1941年生），台湾作家。原籍江苏，生于浙江。有小说、散文及戏剧著作数十种。

万物之有名，恐怕是由于人类可爱的霸道。

《创世记》里说，亚当自悠悠的泥骨土髓中乍醒过来，他的第一件"工作"竟是为万物取名。想起来都要战栗，分明上帝造了万物，而一个一个取名字的竟是亚当，那简直是参天地之化育，抬头一指，从此有个东西叫青天，低头一看，从此有个东西叫大地，一回首，夺神照眼的那东西叫树，一倾耳，书上嘤嘤千啭的那东西叫鸟……而日升月沉，许多年后，在中国，开始出现一个叫仲尼的人，他固执地要求"正名"，他几乎有点迂，但他似乎预知，"自由"跟"放纵"，"爱情"和"色欲"，"人权"和"暴力"是如何相似又相反的东西，他坚持一切的祸乱源自"名实不副"。

我不是亚当，没有资格为万物进行其惊心动魄的命名大典。也不是仲尼，对于世人的"鱼目混珠"唯有深叹。

不是命名者，不是正名者，只是一个问名者。命名者是伟大的开创家，正名者是忧世的挽澜人，而问名者只是一个与万物深深契情的人。

---

① 选自《张晓风散文》，浙江文艺出版社，1997年版。

也许有几分痴,特别是在旅行的时候,我老是烦人地问:

"那是什么?"

别人答不上来,我就去问第二个,偏偏这世界就有那么多懵懂的人,你问他天天来他家草坪啄食的红胸绿背的鸟叫什么,他居然不知道。你问他那条河叫什么河,他也好意思抵赖说那条河没名字。你问他那些把他家门口开得一片闹霞似的花树究竟是桃是李,他不负责地说不清楚。

不过,我也不气,万物的名氏又岂是人人可得而知的。别人答不上来,我的心里固然焦灼,但却更觉得这番"问名"是如此慎重虔诚,慎重得像古代婚姻中的"问名"大礼。

读《红楼梦》,喜欢宝玉的痴,他闯见小厮茗烟和一个清秀的女孩子在一起,没有责备他的大胆,却恨他连女孩子姓什么叫什么都不知道。不知道就是不经心,奇怪的是有人竟能如此不经心地过一生一世。宝玉自己是连听到刘姥姥说"雪地里女孩儿精灵"的故事,也想弄清楚她的名姓而去祭告一番的。

有一次,三月,去爬中部的一座山,山上有一种蔓藤似的植物,长着一种白紫交融细丝披纷的花。我蹲在山径上,凝神地看,山上没有人,无从问起。忽然,我发现有些花已经结了小果实了,青绿椭圆,我摘了一个下山去问人,对方瞄了一眼,不在意地说:

"那是百香果啊,满山都是的!现在还少了一点,从前,我们出去一捡就一大箩。"

我几乎跌足而叹,原来是百香果的花,那么芳香浓郁的百香果的花。如果再迟两个月来,满山岂不都是紫褐色的果子,但我也不遗憾,我到底看过它的花了,只可惜初照面的时候,不能知名,否则应该另有一番惊喜。

野牡丹的名字是今年春天才打听出来的,一旦知道,整个春天竟然都过得不一样了。每次穿山径到图书馆影印资料,它总在路的右侧紫艳艳地开着,我朝它诡秘一笑,心里的话一时差不多已溢到嘴边:

"嗨,野牡丹,我知道你的名字了,蛮好听的呀——野牡丹。"

它望着我,也笑了起来,像一个小女孩,又想学矜持,又装不来,于是忍不住傻笑:

"咦?谁告诉你的?你怎么晓得我的名字的?"

"安娜女王的花边"(Queen Anna's Lace)是一种美国野花的名字,它是在我心灰意冷问遍朋友没有一个人能指认得出来的时候,忽然获知的。告诉我的人

217

是一个女画家，那天，她把车子停在宁静安详的小城僻路上，指着那一片由千百朵小如粟米的白花组成的大花告诉我，我一时屏息静目，简直不敢相信那是真的。当下只见路边野花蔓延，世界是这样无休无止的一场美丽，我忽然觉得幸福得不知说什么才好。恍如古代，河出图，洛出书——那本不希奇，但是，圣人认识它，那就不一样了。而我，一个平凡的女子，在夏日的熏风里，在漫漫的绿向天涯的大地上，只见那白花欣然怡悦地浮上来，像河图洛书一样地浮上来，我认识它吗？一朵花里有多少玄机，太平盛世会由于这样一个祥兆而出现吗？

我如呆如痴地坐着，一朵花里有多少玄机？

三月里，我到东门菜场外面的花店里去订一种花，那女孩听不懂，我只好找一张纸，一面画，一面解释：

"你看，就是这样，一根枝子，岔开许多小枝子，小枝子上有许许多多小花，又小，又白，又轻，开得散散的，濛濛的……"

"哦，"不待我说完，她就叫了起来，"你是说'满天星'啊！"

（后来有位朋友告诉我，那花英文里叫baby's breath——婴儿的呼吸，真温柔，让人忍不住心疼起来。）

第二天，我就把那订购的开得密密的星辰一把抱回家，觉得自己简直是宇宙，一胸襟都是星。

我把花插在一个陶罐子里，万分感谢地看那四面进射的花。我坐在花旁看书，心中疑惑地想着，星星都是善于伪装的，它们明明那么大，比太阳还大，却怕吓倒了我们，所以装得那么小，来跟我们玩。它们明明是十万年前闪的光，却怕把我们弄糊涂了，所以假装是现在才眨的眼……而我买的这把"满天星"会不会是天星下凡来玩一遭的？我怔怔地看那花，愈看愈可疑，它们一定是繁星变的，怕我胆小，所以化成一把怯怯的花，来跟我共此暮春，共此黄昏。究竟是"星常化作地下花"呢？还是"花欲升作天上星"呢？我抛下书，被这样简单的问题搞糊涂了。

菜单上也有好名字。

有一种贝壳，叫"海瓜子"，听着真动人，仿佛是从海水的大瓜瓤里剖出的西瓜子，想起来，仿佛觉得那菜真充满了一种嗑的乐趣——嗑下去，壳张开，瓜子仁一般的贝肉就滑落下来……还有一种又大又圆的贝类，一面是白壳，一面是紫褐色的壳，有个气吞山河的名字，叫"日月蚶"，吃的时候，简直令人自觉神圣起来。不知道日月蚶自己知不知道它叫日月蚶——白的那面像月，紫的那面像日，它就是天地日月精华之所钟。

吃外国东西，我更喜欢问名了，问了，当然也不懂，可是，把名字写在记事本上，也是一段小小的人生吧！英雄豪杰才有其王国霸业的历史记录，小人物的记事册上却常是记下些莫名其妙的资料,例如有一种紫红色的生鱼片叫玛苦瑞,一种薄脆对折中间包些菜肴的墨西哥小饼叫"他可",意大利馅饼"批萨"吃起来老让人想起比萨斜塔(虽然意大利文那两字毫不相干)。一种吃起来像烤馒头的英式面包叫"玛芬",PETIT MUNSTER是有点臭咸鱼味道的法国乳酪,Artichoke长得像一朵绿色的花,煮熟了一瓣瓣掰下来沾牛油吃,而"黑森林"又竟是一种蛋糕的名字。

记住些乱七八糟的食物名字当然是很没出息的事情,我却觉得其中有某种尊敬。只因在茫茫的人世界里,我曾在某种机缘下受人一粥一饭,应当心存谢忱。虽然,钱也许是我付的,但我仍觉得每一个人的一只盘碗,都有如僧人的钵,我们是受人布施的托钵人,世界人群给我们的太多,我至少应该记下我曾经领受的食物名称。

有时我想,如果我死,我也一定要问清楚病名。也许那是最后一度问名了。

人生一世,问的都是美好的名字,一样好吃的菜肴,一块红得半透明的石头,一座山,一种衣料,一朵花,一条鱼……

但是,有一天,我会带着敬意问我敌人的名字,像古战场上两军对垒时,大英雄总是从容地问:

"来将通名!"

也许是癌,也许是心脏病,也许是脑溢血……但是,我希望自己有机会问名,我不能不清不白地败在不知名的对方手下。既然要交锋,就得公平,我要知道对手叫什么名字,背景如何,我要好好跟他斗一斗。就算力竭气绝,我也要清清楚楚叫出他的名字:

"××,算你赢。"

然后,我会听见他也在叫我的名字:

"晓风,你也没输,我跟你缠斗得够辛苦的了!"

于是,我们对视着,彼此行礼,握手,告退。

最后的那场仗,我算不算输,我不知道,只知道,我要知道对方的名字,也要跟他好好拼上许多回合。

自始至终,我是一个喜欢问名的人。

张晓风

诗 课①

孔子说："不学诗，无以言。"培根说："读诗使人灵慧。"人们常把活诗读死，所以拒不读诗。听张晓风的"诗课"，可以学会一些把死诗读活的方法：古人也是常人，用"同情"之心体会古诗容易亲近，再用散文化的现代口语解说，加上联想和想象，就不"隔"了。

花开花落僧贫富；

云去云来客往还。

各位同学：

黑板上写的一副郑板桥的对子，是他为一所寺庙题的。可是这副对子是什么意思呢？谁能回答我？好，这个同学，你说："花开了，花落了，僧人有时候有钱，有时候又穷了。云来了，云去了，客人有时候来，有时候又走了。"

你们大家想，这样的解释对不对呢？还有没有人有别的意见？好，你说：

"花开花落是无常的，正如僧人时贫时富。云来云往也不一定，就像客人来去无凭。"

这样算不算解释了这副对联？不，这副联还没有解出来。其实，中国韵文的句子因为短，有时候不免很简略，简略到一般人不容易看懂的地步。下面我稍稍提示一下，相信你们就会懂。这句子应该这样说：

住在寺中的僧人啊

也有他暴富和赤贫的时候

每季花开，他简直富裕得像暴发户

但是花一萎谢，他又一无所有了

至于他的交游对象呢

---

① 选自《张晓风散文》，浙江文艺出版社，1997年版。

喔，他倒是有一群叫云的好朋友呢

云来云去也就是好友的一番酬酢应对了

从句法上来说，如果我们把原句再加一两个字，变成像散文一样，就很容易明白了：

花开花落乃是僧之贫富，云去云来可谓客之往还。

但是诗句宜简洁，只能靠自己去体会，不能像散文说得那么清楚。

可是说到这里，郑板桥的句子是不是十分清楚了呢？还不然。如果真要懂得这个句子，还应该对古人其他的诗文稍稍了解一些才好。事实上，把云雾和山僧野叟写在一起，是中国诗人非常喜欢的做法；至于把花跟钱联想在一起，也是中国诗人非常雅致的尝试。例如宋朝诗人杨万里就有一首题为《戏笔》的诗：

野菊荒苔各铸钱，

金黄铜绿两争妍。

天公支予穷诗客，

只买清愁不买田。

多么可爱的一首小诗，翻成现代诗也挺不错：

秋天来了

野菊花和青苔各自开起铸币厂来啦

野菊花负责铸艳黄色的金币

青苔制造的却是生了绿锈的铜币

大把的铜币和金币就如此撒满了秋原，彼此竞艳啊

这种钱是上帝送给穷诗人的

但拥有这堆钱币的诗人买到了什么呢

他只买到春天的清愁

而不曾买到房地产

另外元曲里"又不颠，又不仙，拾得榆钱当酒钱"的句子也饶有趣味。榆钱其实是榆树的种子，春天里会"舞困榆钱自落"。在北方，春荒的时候，穷人把榆钱拌些面粉蒸来吃。由于它圆圆的，的确像钱币，所以人人都叫它榆钱。刚才那首散曲说得很动人：

如果我疯癫了

那么当然可以拿榆钱付酒钱

如果我成了仙了

一点指之间榆钱自可化金币

但现在我是个常人

居然也糊里糊涂从口袋里掏出一枚榆钱

自以为是钱币就要去付酒钱了呢

这样看来，把花木和钱联想在一起，倒也是个很有渊源、很有来历的想法呢！

至于云呢，由于中国山区地带湿度比较大，所以中国的山景在情境上和欧洲的山景是不同的。瑞士的山景，由于气候晴爽，线条刚烈清晰，中国的山却是云来雾往、烟锁岚封的。国画里的山每每在虚无缥缈间躲迷藏，如果你游过这样的山，如果你看过这样的国画，再来了解郑板桥的句子，就一点儿也不难了。

唐诗中"松下问童子，言师采药去，只在此山中，云深不知处"应该是大家所熟悉的。另外还有一首唐代僧人所写的七绝，应该更能表达这种情感：

万松岭上一间屋

老僧半间云半间

三更云去做行雨

回头方羡老僧闲

这首诗真不得了，老僧和云之间简直成了Roommate（指同租一间房的"室友"）了。中国诗里一向把人云的关系写得很亲密。

了解这一点，郑板桥的联句虽然别致新鲜，倒也非常隶属传统的诗情。

解释一个联句，我们竟花了半小时。其实，我说得还不够多，应该还要再说它的平仄声调才对。花一小时讲两句对联绝不过分，但是今天到此为止。我只希望你们了解，小小的一句诗也是包藏着层层诗心的啊！不要轻易忽略过去，好好地读一遍读两遍读三遍，慢慢体会它，它会报偿你，向你展示它繁复多叠的美丽。

张晓风

玉　想①

　　由玉引动的联想，山重水复，缤纷花落。这样令人余香满口的文字，非有女性的机巧、晓风的灵气、汉语的巨大遗存三者合作不能面世。

一、只是美丽起来的石头

　　一向不喜欢宝石——最近却悄悄地喜欢了玉。

　　宝石是西方的产物，一块钻石，割成几千几百个"割切面"，光线就从那里面激射而出，挟势凌厉，美得几乎具有侵略性，使我不由得不提防起来。我知道自己无法跟它的凶悍逼人相埒，不过至少可以决定"我不喜欢它"。让它在英女王的皇冠上闪烁，让它在展览会上伴以投射灯和响尾蛇（防盗用）展出，我不喜欢，总可以吧！

　　玉不同，玉是温柔的，早期的字书解释玉，也只说："玉，石之美者。"原来玉也只是石，是许多混沌的生命中忽然脱颖而出的那一点灵光。正如许多孩子在夏夜的庭院里听老人讲古，忽有一个因洪秀全的故事而兴天下之想，遂有了孙中山。所谓伟人，其实只是在游戏场中忽有所悟的那个孩子。所谓玉，只是在时间的广场上因自在玩耍竟而得道的石头。

二、克拉之外

　　钻石是有价的，一克拉一克拉地算，像超级市场的猪肉，一块块皆有其中规中矩称出来的标价。

　　玉是无价的，根本就没有可以计值的单位。钻石像谋职，把学历经历乃至成绩单上的分数一一开列出来，以便叙位核薪。玉则像爱情，一个女子能赢得多少爱情完全视对方为她着迷的程度，其间并没有太多法则可循。以撒辛格（诺贝尔奖得主）说："文学像女人，别人为什么喜欢她以及为什么不喜欢她的原因，她自己也不知道。"其实，玉当然也有其客观标准，它的硬度，它的晶莹、柔润、缜密、

―――――――――

　　① 选自唐梦编《张晓风散文》，浙江文艺出版社，1999年版。

纯全和刻工都可以讨论，只是论玉论到最后关头，竟只剩"喜欢"两字，而"喜欢"是无价的，你买的不是克拉的计价而是自己珍重的心情。

三、不需镶嵌

钻石不能佩戴，除非经过镶嵌，镶嵌当然也是一种艺术，而玉呢？玉也可以镶嵌，不过却不免显得"多此一举"，玉是可以直接做成戒指、镯子和簪笄的。至于玉坠、玉佩所需要的也只是一根丝绳的编结，用一段千回百绕的纠缠盘结来系住胸前或腰间的那一点沉实，要比金属般冷冷硬硬的镶嵌好吧？

不佩戴的玉也是好的，玉可以把玩，可以做小器具，可以做既可卑微的去搔痒、亦可用以象征宝贵吉祥的"如意"，可做用以祀天的璧，亦可做示绝的玦，我想做个玉匠大概比钻石割切人兴奋快乐，玉的世界要大得多繁富得多，玉是既入于生活也出于生活的，玉是名士美人，可以相与出尘，玉亦是柴米夫妻，可以居家过日。

四、生死以之

一个人活着的时候，全世界跟他一起活——但一个人死的时候，谁来陪他一起死呢？

中古世纪有出质朴简直的古剧叫《人人》（Every Man），死神找到那位名叫人人的主角，告诉他死期已至，不能宽贷，却准他结伴同行。人人找"美貌"，"美貌"不肯跟他去，人人找"知识"，"知识"也无意到墓穴里去相陪，人人找"亲情"，"亲情"也顾他不得……

世间万物，只有人类在死亡的时候需要陪葬品吧？其原因也无非由于怕孤寂，活人殉葬太残忍，连土俑殉葬也有些居心不仁，但死亡又是如此幽阒陌生的一条路。如果待嫁的女子需要"陪嫁"来肯定来系连她前半生的娘家岁月，则等待远行的黄泉客何尝不需要"陪葬"来凭借来思忆世上的年华呢？

陪葬物里最缠绵的东西或许便是玉琀蝉了，蝉色半透明，比真实的蝉为薄，向例是含在死者的口中，成为最后的，一句没有声音的语言，那句话在说：

"今天，我入土，像蝉的幼虫一样，不要悲伤，这不叫死，有一天，生命会复活，会展翅，会如夏日出土的鸣蝉……"

那究竟是生者安慰死者而塞入的一句话？抑是死者安慰生者而含着的一句话？如果那是心愿，算不算狂妄的侈愿？如果那是谎言，算不算美丽的谎言？我不知道，只知道玉琀蝉那半透明的豆青或土褐色仿佛是由生入死的薄膜，又恍惚是由死返生的符信，但生生死死的事岂是我这样的凡间女子所能参破的？且在这落雨的下午俯首凝视这枚佩在自己胸前的被烈焰般的红丝线所穿结的玉琀蝉吧!

五、玉　肆

我在玉肆中走,忽然看到一块像蛀木又像土块的东西,仿佛一张枯涩凝止的悲容,我驻足良久,问道:

"这是一种什么玉?多少钱?"

"你懂不懂玉?"老板的神色间颇有一种抑制过的傲慢。

"不懂。"

"不懂就不要问!我的玉只卖懂的人。"

我应该生气应该跟他激辩一场的,但不知为什么,近年来碰到类似的场面倒宁可笑笑走开。我虽然不喜欢他的态度,但相较而言,我更不喜欢争辩,尤其痛恨学校里"奥瑞根式"的辩论比赛,一句一句逼着人追问,简直不像人类的对话,嚣张狂肆到极点。

不懂玉就不该买不该问吗?世间识货的又有几人?孔子一生,也没把自己那块美玉成功地推销出去。《水浒传》里的阮小七说:"一腔热血,只要卖与识货的!"但谁又是热血的识货买主?连圣贤的光焰,好汉的热血也都难以倾销,几块玉又算什么?不懂玉就不准买玉,不懂人生的人岂不没有权利活下去了?

当然,玉肆的老板大约也不是什么坏人,只是一个除了玉的知识找不出其他可以自豪之处的人吧?

然而,这件事真的很遗憾吗?也不尽然,如果那天我碰到的是个善良的老板,他可能会为我详细解说,我可能心念一动便买下那块玉,只是,果真如此又如何呢?它会成为我的小古玩。但此刻,它是我的一点憾意,一段未圆的梦,一份既未开始当然也就不致结束的情缘。

隔着这许多年,如果今天玉肆的老板再问我一次是否识玉,我想我仍会回答不懂,懂太难,能疼惜宝重也就够了。何况能懂就能爱吗?在竞选中互相中伤的政敌其实不是彼此十分了解吗?当然,如果情绪高昂,我也许会塞给他一张《说文解字》抄下来的纸条:

玉,石之美者,有五德,

润泽以温,仁之方也;

䚡理自外,可以知中,义之方也;

其声舒扬,专以远闻,智之方也;

不桡而折，勇之方也；

锐廉而不技，絜之方也。

然而，对爱玉的人而言，连那一番大声镗鞳的理由也是多余的。爱玉这件事几乎可以单纯到不知不识而只是一团简简单单的欢喜。像婴儿喜欢清风拂面的感觉，是不必先研究气流风向的。

六、瑕

付钱的时候，小贩又重复了一次：

"我卖你这玛瑙，再便宜不过了。"

我笑笑，没说话，他以为我不信，又加上一句：

"真的——不过这么便宜也有个缘故，你猜为什么？"

"我知道，它有斑点。"本来不想提的，被他一逼，只好说了，免得他一直啰嗦。

"哎呀，原来你看出来了，玉石这种东西有斑点就差了，这串项链如果没有瑕疵，哇，那价钱就不得了啦！"

我取了项链，尽快走开。有些话，我只愿意在无人处小心地，断断续续地，有一搭没一搭地说给自己听。

对于这串有斑点的玛瑙，我怎么可能看不出来呢？它的斑痕如此清清楚楚。

然而买这样一串项链是出于一个女子小小的侠气吧，凭什么要说有斑点的东西不好？水晶里不是有一种叫"发晶"的种类吗？虎有纹，豹有斑，有谁嫌弃过它的皮毛不够纯色？

就算退一步说，把这斑纹算瑕疵，此间能把瑕疵如此坦然相呈的人也不多吧？凡是可以坦然相见的缺点就不该算缺点的，纯全完美的东西是神器，可供膜拜。但站在一个女人的观点来看，男人和孩子之所以可爱，正是由于他们那些一清二楚的无所掩饰的小缺点吧？就连一个人对自己本身的接纳和纵容，不也是看准了自己的种种小毛病而一笑置之吗？

所有的无瑕是一样的——因为全是百分之百的纯洁透明，但瑕疵斑点却面目各自不同。有的斑痕像苔藓数点，有的是砂岸迤逶，有的是孤云独走，更有的是铁索横江，玩味起来，反而令人欣然心喜。想起平生好友，也是如此，如果不能知道一两件对方的糗事，不能一两件可笑可嘲可詈可骂之事彼此打趣，友谊恐怕也会变得空洞吧？

有时独坐细味"瑕"字，也觉悠然意远，瑕字左边是玉字，是先有玉才有瑕的啊！正如先有美人，而后才有"美人痣"，先有英雄，而后有悲剧英雄的缺陷性格。缺憾必须依附于完美，独存的缺憾岂有美丽可言，天残地缺，是因为天地都如此美好，才容得修地补天的改造的涂痕。一个"坏孩子"之所以可爱，不也正因为他在撒娇撒赖蛮不讲理之外，有属于一个孩童近乎神明的纯洁了直吗？

瑕的右边是叚，叚有赤红色的意思，瑕的解释是"玉小赤"，我喜欢瑕字的声音，自有一种坦然的不遮不掩的亮烈。

完美是难以冀求的，那么，在现实的人生里，请给我有瑕的真玉，而不是无瑕的伪玉。

七、唯 一

据说，世间没有两块相同的玉——我相信，雕玉的人岂肯去重复别人的创制。

所以，属于我的这一块，无论贵贱精粗都是天地间独一无二的。我因而疼爱它，珍惜这一场缘分，世上好玉万千，我却恰好遇见这块，世上爱玉人亦有万千，它却偏偏遇见我，但我们之间的聚会，也只是五十年吧？上一个佩玉的人是谁呢？有些事是既不能去想更不能嫉妒的，只能安安分分珍惜这匆匆的相属相连的岁月。

八、活

佩玉的人总相信玉是活的，他们说：

"玉要戴，戴戴就活起来了哩！"

这样的话是真的吗？抑或只是传说臆想？

我不知道自己能不能把一块玉戴活，这是需要时间才能证明的事，也许几十年的肌肤相亲，真可以使玉重新有血脉和呼吸。但如果奇迹是可祈求的，我愿意首先活过来的是我，我的清洁质地，我的致密坚实，我的莹秀温润，我的斐然纹理，我的清声远扬。如果玉可以因人的佩戴而复活，也让人因佩戴而复活吧，让每一时每一刻的我莹彩暖暖，如冬日清晨的半窗阳光。

九、石器时代的怀古

把人和玉，玉和人交织成一的神话是《红楼梦》，它也叫《石头记》，在补天的石头群里，主角是那三万六千五百零一块中多出的一块，天长日久，竟成了通灵宝玉，注定要来人间历经一场情劫。

他的对方则是那似曾相识的绛珠仙草。

海外散文名家

那玉，是男子的象征，是对于整个石器时代的怀古。那草，是女子的标记，是对榛榛莽莽洪荒森林的思忆。

静安先生释《红楼梦》中的玉，说"玉"即"欲"，大约也不算错吧？《红楼梦》中含"玉"字的名字总有其不凡的主人，像宝玉、黛玉、妙玉、红玉，都各自有他们不同的人生欲求。只是那"欲"似乎可以解作英文里的want，是一种不安，一种需索，是不知所从的缠绵，是最快乐之时的凄凉、最完满之际的缺憾，是自己也不明白所以的惝惝，是想挽住整个春光留下所有桃花的贪心，是大彻大悟与大栈恋之间的摆荡。

神话世界每每是既富丽而又高寒的，所以神话人物总要找一件道具或伴当相从，设若龙不吐珠，嫦娥没有玉兔，李聃失了青牛，果老走了肯让人倒骑的驴或是麻姑少了仙桃，孙悟空缴回金箍棒，那神话人物真不知如何施展身手了——贾宝玉如果没有那块玉，也只能做美国童话《绿野仙踪》里的"无心人"奥迪斯。

"人非木石，孰能无情"，说这话的人只看到事情的表象，木石世界的深情大义又岂是我们凡人所能尽知的。

十、玉　楼

如果你想知道钻石，世上有宝石学校可读，有证书可以证明你的鉴定力。但如果你想知道玉，且安安静静地做你自己，并且从肤发的温润、关节的玲珑、眼目的光澈、意志的凝聚、言笑的晴朗中去认知玉吧！玉即是我，所谓文明其实亦即由石入玉的历程，亦即由血肉之躯成为"人"的史页。

道家以目为银海，以肩为玉楼，想来仙家玉楼连云也不及人间一肩可担道义的肩胛骨为贵吧？爱玉之极，恐怕也只是返身自重吧？

张晓风

一个女人的爱情观①

爱情不只是云中漫步，"土气"原是生活的本色。再说，爱情本身不就是人类最"土气"的事情吗？爱情也有现代化吗？

忽然发现自己的爱情观很土气，忍不住笑了起来。

对我而言，爱一个人就是满心满意要跟他一起"过日子"，天地鸿蒙荒凉，我们不能妄想把自己扩充为六合八方的空间，只希望以彼此的火烬把属于两人的一世时间填满。

客居岁月，暮色里归来，看见有人当街亲热，竟也视若无睹，但每看到一对手牵手提着一把青菜一条鱼从菜场里走出来，一颗心就忍不住恻恻地痛了起来，一蔬一饭里的天长地久原是如此味永难言啊！相拥的那一对也许今晚就分手，但一鼎一镬里却有其朝朝暮暮的恩情啊！

爱一个人原来就只是在冰箱里为他留一只苹果，并且等他回来。

爱一个人就是在寒冷的夜里不断在他的杯子里斟上刚沸的热水。

爱一个人就是喜欢两人一起收尽桌上的残肴，并且听他在水槽里刷碗的音乐——事后再偷偷把他不曾洗干净的地方重洗一遍。

爱一个人就有权利霸道地说：

"不要穿那件衣服，难看死了，穿这件，这是我新给你买的。"

爱一个人就是一本正经地催他去工作，却又忍不住躲在他身后想捣几次小小的蛋。

爱一个人就是在拨通电话时忽然不知道要说什么，才知道原来只是想听听那熟悉的声音，原来真正想拨通的，只是自己心底的一根弦。

爱一个人就是把他的信藏在皮包里，一日拿出来看几回、哭几回、痴想几回。

爱一个人就是在他迟归时想上一千种坏的可能，在想象中经历万般劫难，发誓等他回来要好好罚他，一旦见面却又什么都忘了。

---

① 选自唐梦编《张晓风散文》，浙江文艺出版社，1999年版。

爱一个人就是在众人暗骂："讨厌！谁在咳嗽！"你却急道："唉，唉，他这人就是记性坏啊，我该买一瓶川贝枇杷膏放在他的背包里的！"

爱一个人就是上一刻钟想把美丽的恋情像冬季的松鼠秘藏坚果一般，将之一一放在最隐秘最安妥的树洞里，下一刻钟却又想告诉全世界这骄傲自豪的消息。

爱一个人就是在他的头衔、地位、学历、经历、善行、劣迹之外，看出真正的他不过是个孩子——好孩子或坏孩子——所以疼了他。

也因此，爱一个人就喜欢听他儿时故事，喜欢听他有几次大难不死，听他如何淘气惹厌、怎样善于玩弹珠或打"水漂漂"，爱一个人就是忍不住替他记住了许多往事。

爱一个人就不免希望自己更美丽，希望自己被记得，希望自己的容颜体貌在极盛时于对方如霞光过目，永不相忘，即使在繁华谢树的残冬，也有一个人沉如历史典册的瞳仁可以见证你的华采。

爱一个人总会不厌其烦地问些或回答些傻问题，例如："如果我老了，你还爱我吗？""爱！""我的牙都掉光了呢？""我吻你的牙床！"

爱一个人便忍不住迷上那首《白发吟》：

亲爱的，我年已渐老

白发如霜银光耀

唯你永是我爱人

永远美丽又温柔

……

爱一个人常是一串奇怪的矛盾，你会依他如父，却怜他如子，尊他如兄，又复宠他如弟，想师事他，跟他学，却又想教导他，把他俘虐成自己的徒弟，亲他如友，又复气他如仇，希望成为他的女皇，他的唯一的主人，却又甘心做他的小丫环小女奴。

爱一个人会使人变得俗气，你不断地想：晚餐该吃牛舌好呢，还是猪舌？蔬菜该买大白菜呢，还是小白菜？房子该买在三张犁呢，还是六张犁？而终于在这份世俗里，你了解了众生，你参与了自古以来匹夫匹妇的微不足道的喜悦与悲辛，然后你发觉这世上有超乎雅俗之上的情境，正如日光超越调色盘上的色样。

爱一个人就是喜欢和他拥有现在，却又追忆着和他在一起的过去。喜欢听他说那一年他怎样偷偷喜欢你，远远地凝望着你。爱一个人总期望着未来，想到地老天荒的他年。

爱一个人便是小别时带走他的吻痕，如同一幅画，带着鉴赏者的朱印。

爱一个人就是横下心来，把自己小小的赌本跟他合起来，向生命的大轮盘下一番赌注。

爱一个人就是让那人的名字在临终之际成为你双唇间最后的音乐。

爱一个人，就不免生出共同的、霸占的欲望。想认识他的朋友，想了解他的事业，想知道他的梦。希望共有一张餐桌，愿意同用一双筷子，喜欢轮饮一杯茶，合穿一件衣，并且同衾共枕，奔赴一个命运，共寝一个墓穴。

前两天，整理房间，理出一只提袋，上面赫然写着"××孕妇服装中心"，我愕然许久，既然这房间只我一人住，这只手提袋当然是我的了，可是，我何曾跑到孕妇店去买过衣服？于是不甘心地坐下来想，想了许久，终于想出来了，我那天曾去买一件斗篷式的土褐色短褛，便是用这只绿色袋子提回来的，我的确闯到孕妇店去买衣服了。细想起来那家店的模特儿似乎都穿着孕妇装，我好像正是被那种美丽沉甸的繁殖喜悦所吸引而走进去的。这样说来，原来我买的那件宽松适意的斗篷式短褛真是给孕妇设计的。

这里有什么心理分析呢？是不是我一直追忆着怀孕时强烈的酸苦和欣喜而情不自禁地又去买了一件那样的衣服呢？想多年前冬夜独起，灯下乳儿的寒冷和温暖便一下子涌回心头，小儿吮乳的时候，你多么希望自己的生命就此为他竭泽啊！

对我而言，爱一个人，就不免想跟他生一窝孩子。

当然，这世上也有人无法生育，那么，就让共同培育的学生，共同经营的事业，共同爱过的子侄晚辈，共同谱成的生活之歌，共同写完的生命之书来做他们的孩子。

也许还有更多更多可以说的，正如此刻，爱情对我的意义是终夜守在一盏灯旁，听车声退潮再复涨潮，看淡紫的天光愈来愈明亮，凝视两人共同凝视过的长窗外的水波，在矛盾的凄凉和欢喜里，在知足感恩和渴切不足里细细体会一条河的韵律，并且写一篇叫《爱情观》的文章。

龙应台

中国人，你为什么不生气[1]

> 长期生活在国外的龙应台，以"爱生气的中国人"闻名台湾。她的理据是："在一个法治上轨道的社会里，人是有权利生气的。"那么，我们不懂、不敢、不愿、不能、不许生气，是法治出了问题？什么法？怎么治？追问下去，叫人好不生气。

在昨晚的电视新闻中，有人微笑着说："你把检验不合格的厂商都揭露了，叫这些生意人怎么吃饭？"

我觉得恶心，觉得愤怒。但我生气的对象倒不是这位人士，而是台湾一千八百万懦弱自私的中国人。

我所不能理解的是：中国人，你为什么不生气？

包德甫的《苦海余生》英文原本中有一段他在台湾的经验：他看见一辆车子把小孩撞伤了，一脸的血。过路的人很多，却没有一个人停下来帮助受伤的小孩，或谴责肇事的人。我在美国读到这一段，曾经很肯定地跟朋友说：不可能！中国人以人情味自诩，这种情况简直不可能！

回国一年了，我睁大眼睛，发觉包德甫所描述的不只可能，根本就是每天发生、随地可见的生活常态。在台湾，最容易生存的不是蟑螂，而是"坏人"，因为中国人怕事、自私，只要不杀到他床上去，他宁可闭着眼假寐。

我看见摊贩占据着你家的骑楼，在那儿烧火洗锅，使走廊垢上一层厚厚的油污，腐臭的菜叶塞在墙角。半夜里，吃客喝酒猜拳作乐，吵得鸡犬不宁。

你为什么不生气？你为什么不跟他说"滚蛋"？

哎呀！不敢呀！这些摊贩都是流氓，会动刀子的。

那么为什么不找警察呢？

警察跟摊贩相熟，报了也没有用；到时候若曝了光，那才真惹祸上门了。

所以呢？

---

[1] 选自《野火集》，上海文艺出版社，1996年版。

所以忍呀! 反正中国人讲忍耐! 你耸耸肩、摇摇头!

在一个法治上轨道的社会里, 人是有权利生气的。受折磨的你首先应该双手叉腰, 很愤怒地对摊贩说:"请你滚蛋! "他们不走, 就请警察来。若发觉警察与小贩有勾结——那更严重。这一团怒火应该往上烧, 烧到警察肃清纪律为止, 烧到摊贩离开你家为止。可是你什么都不做, 畏缩地把门窗关上, 耸耸肩、摇摇头!

我看见成百的人到淡水河畔去欣赏落日、去钓鱼。我也看见淡水河畔的住家整笼整笼地把恶臭的垃圾往河里倒; 厕所的排泄管直接通到河底。河水一涨, 污秽气直逼到呼吸里来。

爱河的人, 你又为什么不生气?

你为什么没有勇气对那个丢汽水瓶的少年郎大声说:"你敢丢我就把你也丢进去? "你静静坐在那儿钓鱼(那已经布满癌细胞的鱼), 想着今晚的渔场, 假装没看见那个几百年都化解不了的汽水瓶。你为什么不丢掉渔竿, 站起来, 告诉他你很生气?

我看见计程车穿来插去, 最后停在右转线上, 却没有右转的意思。一整列想右转的车子就停滞下来, 造成大阻塞。你坐在方向盘前, 叹口气, 觉得无奈。

你为什么不生气?

哦! 跟计程车可理论不得! 报上说, 司机都带着扁钻的。

问题不在于他带不带扁钻。问题在于你们这廿个受他阻碍的人没有种推开车门, 很果断地让他知道你们不齿他的行为, 你们很愤怒!

经过郊区, 我闻到刺鼻的化学品燃烧的味道。走近海滩, 看见工厂的废料大股大股地流进海里, 把海水染成一种奇异的颜色。湾里的小商人焚烧电缆, 使湾里生出许多缺少脑子的婴儿。我们的下一代——眼睛明亮、嗓音稚嫩、脸颊透红的下一代, 将在化学废料中学游泳, 他们的血管里将流着我们连名字都说不出来的毒素——

你又为什么不生气呢? 难道一定要等到你自己的手臂也温柔地捧着一个无脑婴儿, 你再无言地对天哭泣?

西方人来台湾观光, 他们的旅行社频频叮咛: 绝对不能吃摊子上的东西, 最好也少上餐厅; 饮料最好喝瓶装的, 但台湾本地出产的也别喝, 他们的饮料不保险……

这是美丽宝岛的名誉; 但是名誉还真是其次; 最重要的是我们自己的健康、我们下一代的健康。一百位交大的学生食物中毒——这真的只是一场笑话吗? 中国人的命这么不值钱吗? 好不容易总算有几个人生起气来, 组织了一个消费者团体。现在却又有"占着茅坑不拉屎"的卫生署、为不知道什么人做说客的"立法委员"要扼杀这个还没做几桩事的组织。

你怎么能够不生气呢？你怎么还有良心躲在角落里做"沉默的大多数"？你以为你是好人，但是就因为你不生气、你忍耐、你退让，所以摊贩把你的家搞得像个破落大杂院，所以台北的交通一切乌烟瘴气，所以淡水河是条烂肠子；就是因为你不讲话、不骂人、不表示意见，所以你疼爱的娃娃每天吃着、喝着、呼吸着化学毒素，你还在梦想他大学毕业的那一天：你忘了，几年前在南部有许多孕妇，怀胎九月中，她们也闭着眼梦想孩子长大的那一天。却没想到吃了滴滴纯净的沙拉油，孩子生下来是瞎的、黑的！

不要以为你是大学教授。所以作研究比较重要；不要以为你是杀猪的，所以没有人会听你的话；也不要以为你是个学生，不够资格管社会的事。你今天不生气，不站出来说话，明天你——还有我、还有你我的下一代，就要成为沉默的牺牲者、受害人！如果你有种、有良心，你现在就去告诉你的公仆立法委员、告诉卫生署、告诉环保局：你受够了，你很生气！

你一定要很大声地说。

1984年

龙应台

在迷宫中仰望星斗①
——政治人的人文素养

　　政治人物左右着社会的走向，影响着百姓的命运。做得好，他们应该是心怀天下保护民生的政治家；做得不好，他们只是玩弄权术祸国殃民的政客。这样一些举足轻重的人物，其个人素养要求不能不高。理想一点说，他们至少要读点书吧？文学使人对人世常怀温情，不让你心地冷酷；哲学使人对人类理性怀有信心，不让你陷入迷宫；史学使人高瞻远瞩，不让你鼠目寸光。读点书，有知识，还要有机会化作修养，成为知行合一的君子，而不是会弹钢琴的刽子手。这后一点尤其重要，有人文素养的政治家，是人间需要的贤人。

　　龙应台（1952年生），作家、社会批评家。原籍湖南，生于台湾，求学美国，居住德国，任职台湾文化局、香港大学。著有《野火集》《百年思索》《孩子你慢慢来》等。

　　在台湾，我大概一年只做一次演讲。今天之所以愿意来跟法学院的同学谈谈人文素养的必要，主要是由于看到台湾解严以来变成如此政治掩盖一切的一个社会，而我又当然不能不注意到，要领导台湾进入21世纪的政治人物里有相当高的比例来自这个法学院。不知道有多少是来自台大政治系、法律系，再不然就是农经系，是不是？（笑声）

　　但是今天的题目不是"政治人物"——而是"政治人"——要有什么样的人文素养。为什么不是"政治人物"呢？因为对今天已经是40岁以上的人要求他们有人文素养，是太晚了一点，今天面对的你们大概20岁，在25年之后，你们之中今天在座的，也许就有四个人要变成总统候选人。那么，我来的原因很明白：你们将来很可能影响社会。但是昨天我听到另一个说法。我的一个好朋友说，"你确实应该去台大法学院讲人文素养，因为这个地方出产最多危害社会的人。"（笑声）25年之后，当你们之中的诸君变成社会的领导人时，我才72岁，我还要被你们领导，受你们影响。所以先下手为强，今天先来影响你们。（笑声）

海外散文名家

235

　　① 选自龙应台《百年思索》，南海出版公司，2001年版。

我们为什么要关心今天的政治人，明天的政治人物？因为他掌有权力，他将决定一个社会的走向，所以我们这些可能被他决定大半命运的人，最殷切的期望就是，你这个权力在手的人，拜托，请务必培养价值判断的能力。你必须知道什么叫做"价值"，你必须知道如何做"判断"。

我今天完全不想涉及任何的现实政治，让我们远离政治一天。今天所要跟你们共同思索的是：我们如何对一个现象形成判断，尤其是在一个众说纷纭、真假不分的时代里。25年之后，你们之中的某个人也许必须决定：你是不是应该强迫像钱穆这样的国学大师搬出他住了很久的素书楼①；你也许要决定，在"五四"15周年的那一天，你要做什么样的谈话来回顾历史？25年之后，你也许要决定，到底日本跟中国的关系，战争的罪责和现代化的矛盾，应该怎么样去看？中国文化在世界的历史发展上，又处在什么地位？甚至于，西方跟东方的文明，他们之间全新的交错点应该在哪里？25年之后，你们要面对这些我们没有解决的旧问题，加上我们现在也许无能设想的新的问题，而且你们要带着这个社会走向新的方向。我希望我们今天的共同思索是一个走向未来的小小预备。

人文是什么呢？我们可以暂时接受一个非常粗略的分法，就是"文""史""哲"，三个大方向。先谈谈文学，指的是最广义的文学，包括文学、艺术、美学，广义的美学。

文学——白杨树的湖中倒影

为什么需要文学？了解文学、接近文学，对我们形成价值判断有什么关系？如果说，文学有一百种所谓"功能"而我必须选择一种最重要的，我的答案是：德文有一个很精确的说法，macht sichtbar，意思是"使看不见的东西被看见"。在我自己的体认中，这就是文学跟艺术的最重要、最实质、最核心的一个作用。我不知道你们这一代人熟不熟悉鲁迅的小说？他的作品对我们这一代人是禁书。没有读过鲁迅的请举一下手（约有一半人举手）鲁迅的短篇《药》，讲的是一户人家的孩子生了痨病。民间的迷信是，馒头沾了鲜血给孩子吃，他的病就会好。或者说《祝福》里的祥林嫂，祥林嫂是一个唠唠叨叨的近乎疯狂的女人，因为她的孩子给狼叼走了。

让我们假想，如果你我是生活在鲁迅所描写的那个村子里头的人，那么我们看见的，理解的，会是什么呢？祥林嫂，不过就是一个让我们视而不见或者绕道而行的疯子。而在《药》里，我们本身可能就是那一大早去买馒头，等看人砍头的

---

① 陈水扁在立法委员任内，曾因房屋产权问题而坚决要求钱穆先生迁离；钱先生迁屋不久即去世。1998年陈水扁曾为此事公开表示忏悔。

父亲或母亲，就等着要把那个馒头泡在血里，来养自己的孩子。再不然，我们就是那小村子里头最大的知识分子，一个口齿不清的秀才，大不了对农民的迷信表达一点不满。

但是透过作家的眼光，我们和村子里的人生就有了艺术的距离。在《药》里头，你不仅只看见愚昧，你同时也看见愚昧后面人的生存状态，看见人的生存状态中不可动摇的无可奈何与悲伤。在《祝福》里头，你不仅只看见贫穷粗鄙，你同时看见贫穷下面"人"作为一种原型最值得尊敬的痛苦。文学，使你"看见"。

我想作家也分成三种吧！坏的作家暴露自己的愚昧，好的作家使你看见愚昧，伟大的作家使你看见愚昧的同时认出自己的原型而涌出最深刻的悲悯。这是三个不同层次。

文学与艺术使我们看见现实背面更贴近生存本质的一种现实，在这种现实里，除了理性的深刻以外，还有直觉的对"美"的顿悟。美，也是更贴近生存本质的一种现实。

谁……能够完整地背出一阕词？讲我最喜欢的词人苏东坡好了。谁今天晚上愿意为我们朗诵《江城子》？（骚动、犹豫，一男学生腼腆地站起来，开始背诵）

十年生死两茫茫，不思量，自难忘。千里孤坟，无处话凄凉。纵使相逢应不识，尘满面，鬓如霜。

夜来幽梦忽还乡，小轩窗，正梳妆。相顾无言，唯有泪千行。料得年年断肠处……（学生忘词，支吾片刻，一位白发老先生朗声接下："明月夜，短松岗。"热烈掌声）

你说这短短70个字，它带给我们什么？它对我们的价值判断有什么作用？你说没有，也不过就是在夜深人静的时候，那欲言又止的文字、文字里幽渺的意象，意象所激起的朦胧的感觉，使你停下来叹一口气，使你突然看向窗外倏然灭掉的路灯，使你久久地坐在黑暗里，让孤独笼罩，与隐藏最深的自己素面相对。

但是它的作用是什么呢？如果鲁迅的小说使你看见了现实背后的纵深，那么，一首动人、深刻的诗，我想，它提供了一种"空"的可能，"空"相对于"实"。空，是另一种现实。我们平常看不见的、更贴近存在本质的现实。

假想有一个湖，湖里当然有水，湖岸上有一排白杨树，这一排白杨树当然是实体的世界，你可以用手去摸，感觉到它树干的凹凸的质地。这就是我们平常理性的现实的世界，但事实上有另外一个世界，我们不称它为"实"，甚至不注意到它的存在。水边的白杨树，不可能没有倒影，只要白杨树长在水边就有倒影。而这个倒影，你摸不到它的树干，而且它那么虚幻无常：风吹起的时候，或者今天有云，下小雨，或者满月的月光浮动，或者水波如镜面，而使得白杨树的倒影永远以不同的形状、不同的深浅、不同的质感出现，它是破碎的，它是回旋的，它是若有若无的。但是你说，到底岸上的白杨树才是唯一的现实，还是水里的白杨树，才是唯一的现实。然而在生活里，我们通常只活在一个现实里头，就是岸上的白杨树那个层面，手可以摸到、眼睛可以看到的层面，而往往忽略了水里头那个"空"的，那个随时千变万化的，那个与我们的心灵直接观照的倒影的层面。

文学，只不过就是提醒我们：除了岸上的白杨树外，有另外一个世界可能更真实存在，就是湖水里头那白杨树的倒影。

我们如果只知道有岸上的白杨树，而不知道有水里的白杨树，那么做出来的价值判断很可能是一个片面的、单层次的、简单化了的价值判断。

哲学——迷宫中望见星空

哲学是什么？我们为什么需要哲学？

欧洲有一种迷宫是用树篱围成的，非常复杂。你进去了就走不出来。不久前，我还带着我的两个孩子在巴黎迪斯尼乐园里走那么一个迷宫；进去之后，足足有半个小时出不来，但是两个孩子倒是有一种奇怪的动物本能，不知怎么的就出去了，站在高处看着妈妈在里头转，就是转不出去。

我们每个人的人生处境，当然是一个迷宫，充满了迷惘和彷徨，没有人可以告诉你出路何在。我们所处的社会，尤其是"解严"后的台湾，价值颠倒混乱，何尝不是处在一个历史的迷宫里，每一条路都不知最后通向哪里。

就我个人体认而言，哲学就是，我在绿色的迷宫里找不到出路的时候，夜晚降临，星星出来了，我从迷宫里抬头往上看，可以看到满天的星斗；哲学，就是对于星斗的认识。如果你认识了星座，你就有可能走出迷宫，不为眼前障碍所惑，哲学就是你望着星空所发出来的天问。

今天晚上，我们就来读几行《天问》吧。（投影打出）

天何所沓　十二焉分　日月安属　列星安陈

何阖而晦　何开而明　角宿未旦　曜灵安藏

两千多年以前，屈原站在他绿色的迷宫里，仰望满天星斗，脱口而出这样的问题。他问的是，天为什么和地上下相合，十二个时辰怎样历志？日月附着在什么地方，二十八个星宿根据什么排列，为什么天门关闭，为夜吗？为什么天门张开，为昼吗？角宿值夜，天还没有亮，太阳在什么地方隐藏？

基本上，这是一个三岁的孩子，眼睛张开第一次发现这个世界上有天上这闪亮的碎石子的时候所发出来的疑问，非常原始；因为原始，所以深刻而巨大，所以人，对这样的问题无可回避。

掌有权力的人，和我们一样在迷宫里头行走，但是权力很容易使他以为自己有能力选择自己的路，而且还要带领群众往前走，而事实上，他可能既不知道他站在什么方位，也不知道这个方位在大格局里有什么意义；他既不清楚来时走的是哪条路，也搞不明白前面的路往哪里去；他既未发觉自己身处迷宫中，更没发觉，头上就有纵横的星图。其实，所谓走出思想的迷宫，走出历史的迷宫，在西方的历史里头，已经有特定的名词，譬如说，"启蒙"，18世纪的启蒙。所谓启蒙，不过就是在绿色的迷宫里头，发觉星空的存在，发出天问，思索出路，走出去。对于我，这就是启蒙。

所以，如果说文学使我们看见水里白杨树倒影，那么哲学，使我们能借着星光的照亮，摸索着走出迷宫。

史学——沙漠玫瑰的开放

我把史学放在最后。历史对于价值判断的影响，好像非常清楚。鉴往知来，认识过去才能预测未来，这话都已经说烂了。我不太用成语，所以试试另外一个说法。

一个朋友从以色列来，给我带了一朵沙漠玫瑰。沙漠里没有玫瑰，但是这个植物的名字叫做沙漠玫瑰。拿在手里，是一蓬干草，真正枯萎，干的，死掉的草，这样一把，很难看。但是他要我看说明书；说明书告诉我，这个沙漠玫瑰其实是一种地衣，针叶型，有点像松枝的形状。你把它整个泡在水里，第八天它会完全复活；把水拿掉的话，它又会渐渐干掉，枯干如沙。把它再藏个一年两年，然后哪一天再泡在水里，它又会复活。这就是沙漠玫瑰。

好，我就把这团枯干的草，用一个大玻璃碗盛着，注满了清水放在那儿。从那一天开始，我跟我两个宝贝儿子，就每天去探看沙漠玫瑰怎么样了？第一天去看它，没有动静，还是一把枯草浸在水里头。第二天去看的时候发现，它有一个中心，这个中心已经从里头往外头，稍稍舒展松了，而且有一点绿的感觉，还不是颜色。第三天再去看，那个绿的模糊的感觉已经实实在在是一种绿的颜色，松枝的绿色，散发出潮湿青苔的气味，虽然边缘还是干死的。它把自己张开，已经让我们看出了它真有玫瑰形的图案。每一天，它核心的绿意就往外扩展一寸。我们每天给它加清水，到了有一天，那个绿色已经渐渐延伸到它所有的手指，层层舒展开来。

第八天，当我们去看沙漠玫瑰的时候，刚好我们一位邻居也在，他就跟着我们一起到厨房里去看。这一天，展现在我们眼前的是完整的、丰润饱满、复活了的沙漠玫瑰！我们三个疯狂大叫出声，因为太快乐了，我们看到一朵尽情开放的浓绿的沙漠玫瑰。

这个邻居在旁边很奇怪地说，这一把杂草，你们干吗呀？

我愣住了。

是啊，在他的眼中，它不是玫瑰，它是地衣啊！你说，地衣再美，能美到哪里去呢？他看到的就是一把挺难看、气味潮湿的低等植物，搁在一个大碗里；也就是说，他看到的是现象的本身定在那一个时刻，是孤立的，而我们所看到的是现象和现象背后一点一滴的线索，辗转曲折、千丝万缕的来历。

于是，这个东西在我们的价值判断里，它的美是惊天动地的，它的复活过程就是宇宙洪荒初始的惊骇演出。我们能够对它欣赏，只有一个原因：我们知道它的起点在哪里。知不知道这个起点，就形成我们和邻居之间价值判断的南辕北辙。

不必说鉴往知来，我只想告诉你沙漠玫瑰的故事罢了。对于任何东西、现象、问题、人、事件，如果不认识它的过去，你如何理解它的现在到底代表什么意义？不理解它的现在，又何从判断它的未来？不认识过去，不理解现在，不能判断未来，你又有什么资格来做我们的"国家领导人"？

对于历史我是一个非常愚笨的、非常晚熟的学生。40岁之后，才发觉自己的不足。写"野火"的时候我只看孤立的现象，就是说，沙漠玫瑰放在这里，很酷，我要改变你，因为我要一朵真正芬芳的玫瑰。40岁之后，发现了历史，知道了沙漠玫瑰一路是怎么过来的，我的兴趣不再是直接的批判，而在于：你给我一个东西、一个事件、一个现象，我希望知道这个事件在更大的坐标里头，横的跟纵的，它到底是在哪一个位置上？在我不知道这个横的和纵的坐标之前，对不起，我不敢对这个事情批判。

了解这一点之后，对于这个社会的教育系统和传播媒体所给你的许许多多所谓的知识，你发现，恐怕有一些是半真半假的东西。比如说，我们从小就认为所谓西方文化就是开放的、民主的、讲究个人价值反抗权威的文化，都说西方是自由主义的文化。用自己的脑子去研究一下欧洲史以后，你就大吃一惊：哪有这回事啊？西方文艺复兴之前是一回事，文艺复兴之后又是一回事；启蒙主义之前是一回事，启蒙主义之后又是一回事。然后你也相信过，什么叫中国，什么叫中国国情，你用自己的脑子研究一下中国历史就发现，咦，这也是一个半真半假的陈述。中国是专制的吗？朱元璋之前的中国跟朱元璋之后的中国不是一回事的；雍正乾隆之前的中国，跟雍正乾隆之后的中国又不是一回事的，那么你说"中国两千年专制"指的是哪一段呢？这样的一个斩钉截铁的陈述有什么意义呢？自己进入历史之后，你纳闷：为什么这个社会给了你那么多半真半假的"真理"，而且不告诉你他们是半真半假的东西？

对历史的探索势必要迫使你回头去重读原典，用你现在比较成熟的、参考系比较广阔的眼光。重读原典使我对自己变得苛刻起来。有一个大陆作家在欧洲某一个国家的餐厅吃饭，一群朋友高高兴兴地吃饭，喝了酒，拍拍屁股就走了。离开餐馆很远了，服务生追出来说："对不起，你们忘了付账。"作家就写了一篇文章大大地赞美欧洲人民族性多么的淳厚，没有人怀疑他们是故意白吃的。要是在咱们中国的话，吃饭忘了付钱人家可能要拿着菜刀出来追你的。（笑）

我写了篇文章带点反驳的意思，就是说，对不起，这可不是民族性、道德水平或文化差异的问题。这恐怕根本还是一个经济问题。比如说如果作家去的欧洲正好是第二次世界大战后粮食严重不足的德国，德国侍者恐怕也要拿着菜刀追出来的。这不是一个道德的问题，而是一个发展阶段的问题，或者说，是一个体制结构的问题。

写了那篇文章之后，我洋洋得意觉得自己很有见解。好了，有一天重读原典的时候，翻到一个畅销作家两千多年前写的文章，让我差点从椅子上一跤摔下来。我发现，我的"了不起"的见解，人家两千年前就写过了，而且写得比我还好。这个人是谁呢？

（投影打出《五蠹篇》）

韩非子要解释的是：我们中国人老是赞美尧舜禅让是一个多么道德高尚的一个事情，但是尧舜"王天下"的时候，他们住的是茅屋，他们穿的是粗布衣服，他们吃的东西也很差，也就是说，他们的享受跟最低级的人的享受是差不多的。然后禹当国王的时候他的劳苦跟"臣虏之劳"也差不多。所以尧舜禹做政治领导人的时候，他们的待遇跟享受和最底层的老百姓差别不大，"以是言之"，那个时候他们很容易禅让，只不过因为他们能享受的东西很少，放弃了也没有什么了不起。（笑声）但是"今之县令"，在今天的体制里，仅只是一个县令，跟老百姓比起来，他享受的权力非常大。用20世纪的语言来说，他有种种"官本位"所赋予的特权，他有终身俸、住房优惠、出国考察金、医疗保险……因为权力带来的利益太大了，而且整个家族都要享受这个好处，谁肯让？"轻辞古之天子，难去今之县令者也"，原因，不是道德，不是文化，不是民族性，是什么呢？"薄厚之实异也"，实际利益，经济问题，体制结构，造成今天完全不一样的行为。

看了韩非子的《五蠹篇》之后，我在想，算了，两千年之后你还在写一样的东西，而且自以为见解独到。你，太可笑，太不懂自己的位置了。

这种衡量自己的"苛刻"，我认为其实应该是一个基本条件。我们不可能知道所有前人走过的路，但是对于过去的路有所认识，至少是一个追求。讲到这里我想起艾略特很有名的一篇文学评论，谈个人才气与传统，强调的也是：每一个个人创作成就必须放在文学谱系里去评断才有意义。谱系，就是历史。然而这个标准对20世纪的中国人毋宁是困难的，因为长期政治动荡与分裂造成文化的严重断层，我们离我们的原典，我们的谱系，我们的历史，非常、非常遥远。

文学、哲学跟史学。文学让你看见水里白杨树的倒影，哲学使你从思想的迷宫里认识星座，从而有了走出迷宫的可能；那么历史就是让你知道，沙漠玫瑰有它特定的起点，没有一个现象是孤立存在的。

会弹钢琴的刽子手

素养跟知识有没有差别？当然有，而且有着极其关键的差别。我们不要忘记，纳粹头子很多会弹钢琴、有哲学博士学位。这些政治人物难道不是很有人文素养吗？我认为，他们所拥有的是人文知识，不是人文素养。知识是外在于你的东西，是材料、是工具、是可以量化的知道；必须让知识进入人的认知本体，渗透他的生活与行为，才能称之为素养。人文素养是在涉猎了文、史、哲学之后，更进一步认识到，这些人文"学"到最后都有一个终极的关怀，对"人"的关怀。脱离了对"人"的关怀，你只能有人文知识，不能有人文素养。

素养和知识的差别，容许我窃取王阳明的语言来解释。学生问他为什么许多人知道孝悌的道理，却做出邪恶的事情，那么"知"与"行"是不是两回事呢？王阳明说："此已被私欲隔断，不是知行的本体了。未有知而不行者；知而不行，只是未知。"在我个人的解读里，王阳明所指知而不行的"未知"就是"知识"的层次，而素养，就是"知行的本体"。王阳明用来解释"知行的本体"的四个字很能表达我对"人文素养"的认识：真诚恻怛。

对人文素养最可怕的讽刺莫过于：在集中营里，纳粹要犹太音乐家们拉着小提琴送他们的同胞进入毒气房。一个会写诗、懂古典音乐、有哲学博士学位的人，不见得不会妄自尊大、草菅人命。但是一个真正认识人文价值而"真诚恻怛"的人，也就是一个真正有人文素养的人，我相信，他不会违背以人为本的终极关怀。

在我们的历史里，不论是过去还是眼前，不以人为本的政治人物可太多了啊。

一切价值的重估

我们今天所碰到的好像是一个"什么都可以"的时代。从一元价值的时代，进入一个价值多元的时代。但是，事实上，什么都可以，很可能也就意味着什么都不可以：你有知道的权利我就失去了隐秘的权利；你有掠夺的自由我就失去了不被掠夺的自由。解放不一定意味着真正的自由，而是一种变相的捆绑。而价值的多元是不是代表因此不需要固守价值？我想当然不是的。我们所面临的绝对不是一个价值放弃的问题而是一个"一切价值都必须重估"的巨大考验。一切价值的重估，正好是尼采的一个书名，表示在他的时代有他的困惑。重估价值是多么艰难的任务，必须是一个成熟的社会，或者说，社会里头的人有能力思考、有能力做成熟的价值判断，才有可能担负这任务。

于是又回到今天谈话的起点。你如果看不见白杨树水中的倒影，不知道星空在哪里，同时没看过沙漠玫瑰，而你是政治系毕业的；25年之后，你不知道文学是什么，哲学是什么，史学是什么，或者说，更糟的，你会写诗、会弹钢琴、有哲学博士学位同时却又迷信自己、崇拜权力，那么拜托，你不要从政吧！我想我们这个社会，需要的是"真诚恻怛"的政治家，但是它却充满了利欲熏心和粗暴恶俗的政客。政治家跟政客之间有一个非常非常重大的差别，这个差别，我个人认为，就是人文素养的有与无。

25年之后，我们再来这里见面吧。那个时候我坐在台下，视茫茫发苍苍、齿牙动摇，意气风发的你坐在台上。我希望听到的是你们尽其所能读了原典之后对世界有什么自己的心得，希望看见你们如何气魄开阔、眼光远大地把我们这个社会带出历史的迷宫——虽然我们永远在一个更大的迷宫里——并且认出下一个世纪星空的位置。

这是一场非常"前现代"的谈话，但是我想，在我们还没有属于自己的"现代"之前，暂时还不必赶凑别人的热闹谈"后现代"吧！自己的道路，自己走，一步一个脚印。

简媜

四月裂帛①

简媜（1961年生）的文字爱走偏锋，灵气峭拔有成大家之气。这样回顾恋情是少见的：恋爱不是一个接一个的故事，而是一堆刻骨铭心的细节；逝去的恋情不是感伤自怜的素材，只是一番番体悟生命的证明。男女双方的素质决定着恋情的质量，而有能力用文字重现经历的人，再次见证了恋情在人生中的分量。

三月的天书都印错，竟无人知晓。

近郊山头染了雪迹，山腰的杜鹃与瘦樱仍然一派天真地等春。三月本来毋庸置疑，只有我关心瑞雪与花季的争辩，就像关心生活的水潦能否允许生命的焚烧。但，人活得疲了，转烛于锱铢、或酒色、或一条百年老河养不养得起一只螃蟹？于是，我也放胆地让自己疲着，圆滑地在言语厮杀的会议之后，用寒鸦的音色赞美："这世界多么有希望啊！"然后，走。

直到一本陌生的诗集飘至眼前，印了一年仍然初版的冷诗，（我们是诗的后裔！）诗的序写于两年以前，若洄溯行文走句，该有四年，若还原诗意至初孕的人生，或则六年、八年。于是，我做了生平第一件快事，将三家书店摆饰的集子买尽——原谅我鲁莽啊！陌生的诗人，所有不被珍爱的人生都应该高傲地绝版！

然而，当我把所有的集子同时翻到最后一页题曰最后一首情诗时，午后的雨丝正巧从帘缝蹑足而来。三月的团云倾倒的是二月的水谷，正如薄薄的诗舟盛载着积年的乱麻。于是，我轻轻地笑起来，文学，真是永不疲倦的流刑地啊！那些黥面的人，不必起解便自行前来招供、画押，因为，唯有此地允许罪愆者徐徐地申诉而后自行判刑，唯有此地，宁愿放纵不愿错杀。

原谅我把冷寂的清官朝服剪成合身的寻日布衣，把你的一品丝绣裁成放心事的暗袋，你娴熟的三行连韵与商籁体，到我手上变为缝缝补补的百衲图。安静些，三月的鬼雨，我要翻箱倒箧，再裂一条无汗则拭泪的巾帕。

① 选自楼肇明编《八十年代台湾散文选》，中国友谊出版公司，1991年版。

我不断漂泊，

因为我害怕一颗被囚禁的心

终于，我来到这一带长年积雨的森林

你把七年来我写给你的信还我，再也没有比这更轻易的事了。

约在医院门口见面，并且好好地晚餐。你的衣角仍飘荡着辛涩的药味，这应是最无菌的一次约会。可惜的，惨淡夜色让你看起来苍白，仿佛生与死的演绎仍鞭笞着你瘦而长的身躯。最高的纪录是，一个星期见13名儿童死去，你常说你已学会在面对病人死亡之时，让脑子一片空白，继续做一个饱餐、更浴、睡眠的无所谓的人。在早期，你所写的那首《白鹭鸶》诗里，曾雄壮地要求天地给你这一袭白衣；白衣红里，你在数年之后《关渡手稿》这样写：

恐怕

我是你的尸体衣裳

非婚礼华服

并且悄悄地后记着："每次当病人危急时，我们明知无用，仍勉强做些急救的工作。其目的并非要救病人，而是来安慰家属。"

你早已不写诗了，断腕只是为了编织更多美丽的谎言喂哺垂死病人绝望的眼神。也好让自己无时无刻沉浸于谎言的绚丽之中，悄然忘记四面楚歌的现实。你更瘦些，更高些，给我的信愈来愈短，我何尝看不出在急诊室、癌症病房的行程背后，你颤抖而不肯落墨讨论的，关于生命这一条理则。

终于，我们也来到了这一刻，相见不是为了圆谎为了还清面目，七年了，我们各自以不同的手法编织自己的谎，的确也毫发未损地避过现实的险滩。唯独此刻，你愿意在我面前诚实，正如我唯一不愿对你假面。那么，我们何其不幸，不能被无所谓的美梦收留，又何等幸运，历劫之后，单刀赴会。

穿过新公园，魑魅魍魉都在黑森林里游荡，一定有人殷勤寻找"仲夏夜之梦"，有人临池摹仿无弦钓。我们安静地各走各的，好像相约要去探两个挚友的病，一个是7年前的你，一个是7年前的我，好像他们正在加护病房苟延残喘，死而不肯瞑目，等亲人去认尸。

"为什么走那么快？"你喊着。

"冷啊！而且快下雨了。"

灯光飘浮着，钢琴曲听来像粗心的人踢倒一桶玻璃珠。餐前酒被洁净的白手侍者端来，耶稣的最后晚餐是从哪儿开始吃的？

"拿来吧，你要送我的东西。"

你腼腆着，以迟疑的手势将一包厚重的东西交给我。

"可以现在拆吗？"我狡诈地问。

"不行，你回去再看，现在不行。"

"是什么？书吗？是《圣经》？……还是……真重哩！"我掂了又掂，7年的重量。

"你……回去看，唯一、唯一的要求。"

于是，我装作什么都不知道，继续与你晚餐，我痛恨自己的灵敏，正如厌烦自己总能在针毡之上微笑应对。而我又不忍心拂袖，多么珍贵这一席晚宴。再给你留最后一次余地，你放心，凄风苦雨让我挡着，你慢慢说。

"后来，我遇到第二个女孩子，她懂得我写的、想的，从来没有人像她那样……"你说。

"我察觉在不知道的地方，有一种东西，好像遥远不可及，又像近在身边；似在身外，又似在身内，一直在吸引我。我无法形容那是什么——或许是使得风景美丽的不可知之力量；或许是从小至今，推动我不断向前追求的不能拒绝之力量；或许是每时刻我心中最深处的一种呼唤、一种喜悦、一种梦；或许是考娄芮基（Coleridge）在他的《文学传记》所述的'自然之本质'，这本质，事先便肯定了较高意义的自然与人的灵魂之间，存在着一种'关联'……想着，想着，《关渡手稿》就在这种心境写下来。……"年轻的习医者在信上写着。

"她懂你像你懂自己一样深刻吗？"我问。

"我试着让她知道，我为什么而活。"你说。

"来此两个多星期，天天看病人，跟在医院无两样。空间多，看海与观星成了忘我的消遣。我很高兴能走入'时间'里面去体会时间的分秒之悸动，《圣经》说，人生若经过炼金之人的火及漂布之人的碱，必能尝到丰溢的酒杯，于是我更能体会濒死病人的呻吟，可以真实地走过病眼深水的波浪洪涛。 在'你的瀑布发声，深渊就与深渊响应'之际，虽然长夜仍然漫漫，我仍旧守候在病人的身旁，守候着风雨之中的花蕾，守候着天发亮的晨星……这是我衷心想告诉你的……"在东引海边的军营里，有一封信这么写。

"为了她我拒绝所有的交往，我告诉另一个女孩子，我在等人；她哭了，也嫁人了。"你颓唐起来。

"啊！"我说，"这个女孩子真是铜墙铁壁啊！是你不能接受她是个非基督徒，还是她不能接受你的主？"

"我曾由只要去爱不是去同情的初学者，变成现在差不多以make money为主的医匠。我甚至陷在希望借研究与学术发表演讲来满足内心好大喜功之欲望里而不可自拔，我甚至怕自己突因某种原因而死亡（很多医师因工作太累，开车打瞌睡而撞死）。目前，我正在钻研一种'内生性类似毛地黄之因子'，我渴求能在两年内把它分析出来公之于世，以满足一己暂时的快感……我不知道我是谁？

"我渴望婚姻，但也害怕婚姻带来的角色改变，我是痛苦的空城。直到，我碰到了一位'女作家'，我非常喜欢和她做朋友，但我的直觉和教会及所有的人认为我不能和一个非基督徒结婚。我相信我有能力做她的好朋友，但我不知道能否做她的好丈夫？我不能接受夫妻因信仰所发生的任何冲突，我又很希望这位女作家过着幸福快乐的日子，我当然希望结婚的对象也是基督徒……我可能选择独身，我是矛盾的人。"第四十二封信写着。

"的确，"我啜饮着烫舌的咖啡，"天上的父必然要选择他地上的媳，如同平凡的妇人也想选择她天上的父。"

"我不懂她心中真正的想法，她真是铜墙铁壁！"你说。

"她或许了解你的坚持，你却不一定进得去她固执的内野。你们都航行于真理的海，沿着不同的鲸路。你只希望她到你的船上，你知道她的舟是怎么空手造成的？她爱她的扁舟甚于爱你，犹如你爱你的船甚于爱她。如果你为她而舍船，在她的眼中你不再尊贵，如果她为你而弃舟，她将以一生的悔恨磨折自己。的确，隐隐有一种存在远远超过爱情所能掩盖的现实，如果不是基于对永恒生命衷心寻觅而结缔的爱，它不比一介微尘骄傲。你们曾经欢心惊叹，发现彼此航行于同一座海洋；现在却相互争辩，只为了不在同一条船上。假设，她愿意将你的缆绳结在她的舟身，不要求你弃船，那么你能否接受她的绳，不要求她覆舟？如果比身并航也不为你的宗教所允许，你只有失去她，永远地失去她。"

"我是一个失败的证道者！"你喟然着。

"不！"我说，"如果你不曾成功地摊开你的内心，她早就成为你痛苦的妻。当你朗诵诗篇二十三给她：'耶和华是我的牧者，我必不致缺乏。他使我躺卧在青草地上，领我在可安歇的水边。他使我的灵魂苏醒，为自己的名引导我走义路。'你要相信，她才答应自己去寻找另一处无人到过的迦南美地。如果她在你心中仍然美丽，就是因为这一身永不妥协的探索与敢于迎战的清白足以美丽。她一生不曾侍奉任何的主，而她赞美你，等同赞美了上帝。你信仰了主，你当终生仰望，你既然住着耶和华的殿，享有他赐予的粮，你何苦再寻一座婚姻的空壳？我只听说有人千方百计将他的茅屋改成宫殿，未曾闻过在宫殿里另筑茅屋。你成全了她走自己的义路，这是你赐她最大的福音。她住在她那寒伧的磨坊，无一日不在负轭、磨粮，你要体会，不是为了她自己，为了不可指认、不能执著的万有——让虚空遍满琉璃珍珠，让十五之后日日是好日，让一介生命甘心以粉身碎骨的万有；如同你活着为了光耀上帝。你要眼睁睁看她怎么粉碎，正如她眼睁睁看你7年。"

最后一封信这样落笔："在我心目中，你一直是个尊贵的灵魂，为我所景仰。

认识你愈久，愈觉得你是我人生行路中一处清喜的水泽。

"为了你，我吃过不少苦，这些都不提。我太清楚存在于我们之间的困难，遂不敢有所等待，几次想忘于世，总在山穷水尽处又悄然相见，算来即是一种不舍。

"我知道，我是无法成为你的伴侣，与你同行。在我们眼所能见耳所能听的这个世界，上帝不会将我的手置于你的手中。这些，我都已经答应过了。

"这么多年，我很幸运成为你最大的分享者，每一次见面，你从不吝惜把你内心丰溢的生息倾注于我的杯。像约书亚等人从以实各谷砍了葡萄树的一枝，上头有一挂葡萄，又带了些石榴和无花果来……你让我不致变成一个盲从的所知障者，你激励我追求无上自由的意志，如果有一天我终能找到我的迦南之野，我得感谢你给我翅膀。

"请相信，我尊敬你的选择，你也要心领神会，我的固执不是因为对你任何一桩现实的责难，而是对自己个我生命忠贞不贰的守信。你甚美丽，你一向甚我美丽。

"你也写过诗的，你一定了解创作的磨坊一路孤绝与贫瘠，没有一日，我卑微的灵不在这里工作、学习。若我有任何贪恋安逸，则将被遗弃。走惯贫沙，啃过粗粮，吞咽之时竟也有蜜汁之感，或许，这是我的迦南地。

"不幻想未来了。你若遇着可喜的妹妹，我当祈福祝祷。你真是一个令人欢喜的人，你的杯不应该为我而空。

"就这样告别好了，信与不信不能共负一轭。"

　　且让我们以一夜的苦茗

　　诉说半生的沧桑

　　我们都是执著而无悔的一群

　　以飘零作归宿

在你年轻而微弱的生命时辰里，我记载这一卷诘屈聱牙的经文，希望有朝一日，你为我讲解。

如果笔端的回忆能够一丝丝一缕缕再绕个手，我都已经计算好了，当我们学着年轻的比丘、比丘尼入舍卫大城乞食，于其城中次第乞已，还至本处时，我要把钵中最大最美的食物供养你，再不准你像以前软硬兼施趁人不备地把一片冰心掷入我的壶。

我们真的因为寻常饮水而认识。

那应该是个薄夏的午后，我仍记得短短的袖口沾了些风的纤维。在课与课交接的空口，去文学院天井边的茶水房倒杯麦茶，倚在砖砌的拱门觑风景。一行樱瘦，绿扑扑的，倒使我怀念冬樱冻唇的美，虽然那美带着凄清，而我宁愿选择绝世的凄艳，更甚于平铺直叙的雍容。门墙边，老树浓荫，曳着天风；草色釉青，三三两两的粉蝶梭游。我轻轻叹了气，感觉有一个不知名的世界在我眼前幻生幻化，时而是一段侠诗，时而变成幽幽的浮烟，时而是一声惋惜——来自于一个人一生中最精致的神思……这些交错纷叠的灵羽最后被凌空而来的一声鸟啼啄破，然后，另一个声音这么问：

"你，就是简媜吗？"

我紧张起来，你知道的，我常忘记自己的名字，并且抗拒在众人面前承认自己，那一天我一定很无措吧！迟疑了很久才说："是。"又以极笨拙的对话问，"那，你是什么人？"

知道你也学中文的，又写诗，好像在遍野的三瓣酢浆中找四瓣的幸运草："哟，还有一棵躲在这！"我愉快起来就会吃人，"原来是学弟，快叫学姊！"你面有难色，才吐露从理学院辗转到文学殿堂的行程，倒长我二岁有余。我看你温文又亲和，分明是邻家兄弟，存心欺负你到底，"我是论辈不论岁的！"你露齿而笑，大大地包容了我这目中无人的草莽性情。那一午后我归来，莫名地，一种被生命紧紧拥住的半疼半喜，我想，那道拱门一定藏有一座世界的回忆。

毕竟，我只善于口头称霸，在往后与你书信嬗递，才发觉你瘦弱的身躯底下，凝炼了多少雄奇悲壮的天质，而你深深懂得韬光养晦，只肯凿一小小的孔，让琢磨过的生命以童子的姿势嬉嬉然到我眼前来。我们不谈身世只论性命，更多时候在校园道上相遇，也只是一语一笑作别，但我坚信："这人是个大寂寞过的人！"

那时候，你的面目早已因潜伏的病灶难靖，稍稍地倾斜着，反正已经割过了而且是个慢性子的瘤，就不必管吧，只在你心力交瘁的时候，才憔悴起来，我叫你当心，你复来的信不痛不痒地说："今早文心课见你挽抱书本飘然而去，霎时间萌生一种远飏的感觉，没来得及跟你说。有回上声韵，下了课，正见你倦极而伏案，其时感觉也是一惊。记得有次夜深，与你不期然遇，你说从总图出来，回宿舍去。夜色下的你步履坚定，却透着层弱倦后的苍白。一直没能多问候你，反而是你看出我的憔悴。"你始终不愿意称我"简媜"，说这二字太坚奇铿锵，带了点刀兵，你宁愿正正经经地写下"敏媜"，说有了这"敏"字，行云流水起来，不遭忌的。我深深动容，你一片片莲烂，都为我惜生，而我能为你做什么？性格里横槊赋诗的草莽气质，总让我对最亲近的人杀伐征讨。难得有一回清清淡淡的小聚，临别时，我不经心审出那头兽、那忘情负义恩将仇报的猛禽："保重哟，下一次见面或许九天，或九年。"你清和的面容浮掠一丝秋瑟，宽怀地笑纳这些语锋契机，你报平安的信通常这么作结："写信、说话，欢喜日复一日。看你什么时候有空，小谈。

我担心一语成谶。"

　　尔后，我离了学院，日复日载饥载渴，过的是牛饮而后快的星夜。偶有不死的诗心，才写些哀哀怨怨的信给亲近的人，你总是快快地回："外出三天，深夜踏雨归来，檐前出现一小叠信。中有你亲切的字迹，你的信柬自然令我喜欢。…… 我的病情，好好坏坏，终须挨上一刀才见分晓。近两个月来的抱病自守，旦夕之间，情知对于生命的千般流转，尽须付与无尽的忍受。我想，他朝小痊，如你之奔驰，亦须这样。一步一履，无非修行。至此，我依然深心乐观，来日或聚，愿其时你的事业大势已定，我亦澡雪精神。"

　　我们深心乐观着未来，几次击掌切磋，暗暗以创格自许，不屑袭调。负气使才如我，滔滔洒墨，似欲与千夫万夫一拼。你见我清瘦异常，只吩咐我不可太夜太累，我委屈了，说："就活这么一次，我要飞扬跋扈！"你语重心长地说："早慧，难享天年的，古来如此。"

　　你珍贵我这顽桀的生命，大大地甚于你自己的。那一回生日，你特地去寻玉送我，一龙一凤绕着净瓶（啊！会是观音的净瓶吗？），你说鬻玉的老者称这块玉的肌理具荷质，返家的途中经过南海路，你去植物园的荷花池，轻轻地轻轻地将这玉沁了又沁……你说："生命恒有繁华落尽的感觉，只不过，不染淤泥！"

　　病魔却与你弄斧耍锇，你的眼开始不自觉地流泪，夜半常因拭泪而难以入眠，你谦称这是宿业使然。在你卜居的深山穷野，你宛若处子与生灭大化促膝而谈，抱病独居的信，不改涓涓细流的字迹："有天半夜不能安睡，出至阳台。山间天象澄明，月光大片大片洒落一地。忽然间，我看见自己月下的影子，细细瘦瘦，怯怯地，触目竟十分眼熟，但那分明不是日光中的'我'。我呆呆地忖忖想想，啊，是了——是童话时候的'我'！我好感动地望着那片身影，然后牵他入梦。偶得一悟，心情愿如庄周，处于病与不病之间。"

　　你第二度开刀，除去右颜面突变的肉瘤，我将一串琥珀念珠赠你，那是寺里一名师父突然脱下赠我的，我欢喜生命中"突然"的意象。你认真地戴在手腕，虚弱地在病榻上闭目。我又天真起来了，仿佛一名间谍，在你短兵相接的战场之前，先给你解药，你此后可以大胆地无惧地去迎喂毒的流箭。病后，你说："我渐渐愿意把所有的悲沉、蒙昧、大痛、无明都化约到一种素朴的乐观上，我认为它是生命某种终极的境界。你知我知。"

　　最珍贵而美丽的，应该是你赴港念比较文学之前的半年。你诗写得少了，专志狼吞文学批评的典籍，你戏谑这是一桩"反美"的工程，但要我千万注意，你并非不爱美。我说："管你家的什么美不美，天天念原文书，把一个人念得豆芽菜似的，这种美简直王八蛋！"你每星期总要回长庚医院追踪病情，我们相约在中午，趁我歇班的时刻，你教我念书。常常在市嚣流矢的小咖啡店里，你取出一叠白纸、一支钢笔，在喝了一口微冷的红茶之后，开始以沙哑沉浊的声音，为我唤来"福寇"（Michel Foucault），我静静地抱膝听着，进入神思所能触摸的最壮阔与最阴柔的空间，你的话幽浮起来："……如今，书写已和献祭发生关联，甚至和生命的献祭发生关联……"我幡然有悟："等等，我下一本书的架构出来了，你要不要听！"知识的考掘通常转化为创作的考掘，我是锈刀，拿你当磨刀石。你不也说了吗，我的生命太千军万马，终究不会听你这座"紫微"。实而言之，你是一则遥远的和平，为了你，我必须不断地战争。

有一回，茶冷言尽，你取出一张泛黄的黑白照片让我瞧：一名十岁男童倚在漫画书店的租台边，白白净净的怯生生的，眼睛里有一股神秘的招引与微燃的悲喜，静静地与世界相看。我惊叹起来："多美啊！是你吗？"你欢喜地说："是！"

那一回，你送我回报社上班，沿着木棉击掌、槭实落墨的砖道，你微微地喟叹："天！给我时间！"

香港一年，你终因病发大量出血而辍学，从中正机场直奔林口长庚，医师已开了病危通知书。你却幽幽转醒，看着病床边来来往往的友好、同窗，或者，你还在等，当养育的父母双亡，亲生的父母待寻。你那时已不能进食，肉瘤塞住口舌，话也不能说了。你见我来，兀自挣身下床，从杂乱的行李中掏出一块精致的香皂。多少年前，我说过一日三浴更甚于心头欢喜，你在纸上写着："多洗澡！"那一刹——那百千万亿年只可能有一回的一刹，我想狠狠地置你于死。

半年来，我抗拒着再去看你，想给你七七四十九遍的经诵终于不能尽读，我压抑每一丝丝一缕缕一角角关于你的挂念。只有两回梦见，一次你以赤子的形象从半空掠过，我仰首不复寻踪；一次你款款而来，白白净净的面目，我大喜，问："你好了？"你笑而不答，许久许久才说："还没开始生病哪！"梦醒后，深深地痛恨自己，现世里的大欢大美被解构得还不够吗？连在可以做主的梦土，也要懦怯地缴械。我终究是个懦夫，不配英雄谈吐。

那么，敬爱的兄弟，我们一起来回忆那一日午后，所有已死的神鬼都应该安静敷座，听我娓娓诉说。

那一日，我借了轮椅，推你到医院大楼外的湖边，秋阳绵绵密密地散装，轮转空空，偶尔绞尽砖岸的莽草。我感觉到你的瘦骨宛若长河落日，我的浮思如大漠孤烟。当我们面湖静坐，即将忘却此生安在，突然，遥远的湖岸跃出一行白鹭，抟扶摇直上掠湖而去，不复可寻。湖水仍在，如沉船后，静静的海面，没有什么风，天边有云朵堆聚着。

你在纸上问我："几只？"

我答："12只。"你平安地颔首。

也许，不再有什么诘屈聱牙的经卷难得了你我。当你恒常以诗的悲哀征服生命的悲哀，我试图以小说的悬崖瓦解宿命的悬崖；当我无法安慰你，或你不再关怀我，请千万记住，在我们菲薄的流年，曾有12只白鹭鸶飞过秋天的湖泊。

犹似存在主义，

或是老庄，

或是一杯下午茶，

或两本借来的书。

百般凌虐你，你都不生气，或，只生一小会儿气。好似在你那里存了一笔巨款，我尽情挥霍，总也不光。有时失了分寸，你肃起一张沧桑后的脸，像一个塞途者思索不可测的驿站，我就知道该道歉了，摸摸你深锁的额头说："什法子，谁叫你欠我。不生气，生气还得付我利息。"

常常在早餐约会，或入了夜的市集。热咖啡、双面煎荷包蛋、烘酥了土司，及三分早报。你总替我放糖、一圈白奶，还打了个不切实际的哈欠。我喜欢晨光、翻报、热咖啡的烟更甚于盘中物，你半哄半骗，说瘦了就丑，我说："喂，就吃！"你果真叉起蛋片进贡而来，我从不吝惜给予最直接的礼赞："今天表现不错，记小功一次。"

早晨恒常令我欢心，仿佛摄取日出的力量，从睡眼沉静射入惊蛰的流动，有了奔驰的野性及征服的欲望。早晨对你却是苛责的，你雾着一张脸，听我意兴风发地擘画每一桩工作，帮你整理当日的行程及争辩的重点，战役的成果未必留给我们，但我们联手打过漂亮的仗。

入夜的城市更显得蠢蠢欲动，入夜的我通常是一只安静的软体动物，容易认错、善于仆役，不扎别人的自尊。你活跃于墨色的时空，以锐利的精神带着我游走于市集。一碗卤肉饭、石斑鱼汤、水煮虾也是令人难忘的饮食起居。我善于剥虾、剔无刺的鱼肉，伺候你。你尽管放心地细数我的不对，定谳白日的蛮悍，我一向从善如流，乖乖地向你忏悔。

当市集悄悄撤退，夜也恹了，我打起一枚长长的呵欠，你说："走吧！回家。"你走你的路，我走我的归途。这城市无疑是我们巨构的室家，要各自走过冗长的通道，你回你的卧室，我有我的睡榻。

那么，的确必须用更宽容的律法才能丈量你我的轨道。你不曾因为我而放弃熟悉的生命潮汐——不管是过往的情涛、现实的波澜，或即将逼近的浪潮；我也不必为你而修改既定的秩序——我有我不能割舍的人际、工作的程序，及关于未来的编排。当我们相约，其实是趁机将自己从曲曲折折的轨道释放出来，以大而无当的姿势携手、寻路。你四十过二的音色里仍留有不肯成熟的童话；（要不，你怎么老是叉橡皮筋偷袭我！）我二十又七的华容仍忘怀不去初为儿女的恣意；（挺喜欢捧你的大手，一只一只地啃你的指头！）你时而化童时而老迈，我时而为人时而原兽，我们生动地演出内心被禁锢的角色，以城市为舞台，行人当盲目的观众。那些令人疲惫的典章制度不容推翻总可以暂忘，你虽然抱怨半生颠踬无以转圜，我却不曾怂恿你——那些包袱早已变成心头肉，在我们分手后仍然继续由你背负的。如是，我期望每一次相聚，透过理智的剖析与情感之疏浚，更助益你昂然驼行。我深知，情会淡爱会薄，但作为一个坦荡的人，通过情枷爱锁的鞭笞之后，所成全的道义，将是生命里最昂贵的碧血。因而，你可以原始地袒露，常常促膝一夜，谈你孑然成长的大江南北、谈梦幻与现实互灭、谈你云烟过眼的诸多女人、谈你远去的妻与儿女……常常，我看到那一颗30多年未落的噙泪。

同等地，我得以在你身上复习久违的伦常，属于父执与兄长的渴望。过于阴柔的家境，促使我必须不断训练自己雄壮，摹仿男系社会的权威；而我生命的基调，却是要命的抒情传统，三秋桂子十里芰荷的那种，遂拿你砌湖，我得以歌尽舞影，临水照镜（啊！我终究必须恋父情结）。实则如此，每一桩生命的垦拓，须要吮取各式情爱的果实，凡是亏空的滋味，人恒以内在的潜力去做异次元的再造。你在不知不觉中已被我修改，按着我心中的形象发音；正如我愿意为你而俯身，将自己捏成宽口的罍，以盛住你酒后崩塌的块垒——任何一桩情缘，如果不能激励出另一种角色与规则，以弥补梦土与现实之间的断崖，终究不易被我珍爱。

于是，我们很理智地辩论着婚姻。

你说，不曾歇息的情涛，总难免落得一身萧索，过往的女人不是不爱，却发现愈爱得深愈陷泥淖；我说，这是剥夺，爱情之中藏有看不见的手。你说，如果我们结婚如何？我问，你视我为何？难道纷落的情锁不曾令你却步？你说，我在你心中不等同于女人，属于一种透明的中性——像白昼与黑夜，时而如男人清楚，时而如女性张皇，你能充分享受诉说，从最崔嵬的男峰吐露至最婉柔的女泽（你有时细心得像一名婢女），我欢愉你所陈述的，那表示，一个人对他（她）内在生命做多元创造的无限可能。而我开始叙述，关于多年来我们另辟蹊径，如今俨然一条轨道的情爱（请注意，放弃世俗轨道的通常要花更多心血为自己领航，且不再有回头的可能）。我们成就一种无名的名分，住在无法建筑的居室，我不要求你成为我的眷属如同我厌烦成为任何人的局部，你不必放弃什么即能获得我的灌注，我亦有难言的顽固却能被你呵护，我们积极相聚也品尝不得不的舍离，遂把所能拥有的辰光化成分分秒秒的惊叹。如果爱情是最美的学习，我愿意作证，那是因为我们学到了布施胜于索取，自由胜于收藏，超越胜于厮守，生命道义胜于世俗的华居。想必你了解，婚姻只是情爱之海的一叶方舟，如果我们愿意乘桴浮于海，何必贪恋短暂的晴朗——要纵浪就纵浪到底吧！我已拍案下注，你敢不敢坐庄？

我们还要一座壳吗？让壳内众所皆知的游戏规则逐渐吞噬我们的章法。以我不靖的个性，难以避免对你层层剥夺；以你根深柢固的男系角色，终究会逐步对我干涉。原宥我深沉的悲观，婚姻也有雄壮的大义，但不适合于我——我喜于实验，易于推翻，遂有不断地、不断地裂帛。

我情愿把这城市当成无人的旷野，那一夜，我爬上大厦广场的花台，你一把攫住，将我驮在肩上，哼着歌儿，凛凛然走过两条街；被击溃之后如果有内伤，那内伤也带着目中无人的酣畅。有一日，深夜作别，我内心击打着滔滔逝水的悲切，不忍责你什么，只想一个人把漫漫长夜走完，你说起风了，脱下外衣披我，押我上车，在站牌旁频频向我挥手，然后孤独地走向你候车的街口。那一霎，我又剑拔弩张，想狠狠刺大化的心脏，遂在下一站下车，拼命地跑，越过城市将灭的灯色，汗水淋漓地回到你的背后，你多么单薄，掏烟、点火，长长地向夜空喷雾，像一名手无寸铁的人！我倏地蒙住你的眼睛，重重地咬你的耳朵："不许动！"你回头，看我，错愕的神情转化成放纵的狂笑，我胜利了我说。

在借来的时空，我们散坐于城市中最凌乱的蓬壁，抽莫名其妙的烟，喝冷言热语的酒，我将烟灰弹入你的鞋里，问：

"欸，你也不说清楚，嫁给你有什么好处？"

你脱鞋，将灰烬敲出，说："一日三顿饭吃，两件花衣裳嘛，一把零用钱让你使。"

我又把烟灰弹进去："那我吃饱了做什么？"

你捏着我的颈子："这样么，你写书我读——再弹一次看看！"

我又把烟灰弹进去。

我随手抽了把单刀

走了趟雪花掩月

无声的月夜

只有鸽子簌簌地飞起

你怎么来了？

明明将你锁在梦土上，经书日月、粉黛春秋，还允许你闲来写诗，你却飞越关岭，趁着行岁未晚，到我面前说："半生漂泊，每一次都雨打归舟。"

我只能说："也好，坐坐！"

关于你生命中的山盟与水逝，我都听说。在茶余饭后，你的身世竟令我思谋，什么样的人,才能与秋水换色,什么样的情,才能百炼钢化成绕指柔。我似乎看到年幼时的你,已然为自己想象海市蜃楼,你愿意成为执戟侍卫,为亘古仅存的一枚日,奉献你绚霞一般的初心。

那么,请不要再怪罪生命之中总有不断的流星,就算大化借你朱砂御笔,你终究不会辜负悲沉的宿命,击倒的人宁愿刎颈,不屑偷生。这次见你,虽然你的眉目仍未能廓然朗清,倒也在一苇渡航之后,款款立命。你要日复日吐铺,不吐铺焉能归心。

把我当成你回不去的原乡,把我的挂念悬成九月九的茱萸,还有今年春末大风大雨,这些都是你的,总有一日,我会打理包袱前去寻你。但你要答应,先将梦泽填为壑,再伐桂为柱,滚石奠基,并且不许回头望我,这样,我才能听到来世的第一声鸡啼。

你走的时候,留下一把钥匙,说万一你月迷津渡,我可以去开你书中的小屋。我把指环赠你,尽管流离散落,恒有一轮守护你的红日,等候于深夜的山头。

你说:"还要去庙里烧香,像凡夫凡妇。"

那日,我独自去碧山岩,为你拈香,却什么话都没说。

这就是了,所有季节的流转永不能终止。三世一心的兴观群怨正在排练,我却有点冷,也许应该去寻松针,有朝一日,或许要为自己修改征服。

四月的天空如果不肯裂帛,五月的袷衣如何起头?

林清玄

光之四书①

  林情玄（1953年生）念佛修禅，文字却不能忘情。他比别人多了些天上人间的大思路、暮鼓晨钟的小哲理、一日三省的祥和之气。《光之四书》这类文章仿佛是用婴儿的眼光看世界，活泼泼一颗赤子之心，令人一洗尘垢、感官再生。

光之色

  当塞尚把苹果画成蓝色以后，大家对颜色突然开始有了奇异的视野，更不要说马蒂斯蓝色的向日葵，毕加索鲜红色的人体，夏加尔绿色的脸了。

  艺术家们都在追求绝对的真实，其实这种绝对往往不是一种常态。

  我是真正见过蓝色苹果的人。有一次去参加朋友的舞会，舞会不免有些水果点心，我发现就在我坐的位子旁边一个摆得精美的果盘，中间有几只梨山的青苹果，苹果之上一个色纸包扎的蓝灯，一束光正好打在苹果上，那苹果的蓝色正是塞尚画布上的色泽。那种感动竟使我微微地颤抖起来，想到诗人里尔克称赞塞尚的画："是法国式的雅致与德国式的热情之平衡。"

  设若有一个人，他从来没有见过苹果，那一刻，我指着那苹果说：苹果是蓝色的。他必然要相信不疑。

  然后，灯光变了，是一支快速度的舞，七彩的光在屋内旋转，打在果盘上，所有的水果顿时成为七彩的斑点流动。我抬头看到舞会男女，每个人脸上的肤色隐去，都是霓虹灯一样，只是一些活动的碎点，像极了秀拉用细点的描绘。当刻，我不仅理解了马蒂斯、毕加索、夏加尔种种，甚至看见了除去阳光以外的真实。

  在阳光下，所有的事物自有它的颜色，当阳光隐去，在黑暗里，事物全失去了颜色。设若我们换了灯，同样是灯，灯泡与日光灯会使色泽不同，即使同是灯泡，百烛与十烛间相去甚巨，不要说是一支蜡烛了。我们时常说在黑夜的月光与烛光下就有了气氛，那是我们多出一种想象的空间，少去了逼人的现实，即使在阳光

海外散文名家

---

  ① 选自楼肇明编《八十年代台湾散文选》，中国友谊出版公司，1991年版。

艳照的天气，我们突然走进树林，枝叶掩映，点点丝丝，气氛仿佛滤过，就围绕了周边。什么才是气氛呢？因为不真实，才有气有氛，令人迷惑。或者说除去直接无情的真实，留下迂回间接的真实，那就是一般人口里的气氛了。

有一回在乡下，听到一位农夫说到现今社会风气的败德，他说："都是电灯害的，电灯使人有了夜里的活动，而所有的坏事全是在黑暗里进行的。"想想，人在阳光的照耀下，到底还是保持着本色，黑暗里本色失去，一只苹果可以蓝，可以七彩，人还有什么不可为呢？

这样一想，阳光确实是无情，它让我们无所隐藏，它的无情在于它的无色，也在于它的永恒，又在于它的自然。不管人世有多少沧桑，阳光总不改变它的颜色，所以仿佛也不值得歌颂了。熟知中国文学的人应该发现，中国诗人词家少有写阳光下的心情，他们写到的阳光尽是日暮（天寒翠袖薄，日暮依修竹），尽是黄昏（月上柳梢头，人约黄昏后），尽是落日（大漠孤烟直，长河落日圆），尽是夕阳（去年天气旧亭台，夕阳西下几时回），尽是斜阳（斜阳外，寒鸦数点，流水绕孤村），尽是落照（家住苍烟落照间，丝毫尘事不相关）……阳光的无所不在，无地不照，反而只有离去时最后的照影，才能勾起艺术家诗人的灵感，想起来真是奇怪的事。

一朝唐诗、一代宋词，大部分是在月下、灯烛下进行，你说奇怪不奇怪？说起来就是气氛作怪，如果是日正当中，仿佛都与情思、离愁、国仇、家恨无缘，思念故人自然是在月夜空山才有气氛，怀忧边地也只有在清风明月里才能服人，即使饮酒作乐，不在有月的晚上难道是在白天吗？其实天底下最大的痛苦不是在夜里，而是在大太阳下也令人战栗，只是没有气氛，无法描摹罢了。

有阳光的天色，是给人工作的，不是给人艺术的，不是给人联想和忧思的。有阳光的艺术不是诗人词家的，是画家的专利，中国一部艺术史大部分写着阳光，西方的艺术史也是亮灿照耀，到印象派的时候更是光影辉煌，只是现代艺术家似乎不满意这样，他们有意无意地改变光的颜色。抽象自不必说了，写实，也不要俗人都看得见的颜色，而是透过画家的眼睛，他们说这是"超脱"，这是"真实"，这是"爱怎么画就怎么画才是创作"。

我常说艺术家是上帝的错误设计，因为他们要在阳光的永恒下，另外做自己的永恒，以为这样就成为永恒的主宰。艺术背叛了阳光的原色，生活也是如此。我们的黑夜愈来愈长，我们的屋子益来益密，谁还在乎有没有阳光呢？现在我如果批评塞尚的蓝苹果，一定引来一阵乱棒，就像齐白石若画了蓝色的柿子也会挨骂一样，其实前后还不过是百年的时间，一百年，就让现代人相信没有阳光，日子一样自在，让现代人相信艺术家的真实胜过阳光的真实。

阳光本色的失落是现代人最可悲的一种，许多人不知道在阳光下，稻子可以

海外散文名家

绿成如何，天可以蓝到什么程度，玫瑰花可以红到透明，那是因为过去在阳光下工作的占人类的大部分，现在变成小部分了，即使是在有光的日子，推窗究竟看的是什么颜色呢？

我常在都市热闹的街路上散步，有时走过长长的一条路，找不到一根小草，有时一年看不到一只蝴蝶；这时我终于知道：我们心里的小草有时候是黑的，而在繁屋的每一面窗中，埋藏了无数苍白没有血色的蝴蝶。

光之香

我遇见一位年轻的农夫，在南方一个充满阳光的小镇。

那时是春末了，一期稻作刚刚收成，春日阳光的金线如雨倾盆地泼在温暖的土地上，牵牛花在篱笆上缠绵盛开，苦苓树上鸟雀追逐，竹林里的笋子正纷纷涨破土地。细心地想着植物突破土地，在阳光下成长的声音，真是人间里非常幸福的感觉。

农夫和我坐在稻埕旁边，稻子已经铺平张开在场上。由于阳光的照射，稻埕闪耀着金色的光泽，农夫的皮肤染了一种强悍的铜色。我在农夫家做客，刚刚是我们一起把谷包的稻子倒出来，用犁耙推平的，也不是推平，是推成小小山脉一般，一条棱线接着一条棱线，这样可以让山脉两边的稻谷同时接受阳光的照射，似乎几千年来就是这样晒谷子，因为等到阳光晒过，八爪耙把棱线推进原来的谷底，则稻谷翻身，原来埋在里面的谷子全翻到向阳的一面来——这样晒谷比平面有效而均衡，简直是一种阴阳的哲学了。

农夫用斗笠扇着脸上的汗珠，转过脸来对我说："你深呼吸看看。"

我深深地吸了一口气，缓缓吐出。

他说："你吸到什么没有？"

我吸到的是稻子的气味，有一点香。我说。

他开颜地笑了，说："这不是稻子的气味，是阳光的香味。"

阳光的香味？我不解地望着他。

那年轻的农夫领我走到稻埕中间，伸手抓起一把向阳一面的谷子，叫我用力地嗅，那时稻子成熟的香气整个扑进我的胸腔，然后，他抓起一把向阴的埋在内部的谷子让我嗅，却是没有香味了。这个实验让我深深地吃惊，感觉到阳光的神奇，究竟为什么只有晒到阳光的谷子才有香味呢？年轻的农夫说他也不知道，是偶然在翻稻谷晒太阳时发现的，那时他还是大学学生，暑假偶尔帮忙农作，想象着都市里多彩多姿的生活，自从晒谷时发现了阳光的香味，竟使他下决心要留在家乡。我们坐在稻埕边，漫无边际地谈起阳光的香味来，然后我几乎闻到了幼时刚晒干的衣服上的味道,新晒的棉被、新晒的书画,光的香气就那样淡淡地从童年中流泻出来。自从有了烘干机,那种衣香就消失在记忆里,从未想过竟是阳光的关系。

农夫自有他的哲学,他说:"你们都市人可不要小看阳光,有阳光的时候,空气的味道都是不同的。就说花香好了,你有没有分辨过阳光下的花与屋里的花,香气不同呢?"

我说:"那夜来香、昙花香又作何解呢?"

他笑得更得意了:"那是一种阴香,没有壮怀的。"

我便那样坐在稻埕边,一再地深呼吸,希望能细细品味阳光的香气,看我那样正经庄重,农夫说:"其实不必深呼吸也可以闻到,只是你的嗅觉在都市里退化了。"

光之味

在澎湖访问的时候,我常在路边看渔民晒鱿鱼,发现晒鱿鱼有两种方式:一种是把鱿鱼放在水泥地上,隔一段时间就翻过身来。在没有水泥地的土地,为了怕蒸起的水汽,渔民把鱿鱼像旗子一样,一面面挂在架起的竹竿上——这种景观是在澎湖、兰屿随处可见的,有的台湾沿海也看得见。

有一次一位渔民请我吃饭,桌子上就有两盘鱿鱼,一盘是新鲜的刚从海里捕到的鱿鱼,一盘是阳光晒干以后,用水泡发,再拿来煮的。渔民告诉我,鱿鱼不同于其他的鱼,其他的鱼当然是新鲜最好,鱿鱼则非经过阳光烤炙,不会显出它的味道来。我仔细地吃起鱿鱼,发现新鲜虽脆,却不像晒干的那样有味、有劲,为什么这样,真是没什么道理。难道阳光真有那样大的力量吗?

渔民见我不信,捞起一碗鱼翅汤给我,说:"你看这鱼翅好了,新鲜的鱼翅,卖不到什么价钱的,因为一点也不好吃,只有晒干的鱼翅才珍贵,因为香味百倍。"

为什么鱿鱼、鱼翅经过阳光暴晒以后会特别好吃呢?确是不可思议,其实不必说那么远,就是一只乌鱼子,干的乌鱼子价钱何止是新鲜乌鱼卵的10倍?

后来我在各地旅行的时候,特别留意这个问题,有一次在南投竹山吃东坡肉油焖笋尖,差一点没有吞下盘子。主人说那是今年的阳光特别好,晒出了最好吃的笋干,阳光差的时候,笋干也显不出它的美味,嫩笋虽自有它的鲜美,经过阳光,却完全不同了。

对鱿鱼、鱼翅、乌鱼子、笋干等等,阳光的功能不仅让它干燥、耐于久藏,也仿若穿透它,把气味凝聚起来,使它发散不同味道。我们走入南货行里所闻到的干货聚集的味道，我们走进中药铺子扑鼻而来的草香药香，在从前，无一不是经由阳光的凝结。现在有毋需阳光的干燥方法，据说味道也不如从前了。一位老中医师向我描述从前"当归"的味道，说如今怎样熬炼也不如昔日，我没有吃过旧日当归，不知其味，但这样说，让我感觉现今的阳光也不像古时有味了。

不久前，我到一个产制茶叶的地方，茶农对我说，好天气采摘的茶叶与阴天采摘的，烘焙出来的茶就是不同，同是一株茶，春茶与冬茶也全然两样，则似乎一天与一天的阳光味觉不同，一季与一季的阳光更天差地别了，而它的先决条件，就是要具备一只敏感的舌头。不管在什么时代，总有一些人具备好的舌头能辨别阳光的壮烈与阴柔——阳光那时刻像是一碟精心调制的小菜，差一些些，在食家的口中已自有高下了。

这样想，使我悲哀，因为盘中的阳光之味在时代的进程中似乎日渐清淡起来。

光之触

八月的时候，我在埃及，沿着尼罗河自北向南，从开罗逆流而溯。一直往路克索、帝王谷、亚斯文诸地经过。那是埃及最热的天气，晒两天，就能让人换过一层皮肤。

由于埃及阳光可怕的热度，我特别留心到当地人的穿着，北非各地，夏天的衣着也是一袭长袍长袖的服装，甚至头脸全包扎起来。我问一位埃及人："为什么太阳这么大，你们不穿短袖的衣服，反而把全身包扎起来呢？"他的回答很妙："因为太阳实在太大，短袖长袖同样热，长袖反而可以保护皮肤。"

在埃及8天的旅行，我在亚斯文旅店洗浴时，发现皮肤一层一层地凋落，如同干去的黄叶。埃及经验使我真实感受到阳光的威力，它不只是烧灼着人，甚至是刺痛、鞭打、揉搓着人的肌肤，阳光热烘烘地把我推进一个不可回避的地方，每一秒的照射都能真实地感应。

后来到了希腊，在爱琴海滨，阳光也从埃及那种磅礴波澜里进入一个细致的形式，虽然同样强烈地包围着我们。海风一吹，阳光在四周汹涌，有浪大与浪小的时候，我感觉希腊的阳光像水一样推涌着，好像手指的按摩。

再来是意大利，阳光像极文艺复兴时代米开朗琪罗的雕像，开朗、强壮，但给人一种美学的感应，那时阳光是轻拍着人的一双手，让我们面对艺术时真切地清醒着。

到了中欧诸国，阳光简直成为慈和温柔的怀抱，拥抱着我们。我感到相当的惊异，因为同是八月盛暑，阳光竟有着种种变化的触觉：或狂野、或壮朗、或温和、或柔腻,变化万千,加以欧洲空气的干燥,更触觉到阳光直接的照射。

那种触觉简直不只是肌肤的,也是心灵的,我想起中国的一个寓言:

有一个瞎子,从来没有见过太阳,有一天他问一个好眼睛的人:"太阳是什么样子呢?"

那人告诉他:"太阳的样子像个铜盘。"

瞎子敲了敲铜盘,记住了铜盘的声音,过了几天,他听见敲钟的声音,以为那就是太阳了。

后来又有一个好眼睛的人告诉他:"太阳是会发光的,就像蜡烛一样。"

瞎子摸摸蜡烛,认出了蜡烛的形式,又过了几天,他摸到一支箫,以为这就是太阳了。

他一直无法搞清太阳是什么样子。

瞎子永远不能看见太阳的样子,自然是可悲的,但幸而瞎子同样能有阳光的触觉。寓言里只有手的触觉,而没有心灵的触觉,失去这种触觉,就是好眼睛的人,也不能真正知道太阳的。

冬天的时候,我坐在阳台上晒太阳,同一个下午的太阳,我们能感觉到每一刻的触觉都不一样,有时温暖得让人想脱去棉衫,有时一片云飘过,又冷得令人战栗。晒太阳的时候,我觉得阳光虽大,它却是活的,是宇宙大心灵的证明,我想只要真正地面对过阳光,人就不会觉得自己是神,是万物之主宰。

只要晒过太阳,也会知道,冬天里的阳光是向着我们,但走远了,夏天则又逼近,不管什么时刻,我们都触及了它的存在。

记得梭罗在华尔腾湖畔,清晨吸到新鲜空气,希望将那空气用瓶子装起,卖给那些迟起的人。我在晒太阳时则想,是不是有一种瓶子可以装满阳光,卖给那些没有晒过太阳的人呢?

每一天出门的时候,我们对阳光有没有触觉呢?如果没有,我们的感官能力正在消失,因为当一个人对阳光竟能无感,如果说他能对花鸟虫鱼、草木山河有观,都是自欺欺人的了。

林清玄

温一壶月光下酒①

　　文人修禅，曾令王维、寒山子、苏东坡等人的诗思超拔尘俗、淡然平生，也使林清玄的文思大胆灵动，处处用佛理包装人情。

逃　情

　　幼年时在老家西厢房，姐姐为我讲东坡词，有一回讲到《定风波》中一句："一蓑烟雨任平生"，这个句子让我吃了一惊，仿佛见到一个竹杖芒鞋的老人在江湖道上踽踽独行，身前身后都是烟雨弥漫，一条长路连到远天去。

　　"他为什么？"我问。

　　"他什么都不要了。"姐姐说，"所以到后来有'回首向来萧瑟处，归去，也无风雨也无晴'之句。"

　　"这样未免太寂寞了，他应该带一壶酒、一份爱、一腔热血。"

　　"在烟中腾云过了，在雨里行走过了，什么都过了，还能如何？所谓'来往烟波非定居，生涯蓑笠外无余'，生命的事一经过了，再热烈也是平常。"

　　年纪稍长，才知道"竹杖芒鞋轻腾马，谁怕？一蓑烟雨任平生"的境界并不容易达致，因为生命中真是有不少不可逃不可抛的东西，名利倒还在其次；至少像一壶酒、一份爱、一腔热血都是不易逃的，尤其是情爱。

　　记得日本小说家武者小路实笃曾写过一个故事，传说有一个久米仙人，在尘世里颇为情苦，为了逃情，入山苦修成道，一天腾云游经某地，看见一个浣纱女足胫甚白。久米仙人为之目眩神驰，凡念顿生，飘忽之间，已经自云头跌下。可见逃情并不是苦修就可以得到。

　　我觉得"逃情"必须是一时兴到，妙手偶得，如写诗一样，也和酒趣一样。狂吟浪醉之际，诗涌如浆，此时大可以用烈酒热冷梦，一时彻悟。倘若苦苦修炼，可能达到"好梦才成又断，春寒似有还无"的境界，离逃情尚远，因此一见到"乱头粗服，不掩国色"的浣纱女就坠落云头了。

──────────

　　① 选自《林清玄散文》，浙江文艺出版社，1994年版。

前年冬天，我遭到情感的大创剧痛，曾避居花莲逃情，繁星冷月之际与和尚们谈起尘世的情爱之苦，谈到凄凉处连和尚都泪不能禁。如果有人问我："世间情是何物？"我会答曰："不可逃之物。"连冰冷的石头相碰都会撞出火来，每个石头中事实上都有火种，可见再冰冷的事物也有感性的质地，情何以逃呢？

情仿佛是一个大盆，再善游的鱼也不能游出盆中，人纵使能相忘于江湖，情是比江湖更大的。

我想，逃情最有效的方法可能是更勇敢地去爱，因为情可以病，也可以治病；假如看遍了天下足胫，浣纱女在国色天香也无可奈何了。情者是堂堂巍巍，壁立千仞，从低处看是仰不见顶，自高处观是俯不见底，令人不寒而栗，但是如果在千仞上多走几遭，就没有那么可怖了。

理学家程明道曾与弟弟程伊川共同赴友人宴席，席间友人召妓共饮。伊川正襟危坐，目不斜视，明道则毫不在乎，照吃照饮。宴后，伊川责明道不恭谨，明道先生答曰："目中有妓，心中无妓！"这是何等洒脱的胸襟，正是"云月相同，溪山各异"，是凡人所不能致的境界。

说到逃情，不只是逃人世的情爱，有时候心中有挂也是情牵。有一回，暖香吹月时节与友在碧潭共醉，醉后扶上木兰舟，欲纵舟大饮，朋友说："也要楚天阔，也要大江流，也要望不见前后，才能对月再下酒。"死拒不饮，这就是心中有挂，即使挂的是楚天大江，终不能无虑，不能万情皆忘。

以前读《词苑丛谈》，其中有一段故事：

后周末，汴京有一石氏开茶坊，有一个乞丐来索饮，石氏的幼女敬而与之，如是者达一个月，有一天被父亲发现打了她一顿，她非但不退缩，反而供奉益谨。乞丐对女孩说："你愿喝我的残茶吗？"女嫌之，乞丐把茶倒一部分在地上，满室生异香，女孩于是喝掉剩下的残茶，一喝便觉神体精健。

乞丐对女孩说："我就是吕仙，你虽然没有缘分喝尽我的残茶，但我还是让你求一个愿望。"女只求长寿，吕仙留下几句话："子午当餐日月精，元关门户启还局，长似此，过平生，且把阴阳仔细烹。"遂飘然而去。

这个故事让我体察到万情皆忘"且把阴阳仔细烹"实在是神仙的境界，石姓少女已是人间罕有，还是忘不了长寿，忘不了嫌恶，最后仍然落空，可见情不但不可逃，也不可求。

越往前活，越觉得苏东坡"一蓑烟雨任平生"、"也无风雨也无情"词意之不可得，想东坡也有"春色三分，二分尘土，一分流水。细看不是杨花，点点是离人泪"的情思；有"但愿人长久，千里共婵娟"的情愿；有"念故人老大，风流未减，空回首，烟波里"的情怨；也有"若待得君来向此，花前对酒不忍触。共粉泪，雨簌簌"的情冷，可见"一蓑烟雨任平生"只是他的向往。

情何以可逃呢？

煮 雪

传说在北极的人因为天寒地冻，一开口说话就结成冰雪，对方听不见，只好回家慢慢地烤来听……

这是个极度浪漫的传说，想是多情的南方人编出来的。

可是，我们假设说话结冰是真有其事，也是颇有困难，试想：回家烤雪煮雪的时候要用什么火呢？因为人的言谈是有情绪的，煮得太慢或太快都不足以表达说话的情绪。

如果我生在北极，可能要为煮的问题烦恼半天，与性急的人交谈，回家要用大火煮烤；与性温的人交谈，回家要用文火。倘若与人吵架呢？回家一定要生个烈火，才能声闻当时哗哗剥剥的火爆声。

遇到谈情说爱的时候，回家就要仔细酿造当时的气氛，先用情诗情词裁冰，把它切成细细的碎片，加上一点酒来煮，那么，煮出来的话便能使人微醉。倘若情浓，则不可以用炉火，要用烛火再加一杯咖啡，才不会醉得太厉害，还能维持一丝清醒。

遇到不喜欢的人不喜欢的话就好办了，把结成的冰随意弃置就可以了。爱听的话则可以煮一半，留一半他日细细品尝，住在北极的人真是太幸福了。

但是幸福也不常驻，有时候天气太冷，火生不起来，是让人着急的，只好拿着冰雪用手慢慢让它溶化，边溶边听。遇到性急的人恐怕要用雪往墙上摔，摔得力小时听不见，摔得用力则声震屋瓦，造成噪音。

我向往北极说话的浪漫世界，那是个宁静祥和又能自己制造生活的世界，在我们这个到处都是噪音的世代里，有时候我会希望大家说出来的话都结成冰雪，回家如何处理是自家的事，谁也管不着。尤其是人多要开些无聊的会议时，可以把那块嘈杂的大雪球扔在家前的阴沟里，让它永远见不到天日。

斯时斯地，煮雪恐怕要变成一种学问，生命经验丰富的人可以依据雪的大小、成色，专门帮人煮雪为生；因为要煮得恰到好处和说话恰如其分一样，确实不易。年轻的恋人们则可以去借别人的"情雪"，借别人的雪来浇自己心中的块垒。

如果失恋，等不到冰雪尽溶的时候，就放一把火把雪屋都烧了，烧成另一个春天。

温一壶月光下酒

煮雪如果真有其事，别的东西也可以留下，我们可以用一个空瓶把今夜的桂花香装起来，等桂花谢了，秋天过去，再打开瓶盖，细细品尝。

把初恋的温馨用一个精致的琉璃盒子盛装，等到青春过尽垂垂老矣的时候，掀开盒盖，扑面一股热流，足以使我们老怀堪慰。

这其中还有许多意想不到的情趣，譬如将月光装在酒壶里，用文火一起温来喝……此中有真意，乃是酒仙的境界。

有一次与朋友住在狮头山，每天黄昏时候在刻着"即心是佛"的大石头下开怀痛饮，常喝到月色满布才回到和尚庙睡觉，过着神仙一样的生活。最后一天我们都喝得有点醉了，携着酒壶下山，走到山下时顿觉胸中都是山香云气，酒气不知道跑到何方，才知道喝酒原有这样的境界。

有时候抽象的事物也可以让我们感知，有时候实体的事物也能转眼化为无形，岁月当是明证，我们活的时候真正感觉到自己是存在的，岁月的脚步一走过，转眼便如云烟无形。但是，这些消逝于无形的往事，却可以拿来下酒，酒后便会浮现出来。

喝酒是有哲学的，准备许多下酒菜，喝得杯盘狼藉是下乘的喝法；几粒花生米一盘豆腐干，和三五好友天南地北是中乘的喝法；一个人独斟自酌，举杯邀明月，对影成三人，是上乘的喝法。

关于上乘的喝法，春天的时候可以面对满园怒放的杜鹃细饮五加皮；夏天的时候，在满树狂花中痛饮啤酒；秋日薄暮，用菊花煮竹叶青，人与海棠俱醉；冬寒时节则面对篱笆间的忍冬花，用腊梅温一壶大曲。这种种，就到了无物不可下酒的境界。

当然，诗词也可以下酒。

俞文豹在《历代诗余引吹剑录》谈到一个故事，提到苏东坡有一次在玉堂日，有一幕士善歌，东坡因问曰："我词何如柳七（即柳永）？"幕士对曰："柳郎中词，只合十七八女郎，执红牙板，歌'杨柳岸，晓风残月'。学士词，须关西大汉、铜琵琶、铁棹板，唱'大江东去'。"东坡为之绝倒。

这个故事也能引用到饮酒上来，喝淡酒的时候，宜读李清照；喝甜酒时，宜读柳永；喝烈酒则大歌东坡词。其他如辛弃疾，应饮高粱小口；读放翁，应大口喝大曲；读李后主，要用马祖老酒煮姜汁到出怨苦味时最好；至于陶渊明、李太白则浓淡皆宜，狂饮细品皆可。

喝纯酒自然有真味，但酒中别掺物事也自有情趣。范成大在《骏鸾录》里提到："番禺人作心字香，用素茉莉未开者，着净器，薄劈沉香，层层相间封，日一易，不待花萎，花过香成。"我想，应做茉莉心香的法门也是掺酒的法门，有时不必直掺，斯能有纯酒的真味，也有纯酒所无的余香。我有一位朋友善做葡萄酒，酿酒时以秋天桂花围塞，酒成之际，桂香袅袅，直似天品。

我们读唐宋诗词，乃知饮酒不是容易的事，遥想李白当年斗酒诗百篇，气势如奔雷，作诗则如长鲸吸百川，可以知道这年头饮酒的人实在没有气魄。现代人饮酒讲格调，不讲诗酒。袁枚在《随园诗话》里提过杨诚斋的话："从来天分低拙之人，好谈格调，而不解风趣，何也？格调是空架子，有腔口易描，风趣专写性灵，非天才不辩。"在秦楼酒馆饮酒作乐，这是格调，能把去年的月光温到今年才下酒，这是风趣，也是性灵，其中是有几分天分的。

《维摩经》里有一段天女散花的记载，正在菩萨为弟子讲经的时候，天女出现了，在菩萨与弟子之间遍洒鲜花，散布在菩萨身上的花全落在地上，散布在弟子身上的花却像粘魆那样粘在他们身上，弟子们不好意思，用神力想使它掉落也不掉落。仙女说：

"观菩萨花不着者，已断一切分别想故。譬如，人畏时，非人得其便。如是弟子畏生死故，色、声、香、味，触得其便也。已离畏者，一切五欲皆无能为也。结习未尽，花着身耳。结习尽者，花不着也。"

这也是非关格调，而是性灵。佛家虽然讲究酒、色、财、气四大皆空，我却觉得，喝酒到极处几可达佛家境界，试问，若能忍把浮名，换作浅酌低唱，即使天女来散花也不能着身，荣辱皆忘，前尘往事化成一缕轻烟，尽成因果，不正是佛家所谓苦修深修的境界吗？

陈之藩

失根的兰花①

科学家陈之藩（1925年生）写得一手漂亮的文章，一颗中国文心比一般文人更深厚。海外游子的心态被他一语破的：失根的兰花。

顾先生一家约我去费城郊区的一个小的大学里看花，汽车走了一个钟头的样子，到了校园，校园美得像首诗，也像幅画。依山起伏，古树成荫，绿藤爬了一幢一幢的小楼，绿草爬满了一片一片的坡地，除了鸟语，没有声音。像一个梦，一个安静的梦。

花圃有两片，一片是白色的牡丹，一片是白色的雪球；在如海的树丛里，还有闪烁着如星光的丁香，这些花全是从中国来的吧。

由于这些花，我自然而然地想起了北平公园里的花花朵朵，与这些花简直没有两样，然而，我怎样也不能把童年的情感再回忆起来。不知为什么，我总觉得这些花不该出现在这里。它们的背景应该是来今雨轩，应该是谐趣园，应该是殿宫阶台，或亭阁栅栏。因为背景变了，花的颜色也褪了，人的感情也落了。泪，不知为什么流下来。

十几岁，就在外面漂流，泪从来也未这样不知不觉地流过。在异乡见过与家乡完全相异的事物，也见过完全相同的事物，同也好，不同也好，我从未因异乡事物不同想过家。到渭水滨，那水，是我从来没有见过的。我只是感到新奇，并不感觉陌生；到了咸阳城，那城，是我从来没有看过的，我只感觉它古老，并不感到伤感。我曾在秦岭中捡过与香山上同样的枫叶，我也曾在蜀中看到过与太庙同样老的古松，我并未因而想起过家，虽然那些时候，我穷得像个乞丐，而胸中却总是有嚼菜根用以自励的精神，我曾骄傲地说过自己："我，到处可以为家。"

然而，自至美国，情感突然变了。在夜里的梦中，常常是家里的小屋在风雨中坍塌了，或是母亲头发一根一根地白了。在白天的生活中，常常是不爱看与故乡不同的东西，而又不敢看与故乡相同的东西。我这时才恍然感悟到，我所谓的到处可以为家，是因为蚕没有离开那片桑叶，等到离开国土一步，就到处均不可以为家

---

① 选自楼肇明编《台港澳暨海外华文文学大系·散文卷二·崛起的山梁》，中国友谊出版公司，1993年版。

了。

美国有本很著名的小说，里面穿插着一个中国人，这个中国人是生在美国的，然而长大之后，他却留着辫子，说不通的英语，其实他说英语说得非常好。有一次，一不小心，将英文很流利地说出来，美国人自然因此知道他是生在美国的，问他，为什么偏要装成中国人呢。

他说："我曾经剪过辫子，穿起西装，说着流利的英语，然而，我依然不能与你们混合，你们拿另一种眼光看我，我感觉痛苦……"

花搬到美国来，我们看着不顺眼；人搬到美国来，也是同样不安心。这时候才忆起，家乡土地之芬芳，故乡花草的艳丽。我曾记得，8岁时肩起小镰刀跟着叔父下地去割金黄的麦穗，而今这童年的彩色版画，成了我一生中不朽的绘图。

在沁凉如水的夏夜中，有牛郎织女的故事，才显得星光晶亮；在群山万壑中，有竹篱茅舍，才显得诗意盎然。在晨曦的原野中，有拙重的老牛，才显得淳朴可爱。祖国的山河，不仅是花木，还有可感可泣的故事，可吟可咏的诗歌，是儿童的喧哗笑语与祖宗的静肃墓庐，把它点缀得美丽了。

古人说，人生如萍，在水上乱流，那是因为古人从未出过国门，没有感觉离国之苦。萍还有水可依，萍总还有水流可藉。依我看，人生如絮，飘零在万紫千红的春天。

宋朝画家郑思肖，画兰，连根带叶均飘于空中，人问其故，他说："国土沦亡，根着何处？"国，就是土，没有国的人，是没有根的草，不待风雨折磨，即形枯萎了。

我十几岁，即无家可归，并未觉其苦，十几年后，祖国已破，却深觉出个中的滋味了。不是有人说"头可断，血可流，身不可辱"吗？我觉得应该是"身可辱，家可破，国不可亡"。

金耀基

牛津剑桥的竞戏①

　　"所有校际运动中最古老的一项是吹牛比赛。"牛津和剑桥两校的"牛皮"之大，可能在世界名校中无出其右。那些掷地有声的名字，在人类历史上熠熠生辉。一所杰出的大学，对一个民族、对整个人类可以做出多大的贡献！

　　一年一度香港的"牛津剑桥社"又聚会了，地点是香港帆船会，时间是四月五号晚。所以选这一天，是因为这天牛津与剑桥的划船赛又在泰晤士河举行了！这是牛剑二校的"大"事，也是英伦的"盛"事。参加"牛津剑桥社"，蛮有趣的；没有任何义务，只是一年聚一次餐，不但可遇到旧朋新知，当场还可收听自英伦直接转播的船赛，最有意思的还是可以看到牛津与剑桥人彼此的促狭。牛剑人碰在一起时，彼此一定不肯不奚落对方一番。我虽系以"剑桥校友"的身份被邀请参加，但却一直是以第三者的立场欣赏他们彼此的戏谑。

　　以前写过一篇《从剑桥到牛津》的文字，对这两间英国的学术"双尊"，我曾作过一些观察。他们是学府中的瑜亮，一对姊妹花，很难说哪个更好，哪个更美。有些人读了那文，兴致很大，特别是在牛津、剑桥待过的人，更喜欢跟我上下议论。好像是没有例外的，牛津人总要把牛津说得比剑桥好一点、美一点；剑桥人总要把剑桥说得比牛津美一点、好一点。其实牛津与剑桥抢第一的游戏由来久矣。由于这两间古老而悠久的大学，自其同者而观之，则几乎是双生子，但从其异者观之，则又面貌有别，精神各异，也因此，比较二者的高下同异就成为大家有趣的话题。诚如查理士·丁尼生（Charles Tennyson）说，这是一个"不可避免的比较"。

　　牛津与剑桥竞戏的项目中最为牛剑人所喜好的倒不是比好比美，而是比"老"。史学家麦特兰（F.W.Maitland）说："所有校际运动中最古老的一项是吹牛比赛。"在比老的吹牛赛中，牛津人说牛津是Mempricius在先知Samuel时期创立的，剑桥人则说剑桥是Gurguntius王时代的西班牙王子Cantaber创建的。从这些

海外散文名家

---

① 选自金耀基《剑桥与海德堡——欧游语丝》，辽宁教育出版社，1995年版。

神话中可以欣赏到牛剑人的吹牛本事各擅胜场，难分轩轾。毫无疑问，这项吹牛比赛的胜负是不能分晓的。牛津与剑桥的大学生恐怕将永远停留在浪漫的浓雾中。不过，在世界大学的齿序上，牛津是排在剑桥之前的。根据剑桥英国文学教授Basil Willey的回忆录，他代表剑桥参加艾森豪威尔的哥伦比亚大学校长就职礼时，在按齿龄排位上，由于那时巴黎大学与佛罗伦斯大学无代表出席，故剑桥与牛津得以并列同坐，否则牛津与巴黎并列，剑桥就要与佛罗伦斯同坐，而退到"小老弟"的地位了。诚然，这样的齿序，剑桥人还是不能心悦诚服的。可是，有一点，剑桥人不能不同意，那就是尽管两个"大学"的生辰先后，不能铁案如山，若是就两校的学院出现的迟早来讲，1264年成立的牛津的牟顿学院（Merton College）则比剑桥最老的1281年成立的圣彼得学院（Peterhouse）要早17年。学院制是牛剑二校的特色与灵魂，讲牛剑而不谈学院，就像莎翁的《Hamlet》中没有了丹麦王子。因此，牛津在学院的年龄上是胜了剑桥的。不过，在牛剑二校64个学院中，论财富之雄，伟人之多，则势必要数剑桥的三一学院了。

　　牛剑在"大学"的诞生一节上，各别制造古怪的神话，固然弄得云雾弥漫，不辨真相。还有一件事，也是非同小可，两校也是各出心思，必争之而后快。所争为何？原来牛剑都要争乔叟（G.Chaucer）为己出。众所周知，乔叟不但是英国中古的最伟大诗人，更是英国文学之父。但这样一位文学巨子的生辰则像牛剑二校的生辰一样扑朔迷离。早期传记家所说的1328年已经被华德（A.W.Ward）等指出的讹误。至于这位伟大诗人究竟是牛津之子抑或剑桥之子，则各有说辞。牛津人说乔叟名著《Canterbury Tales》中的录事是牛津生；剑桥人更振振有词说乔叟设非剑桥生，他诗中曷能知晓剑桥的屈冰顿街？不过，这些毕竟是"大胆的假设"，还待"小心求证"，严格的"乔叟学"学者显然都不肯加以采用。看来，乔叟像莎士比亚、波柏、济慈这几位诗人一样，并非一定不入于牛（津）便归于剑（桥）的！

　　照剑桥社会史学名家狄凡凌（G.M.Trevelyan）的看法，在乔叟时代（14世纪），牛津是英国学术的中心，16世纪以降，剑桥才与牛津分庭抗礼，成为强劲的对手。16世纪初期，剑桥在伟大校长费雪（John Fisher）手中获得巨大的发展。当他是"皇后学院"院长时，请了人文学大师伊鲁斯玛士（Erasmus）来剑桥，讲授希腊文，开启了"新学"之门，批判了神圣的《圣经》，牵引了英国的文艺复兴。牛津大史学家吉朋讥笑伊鲁斯玛士的希腊文是从牛津学来的（他在1489~1500年在牛津的St.Mary the Virgin读书，受Colet及其友影响），而剑桥人则反讥牛津本身已忘了其所教。不管如何，由于伊鲁斯玛士，剑桥在宗教改革上发生了先导作用。牛津的大政治家葛拉斯东（W.F.Gladstone）老老实实地承认，不是他的母校，而是剑桥，开了影响深远的英国宗教改革运动，而他的母校则了无贡献。而在宗教改革中，剑桥之子，拉铁梅·雷德来、克拉玛竟都在当时旧教中心的牛津的贝里奥学院大门被活活烧死。难怪剑桥的史家麦考莱(Lord Macaulay)要愤而幽默地说:"剑桥的光荣是培育出许多著名的基督教主教,而牛津的光荣则在把他们活活烧死!"幸好,牛剑这样的竞争是不复再见了!今日,牛津贝里奥学院的大门前竖立了一个牛津人为剑桥这几位烈士建的纪念塔!

牛津与剑桥,从结构形态到学风性格都有不同。粗枝大叶地说,两个都是大学城;但在牛津,大学是在城里面的,在剑桥,则城在大学里面。牛津具阳刚之美,剑桥有阴柔之美。传统上,牛津是保守党(Tories)的大本营,剑桥则是维新党(Whig)的堡垒;前者多运动,后者多伟人。牛津的学术偏"价值之知识",剑桥的学术偏"自然之知识"。牛津与剑桥像希腊的城邦,自成一体,各具风格。究竟哪个更吸引人,是在好花入各眼,要看观赏者的品位。因此,二者高低的比划,别人可以不在意,牛剑人自己兴味盎然。

剑桥与牛津在帝国全盛时期,他们的毕业生几乎垄断了政治舞台。牛津人费枢(H.A.L.Fisher)在《The Place of the University in National Life》一书中就认为这是牛剑教育的功能。在英国政治上,位居要津的几乎不是牛津人,就是剑桥人。这在亚洲,大概只有东京大学在国家政治上有这样的优势。在牛剑二校中,恐怕牛津人尤占上风。牛津人,据佛兰斯纳(Flexner)看,多属仇怀(Jowell)型的绅士,学则学矣,但比起剑桥人来,兴趣还是偏向于巴力门与文官系统,很有点"学而优则仕"的气味,葛拉斯东可算是个中典型代表。尽管剑桥人亦不少走上从政之路,并且亦非无声光焕发,卓有成就者,如小壁德,廿四岁就已拜相,可是为数毕竟较少。反之,牛津人则大多食君之禄,在政治上大展手脚,远者无论矣,即看今朝风流人物,工党下台不久的威尔逊首相是牛津人,保守党的前任首相希思,以及现任首相"铁娘子"撒切尔夫人都是牛津人。前阵子为官非弄得一身是蚁的自由党党魁索普,也是牛津人。为什么牛津人那么多从事政治?这道理不明白。不知哪一位人士有一妙解:牛津人的爱西斯河(Isis)可直通泰晤士河,所以一帆扬远,直上青云。反之,剑桥的"剑河"(Cam)云淡风轻,恬淡隐退。所以剑桥人不思庙堂之赫赫,而宁愿退居于野也。是耶?非耶?假如说牛津人多政治家,那么,剑桥人更多科学家。这一点,剑桥人是乐而言之的。开科学思想先河的培根是剑桥人,对人类现代科学发生革命性影响的两位巨子更是十足十的剑桥之子。三一学院的牛顿与基督学院的达尔文并列葬于西敏寺,前者开启了无机世界之钥,后者则为有机世界提供了一个理性的秩序。诚然,牛津之子非无科学家,但较之剑桥,是难以比肩竞鞭的。

两校比赛的项目众多,但归根到底,人物还是焦点,而在各类人物中,英国有些像中国,都很崇拜诗人。到底剑桥与牛津的诗人谁多谁高则又是一个文坛瞩目有趣的竞戏大项目。我想剑桥人一定会"欣然同意"一位牛津诗人兰恩(Andrew

Lang）的说法。兰恩极有新意地把牛津与剑桥二校最好的诗人编成两个板球（cricket）队，各11人，此外，在牛剑之外集全英最好的诗人另编成一队，一共三队，阵容如下：

牛津队——

杜雷顿（Drayton），雪尼（P.Sidney），加流（Carew），拉夫蕾士（Lovelace），柯林士（Collins），毛里斯（W.Morris），约翰笙（Johnson），兰道（Landor），雪莱（Shelley），阿诺德（M.Arnold），史运朋（Swinburne）。

剑桥队——

史宾塞（Spenser），马罗（Marlowe），萨克林（J.Suckling），赫里克（R.Herrick），米尔顿（Milton），丁尼生（Tennyson），屈赖顿（Dryden），葛莱（Gray），伍德华茨（Wordsworth），柯立基（Coleridge），拜伦（Byron）。

（英）国家队（牛剑之外）——

詹姆斯王一世（King James I），莎士比亚（Shakespeare），波柏（Pope），施威夫脱（Swift），白恩斯（R.Burns），白朗宁（R.Browning），史各脱（W.Scott），哥史密斯（Goldsmith），巴旁（The Rev.Canon Barbour），济慈（Keats），摩尔（T.Moore）。

兰恩说，假如不是因（英）国家队中有莎士比亚，剑桥队可以稳操胜券，最有冠军相。依我看，就是在世界诗坛上，可以击败剑桥的诗人板球队的，恐怕亦不多有，大概最有把握的是中国的诗队吧！至于中国队的名单，由于才多将广一时也真难于选拔！

诗人王国中，牛津人落居下风，但牛津人在文坛上却有一位体型与声望都是巨大无比的约翰笙博士（Dr.Samuel Johnson）。约翰笙就是只手完成英国第一部大字典的文学宗匠。他得到的"博士"头衔却不是今日流行的Ph.D.所可比拟的。约翰笙博士不止是诗人，更是文学批评的霸主，他的《Lives of the Poets》等书之价值，迄今不斩。他生前享誉至隆，为一代之雄，文坛视之为北斗泰山，（英）国之人无不以结识约翰笙为荣为乐。他的文学社的文友包括艺术家雷诺（Joshna Reynolds），诗人哥史密斯（Goldsmith），经济学家亚当·斯密（Adam Smith），史学家吉朋（Gibbon），哲学家勃克（E.Burke）等。这些人无不卓然成家，名耀千古，但约翰笙的声光压倒一切，隐隐然为一国重镇。这位"博士"真正不可及的是他充满人情味、充满"普通常识"的智慧；他的一词片语，随口拈来，无不入情入理，平凡中显神奇、神奇中见平凡，谈锋之健，词汇之富，不由不令人击节。约翰笙"语录"不靠政治力量的推动，却是百口传诵，千秋不磨。论者以约翰笙是"最受爱戴的英国人"，恐非夸大之词。英国一千年文坛中，星光闪烁，巨匠辈出，论诗艺文学，尽或有高于约翰笙者，但要像他这样得人缘，深入社会各阶层的，实难作第二人想。莎士比亚伟大则伟大矣，但他一生扑朔迷离，犹如羚羊挂角，无迹可寻，有作品而不见其人，不像约翰笙有头有面，具体而"大"。牛津有约翰笙的确使剑桥难以抗衡。不过，剑桥也不是全无招架之力的。事实上，剑桥在17世纪，在早约翰笙博士2世纪前，就有一位"博士"，他是"皇后学院"之子，叫傅勒（Thomas Fuller）。他写过卅五本书。最著名的是《The History of the Worthies of England》①。傅勒的学问、智慧与人品曾使无数才人折腰。英国的桂冠诗人索斯（Southey）曾引他为"最钟意的作者"；散文大家兰姆（C.Lamb）称他为"亲切的、善良的、可爱的老天使"；另一位大诗人柯立基（S.Coleridge）更赞美他说："无可比拟的，他是那个号称伟人如云的时代中最懂情理，最无偏见的伟人。"他不止受到"博士"的荣誉，同时更因其书名而获得Worthy Doctor的尊称。他这个"博士"头衔与约翰笙的"博士"是斤两悉称的。事实上，他与约翰笙很多地方相像，不止都有重量级的体型，并且都是博学、友好、善于谈天说地，二人皆有一种自然的吸引力，都是天生的领袖。论者认为他二人都有"最快的头脑、最灵的耳朵、最敏捷的口舌"。要说不同的话，恐怕是约翰笙不但食欲大，并且狼吞虎咽，旁若无人，似乎颇没有"吃相"；而傅勒则慢条斯文，一匙一叉，皆中规矩耳！可是，时至今日，约翰笙博士的大名妇孺皆知，而傅勒博士则连多数剑桥人也"未之前闻"了。命欤？运欤？这虽不尽然，但有一点则是无可怀疑的，约翰笙有一个鲍斯威尔（Boswell），而傅勒则只有一个培莱（Bailey）。不错，培莱非传记的下驷之材，但却无法使傅勒永生，而鲍斯威尔则无疑是传记中的不世高手，约翰笙在他笔下，简直比活的还活，比真的还真！世无约翰笙固无鲍斯威尔！但无鲍斯威尔，则约翰笙也就可能是19世纪的傅勒博士了！

牛津与剑桥这两个近千年的中古大学，可写的太多，而两个大学的竞戏项目更是多至不能胜数。看二者的竞戏，诚是一件赏心乐事，但对彼此的胜负，实不可太过认真。那晚在牛剑社晚餐会中，收听泰晤士河上两校竞舟的新闻，牛津人与剑桥人固然精神专注，表情随两校船只的进度而转变，但当听到牛津的船抢先抵达终点时，剑桥人固没有急于向牛津人道贺，但倒也没有口出三字经，或者气急败坏，纷纷离场的。据说在19世纪中叶，比赛之前，两校的划船教练都到对方，不在刺探敌情，反之，倒诚心想帮帮对手，其目的是："让世界看到最完美的划船"。其意在"划"，不在"胜"，好像有些中国钓鱼雅士，目的在"钓"，而不在"鱼"！

1980年5月 香港

海外散文名家

273

① 这是一本描写英国各县最有价值的人物与事迹的书。

董桥

给后花园点灯①

　　董桥的散文自创一格：冷静素描，感情深藏；信息丰富，中西会通；用词古雅，落笔幽默；体式多变，打通诗歌、散文和小说的界限。他说："台北是中国文学的后花园"，请"给后花园点灯"，让文化薪火相传。生活在香港的董桥，就是一个认真的"点灯人"。

　　董桥（1942年生），小品文大家。生于福建，长于印尼，求学中国台湾、英国，任职香港新闻界。著作有《这一代的事》《跟中国的梦赛跑》《董桥自选集》等。

其　一

　　香港阴雨，台北晴朗。飞到台北，公事包上的水渍还没有全干。心中有点感伤，也有点文绉绉。公事包不重，记忆的背囊却越背越重，沉甸甸的：二十多年前的菠萝面包、绿豆汤、西瓜、排骨菜饭、牛肉干、长寿牌香烟、大一国文、英文散文选、三民主义、篮球、乌梅酒、文星杂志、《在春风里》、黑领带、咔叽裤原来都给二十多年烈阳风霜又晒又吹又烤的，全成了干巴巴的标本了，现在竟然纷纷科幻起来，眨眼间复活的复活，还原的还原，再版的再版，把中年风湿的背脊压得隐隐酸痛；止痛片止不住这样舒服的酸痛。

其　二

　　感伤的文学。文绉绉的乡愁。薄暮中漫步敦化南路附近的长街短巷，深深庭院变成摘星的高楼，但是，琼瑶的窗外依稀辨认出琼瑶的窗里；于右任的行草舞出"为万世开太平"的线装文化；金里描红的风铃摇晃出唐诗宋词元曲；仿古红木书桌上的一盆幽兰错错落落勾出墨色太新的笺谱；墙上木架花格里摆着拙朴的陶土茶罐花瓶："心中有道茶即有道"、"和气致祥喜神多瑞"。大厦一扇铁门一开，走出两位小说里的少女：扁扁的黑鞋，扁扁的胸部，扁扁的国语，扁扁的

---

　　① 选自董桥《这一代的事》，三联书店，1992年版。

《爱眉小札》，扁扁的初恋，像夹在书里的一片扁扁的枯叶。台北是中国文学的后花园：商业大厦里电脑键盘的噼啪声掩不住中文系荷塘残叶丛中的蛙鸣；裕隆汽车的废气喷不死满树痴情的知了。这里是望乡人的故乡：

> 松涛涌满八加拉谷
>
> 苍苔爬上小筑黄昏
>
> 如一袭僧衣那么披着
>
> 醒时　一灯一卷一茶盏
>
> 睡时　枕下芬芳的泥土

其　三

郑愁予诗中的诗人于右任死了，郑愁予却在武昌街化做童话里的老人：

> 武昌街斜斜斜上夕阳的山冈
>
> 一街胭脂的流水可得小心，莫把
>
> 火艳的木棉灌溉成
>
> 清粉的茱萸了

就在这样古典的气氛里，林文月的十六岁儿子问妈妈说："这个暑假，我想读唐诗三百首好不好？"妈妈打着哈欠说："当然好啊，但是千万别存心读完。""哦？""因为那样子会把兴致变成负担。"那个深夜，儿子还问妈妈说："你觉得进入理工的世界再兼修人文，跟从事人文研究再兼修理工，哪一种可能性较大？"妈妈说："研究理工而兼及人文的可能性是比较大。""那种心情应该是感伤的"，读来"却反而觉得非常非常温暖"，像林文月到温州街巷子里薄暮的书房中看台静农先生那样温馨："那时，台先生也刚失去了一位多年知交。我没有多说话，静静听他回忆他和亡友在大陆及台北的一些琐细往事。仿佛还记得他把桌面的花生皮拨开，画出北平故居的图形给我看。冬阳杳蔼，天很快就暗下来。台先生把桌灯点亮，又同我谈了一些话。后来，我说要回家，他也没有留我，却走下玄关送我到门口，并看我发动引擎开车子走。我慢速开出温州街巷口，右转弯到和平东路与新生南路的交叉处，正赶上红灯，便刹车等候信号指示，一时无所事事，泪水竟控制不住地突然沿着双颊流下来。"

其　四

不会怀旧的社会注定沉闷、堕落。没有文化乡愁的心井注定是一口枯井。经济起飞科技发达纵然不是皇帝的新衣，到底只能御寒。"天寒翠袖薄、日暮倚修竹"的境界还是应该试试去领会的。聪明人太多，世间自然没有"信"之可言了。方瑜说：有小偷光顾台大教授宿舍，教授们灯下开会商量对策，议论半天，最后达成协议。不久，宿舍大门口挂起书法秀丽的一块告示："闲人莫进"。多么无奈的讽刺。多么有力的抗议。经济、科技的大堂固然是中国人必须努力建造的圣殿，可是，在这座大堂的后面，还应该经营出一处后花园：让台静农先生抽烟、喝酒、写字、著述、聊天的后花园。

其　五

鬼节那天，计程车司机说："该到基隆去看。那儿最热闹，善男信女在水上放纸厝，有好多灯！"灯是传下来了，暖暖的，最相思，最怀旧，像红豆，点在后花园里也好看。

董桥

中年是下午茶①

董桥是对丰富现代汉语有贡献的作家。他的珠玉文字兼有英文的洒脱与文言的清雅,可堪品读如诗。看他调侃中年的尴尬,出语尖新,态度却平和,令人哑然失笑。

一

中年最是尴尬。天没亮就睡不着的年龄;只会感慨不会感动的年龄;只有哀愁没有愤怒的年龄。中年是吻女人额头不是吻女人嘴唇的年龄;是用浓咖啡服食胃药的年龄。中年是下午茶:忘了童年的早餐吃的是稀饭还是馒头;青年的午餐那些冰糖元蹄、葱爆羊肉都还没有消化掉;老年的晚餐会是清蒸石斑还是红烧豆腐也没主意;至于八十岁以后的消夜就更渺茫了:一方饼干?一杯牛奶?总之这顿下午茶是搅一杯往事、切一块乡愁、榨几滴希望的下午。不是在伦敦夏蕙那么维多利亚的地方,也不是在成功大学对面冰室那么苏雪林的地方,更不是在北平琉璃厂那么闻一多的地方;是在没有艾略特、没有胡适之、没有周作人的香港。诗人庞德太天真了,竟说中年乐趣无穷,其中一乐是发现自己当年做得对,也发现自己比十七岁或者二十三岁那年的所思所为还要对。人已彻骨,天尚含糊;岂料诗人比天还含糊!中年是看不厌台静农的字看不上毕加索的画的年龄:"山郭春声听夜潮,片帆天际白云遥;东风未绿秦淮柳,残雪江山是六朝!"

二

中年是杂念越想越长、文章越写越短的年龄。可是纳博科夫在巴黎等着去美国的期间,每天彻夜躲在冲凉房里写书,不敢吵醒妻子和婴儿。陀思妥耶夫斯基怀念圣彼得堡半夜里还冒出白光的蓝天,说是这种天色叫人不容易也不需要上床,可以不断写稿。梭罗一生独居,写到笔下约翰·布朗快上吊的时候,竟夜夜失眠,枕头下压着纸笔,辗转反侧之余随时在黑暗中写稿。托马斯·曼临终前在威

---

① 选自董桥自选集《旧情解构》,三联书店,2002年版。

尼斯天天破晓起床，冲冷水浴，在原稿前点上几支蜡烛，埋头写作二三小时。亨利·詹姆斯日夜写稿，出名多产，跟名流墨客夜夜酬酢，半夜里回到家里还可以坐下来给朋友写十六页长的信。他们都是超人：杂念既多，文章也多。

中年是危险的年龄：不是脑子太忙、精子太闲；就是精子太忙、脑子太闲。中年是一次毫无期待心情的约会：你来了也好，最好你不来！中年的故事是那只扑空的精子的故事：那只精子日夜在精囊里跳跳蹦蹦锻炼身体，说是将来好抢先结成健康的胖娃娃；有一天，精囊里一阵滚热，千万只精子争先恐后往闸口奔过去，突然间，抢在前头的那只壮精子转身往回跑，大家莫名其妙问他干吗不抢着去投胎？那只壮精子喘着气说："抢个屁！他在自渎！"

三

"数卷残书，半窗寒烛，冷落荒斋里。"这是中年。《晋书》本传里记阮咸，说"七月七日，北阮盛晒衣服，皆锦绮灿目。咸以竿挂大布犊鼻于庭。人或怪之。答曰：'未能免俗，聊复尔耳！'"大家晒出来的衣服都那么漂亮，家贫没有多少衣服好晒的人，只好挂出了粗布短裤，算是不能免俗，姑且如此而已。

中年是"未能免俗，聊复尔耳"的年龄。

董桥

藏书家的心事①

　　在各样的收藏中，藏书大约是最难以体现经济价值的，而书痴层出不穷，大都是心灵渴求的驱使。这样，藏书家不会让人嫉妒，却总让人有莫名的尊敬。家人常常不解书痴，其实，书痴跟书籍结缘，已经心有所归，他还要再成家，不免有重婚之嫌。

　　爱书越痴，孽缘越重；注定的，避都避不掉。瑟帛（James Thurber）有一幅漫画画书房，四壁是书；妻子气冲冲指着丈夫说："这屋子里有老娘就不能有文学，有文学就没老娘！"可怕至极。西摩·德·利奇（Seymour de Ricci）家里珍藏三万多本书籍拍卖行编印的书目，堆得满满的；有客人来，妻子忍不住抓着客人说："全是书！你想看看我在哪儿挂我的衣服吗？"客人跟她进卧房，她打开大衣橱给客人看，里头堆满一幢幢的书目，连挂一件衣服的空当都没有。"到处是书！"妻子说完掉头走开。爱丁堡的沙洛利亚（Charles Sarolea）藏书之富出了名，不能不想办法应付"内忧"，老劝太太出门旅行；太太不在家的那几天里，他不断打电话请各书商把他订下来的那一大堆书都运回来。太太回来心里总觉得家里的书多了好多，只是本来就有十几万册，现在多了多少她实在不敢说。沙洛利亚有钱，还不至于自己买书弄得家里没米。钱不多，又爱书，更烦了。多年前，英国有个穷藏书家，每买一本书，总是先照定价付钱给书商，再请书商帮帮忙，在那本书的扉页上写个很便宜的假价钱，最好不超过三英镑六便士。这种安排妥当得很。他过世之后，太太变卖那批藏书过日子，发现所得甚丰，不禁伤心起来，怪自己过去整天埋怨丈夫买书浪费金钱。这段故事格外令人伤感：那位藏书家活得太痛苦，也活得太有味道了。布鲁克（C.L.Brook）那本Books and Book Collecting里收录了不少这些藏书家轶事，实在不忍读下去。

　　去年，跟伦敦一位老书商谈起贝森（Fred Bason）的事，或可一录。贝森爱书，但家里穷，一辈子到处搜购旧书，装满一大布袋分批卖给旧书铺，解决吃饭问题，再回去编书著书。他编过一册《好书待售一览表》，还编过毛姆的书目；著作

---

① 选自董桥自选集《品味历程》，三联书店，2002年版。

则有四册《日志》。早年，他母亲硬是要他去当理发师，他偏去买卖旧书。母亲说："只要你每星期给我赚三十先令回来，我准你去买卖旧书。赚不到三十先令给我，你休想去做旧书生意，快给我滚到理发店去。"贝森从此为了那三十先令什么卑微的事都做过。幸好他还会弹钢琴，一度每个星期六下午到一家卖旧家具旧钢琴的铺子里去弹钢琴，用琴声吸引顾客来买旧钢琴，卖出一架琴他可以分到两三先令，弹一个下午琴则赚十先令。贝森跟毛姆既是老朋友，当年不少美国人愿意高价购买毛姆亲笔题款签名的初版书。贝森接到"订单"后就带着那些初版书去找毛姆，毛姆一一照写照签，而且规定所得"润笔"一律分为两份，一份给贝森，一份捐给他当年学医的圣汤玛斯医院。都说毛姆生性凉薄，贝森竟得其独厚，也算缘分。贝森晚年爱说自己一生跟书有缘，到老不悔。痴情到这个地步，难怪女人受不了爱书藏书的男人。但是，《藏书家季刊》（The Book Collector）一九七六年有一期登了这样一封读者来信："内人酷爱收藏图书。她有好多书翻都没翻过。我再三劝她申请公立图书馆的借书证，希望从此治好她的藏书病，她硬是不肯。"爱藏书而称之为"病"，甚妙！"爱"字害苦了太多人；买书无罪，爱书其罪，还有什么好说？

把书当工具的人，家里虽有几架子书，都不算"藏书家"。一九七三年五月十一日的《泰晤士报文学增刊》刊登曼比（A.N.L.Munby）的"Book Collecting in the 1930's"，家里明明剪存了这篇好文章，后来在书店里看到加州书商印刷的单行小册，限印六百七十五本，每本编号，纸质印工都算一流，虽贵，还是忍不住买了下来，这样的人藏书未必太多，却是真正的"藏书家"。自己明明不懂园艺学，对种花种菜兴趣也不大，但看到Sara Midda的精装本，In and Out of the Garden全书百多页文字和插图都是七彩手写手绘，装帧考究，想都不想就买下来，这个人必是"书痴"！

"痴"跟"情"是分不开的；有情才会痴。中国人还有"书淫"之说，指嗜书成癖、整天耽玩典籍的人。此处的"淫"字也会惹起很多联想。"耽玩"迹近"纵欲"。人对书真的会有感情，跟男人和女人的关系有点像。字典之类的参考书是妻子，常在身边为宜，但是翻了一辈子未必可以烂熟。诗词小说只当是可以迷死人的艳遇，事后追忆起来总是甜的。又长又深的学术著作是半老的女人，非打点十二分精神不足以深解；有的当然还有点风韵，最要命是后头还有一大串注文，不肯罢休！至于政治评论、时事杂文等集子，都是现买现卖，不外是青楼上的姑娘，亲热一下也就完了，明天再看就不是那么回事了。倒过来说，女人看书也会有这些感情上的区分：字典、参考书是丈夫，应该可以陪一辈子；诗词小说不是婚外关系就是初恋心情，又紧张又迷惘；学术著作是中年男人，婆婆妈妈，过分周到，临走还要殷勤半天怕你说他不够体贴；政治评论、时事杂文正是外国酒店房间里的一场春梦,旅行完了也就完了。

最糟糕是"藏书家"(book collector)给人的印象是个阳性词,古今中外都一样。事实上,藏书家里头的确是男人多女人少——少得很多。藏书家对书既有深情,访书也掺了几分追求女性的"欲望",弄得爱书和爱女人都混起来了,结果,西方藏书家所用的藏书票,不少竟以仕女图作主题、作装饰。这里面必有原因。藏书家的妻子十之八九不藏书,又反对丈夫买书藏书爱书;藏书家的母亲大概多少都有贝森母亲的想法,宁可儿子当理发师也不要他跟那些破书缠绵;藏书家没有母亲没有妻子而有女朋友的话,想来女朋友也不太会理解他的爱书心理。曼比妙想无穷,说是藏书家应该趁早教育妻子,蜜月期间以每日逛一家书店为上策。此议恐怕也不甚实际。书和红袖太不容易衬在一起;"添香"云云,才子佳人的故事而已。藏书家不能自释,只好寄情藏书票上的仕女;有些更激进,竟把春宫镌入藏书票里;年前美国还有好事者编出一部《春宫藏书票》。

西方仕女图藏书票上画的女人,漂亮不必说,大半还带几分媚荡或者幽怨的神情,仕女身边偶有几本书,流露出藏书家心里要的是什么。这当然又是后花园幽会的心态在作祟!伦敦旧书商威尔逊的藏书票藏品又多又精,自己还印制好几款仕女图藏书票,有一次问他为什么一款又一款尽是仕女图?他低声反问:"你不觉得她们迷人吗?"

爱书藏书已经是"痴",是"病",是"淫",是"罪",藏书家还要在藏书票上寄托心事,罪孽更重,殊为多事!

杏林子

天地岁月①

杏林子（1942年生），原名刘侠，台湾作家，12岁患类风湿关节炎，从此一生与疾病抗争。残障者的一个心坎是"我要做一个'常'人，我不以残障示人。"为了和别人一样，往往以独行侠的身姿走自己人生的路。直到发现别人对自己的需要，她迈过了又一道心坎："我的笔，我的生命，不再为自己而写，不再为自己而活。我是一个没有讲坛的传道人，天地便是我的讲坛。""眼中有残，心中无残。"此后的人生，便具有圣女奉献般的庄严。天地悠悠，岁月无限，人世间这样活着的生命，定然是美丽的。

独 行

岁月仿佛是一本翻得太快的画册，前一页的光景还来不及仔细打量，便哗啦的一声掀了过去。

总觉得还没做什么事，怎么时间就过去了。而一转眼，我四十出头了。

这真是一个尴尬的年纪。把我自己陷在一个两代的夹缝里。我可以和年轻人谈理想、谈抱负、谈人生大道理，便是三天三夜也不疲累，但我依然无法融进他们色彩鲜明、节奏快速的生活轨迹。

当我对一些令年轻人额头和眼珠子发亮的话题索然无味时，我便知道我已经不再年轻，我们之间的距离不是年龄和外表可以跨越的。

而同辈的朋友，在她们的丈夫儿女、家务应酬的世界里，我也同样占据不到一席之位。她们有她们固定的思想范畴，自成一个团体。

我注定是一名独行侠，走在我自己的路上。

孤独，亦无不好。

很小很小的时候，我便感觉自己有如来自另一星际的族类。我不属于这个世界，这个世界亦不属于我。

每每在读书、工作或是和童伴疯狂嬉闹时，突然思想停顿，灵魂出窍，自己便

海外散文名家

---

① 选自俞元桂主编《中国当代散文精粹类编》（上卷），上海文艺出版社，1999年版。

像烟像雾,飘向一个遥不可知的空间。而眼前的人和物一刹那全变得空茫陌生起来。

母亲最是恼恨我这样的恍恍惚惚,七窍中总像是塞住了一窍。

"你的心呢? 又被狗掏去啦? 啊?"

我在我自己的世界中沉醉,享受着那一分不可说的自得。

初病时,我一个人住在医院,父母在伸手不见的千里之外,我独自面对生和死。孤独,便是教导我长大的老师,一步步探向生命不可解的奥秘之处,犹如台风的中心,绝对的宁静、祥和而美丽。

当然,你必须先承受那一份风雨中的挣扎。你抗拒,你紧张,苦苦跟不可知的力量搏斗,不由自主地被推挤、碾压,莫名的恐惧紧紧攫住你,使你窒息、碎裂,你几乎要绝望、要放弃了,突然之间,一股强大的压力把你推出母亲的产道,一声惊啼,世界豁然开朗。

新天新地,以及——全新的新生命。

而世人看到的仍是四周的风雨肆虐,山河变色,我要怎么样才能叫他们明白我心中的甜蜜和喜悦呢?

霜 后

有一天,三毛偷偷问拓芜:"若你成了刘侠那个样子,怎么办?"

拓芜回答得很决绝:"我宁肯死掉,你干脆拿毒药毒死我好了!"

拓芜也反问三毛:"若你呢? 若你是刘侠呢?"

三毛回答得更决绝:"你偷偷毒死我,别让我知道就好。"

他们想联合毒死我,然后到法院自首。"我们毒死了我们的好朋友刘侠,不是出于恨,实在是因为我们太爱她,不忍她受苦。"

我可爱的朋友啊! 你们以为我是受苦,生不如死,不知生命于我是多么大的珍奇和宝贝。

什么是痛苦呢? 不是肉体和心灵的被割裂,而是你无法把自己从中间释放出来。

打了霜的柿子才甜,因为,唯有苦寒才能将那一分酸涩催化成香精和糖分。

40出头的我,也是一枚恰恰初熟的柿果,自有我独特的芬香和甘甜。

天天跟神求的竟然是让我活到90岁吧,活到90岁,至少我还有50年的岁月可以好好爱,好好活,好好拥抱这个世界。

也从来没有一刻的生命像此刻这样圆熟、美满,恰到好处。

初初得病,医生把我当成了稀罕病例,隔不到几天就把我抬到医院大礼堂示范讲学。

我恨死这种事，我又不是铁丝笼里的白老鼠。

可是父亲温言温语地劝我："就是要给人研究研究嘛! 说不定就能研究出什么新方法了呀!"

坐在台上，望着黑压压一片人头，犹如剃了头发的参孙，羞辱、愤怒而无助。

若干年后，我心甘情愿地把自己展现在人前，成为一台戏景。

自 得

很多朋友都以为我是近几年才开始写作的，不知道我17岁就有文章在《中华文艺》上发表。

早在六十年代，我也写了许多所谓的意识流小说。有一篇尚且被广泛讨论，一位作家评论我的文章有法国某某大师的风格，我大笑不已，因为那位大师的大名我从来没听过。

别忘了，我只有小学毕业，不懂什么叫风格，我只不过心里有话想说罢了! 一种孤独者的自白，误打误撞闯进了意识流的漩涡。

从不与编辑先生打交道，也从不与文坛来往，我有一个至今不为人知的笔名。

我告诫自己，你只管写你的稿，不要张扬，免得别人误以为你仗恃自己的残障出风头。

我也怕，怕别人因为我的残障降低对我要求的水准。

"不容易啊! 这种情形还能写作，不容易啊!"

这样的话，对我无疑是种致命伤。

后来，小说不写了，改写剧本。戏剧真是件迷人的东西，从广播到电视到舞台，沉迷其中。有一回，制作人到家中送稿费，才霍然发现刘侠"先生"原来是小姐。

慢慢地写多了，有记者知道，想来采访我。我坚持不肯，理由是我要做一个"常"人，我不以残障示人。

这样的心态恐怕多多少少仍然有些不平衡，这表示我仍然缺乏信心，仍然不敢肯定自己。

我仍然在乎别人对我的看法，因为，我自己在乎，虽然是不自觉的。

我活在我自己的世界里，自得其乐。

直到有一个人在我身边死亡。

海外散文名家

如 果

其实，病了几乎一辈子（想来势必还得继续病下去），不知住了多少次医院，生死的场面早已习以为常，无动于衷。

我看着他们断气，看着医生举起手表宣布死亡时刻，看着他们被蒙上白布，然后，运尸车把他们推了出去。

有时候，我同情他们，有时候，我可怜他们。更多时候却有如医生般职业性的漠然。

他们有他们的路，我有我的。我们只是偶尔交会于一点，谁都用不着付出什么。

直到我遇到她。医院里一向习惯以床号代替名字，我们管她叫"37床"。

我"38床"，我们是邻居。

"37床"患了一种血液方面的癌症"柯杰金氏症"。起先还是生龙活虎的一个人，一点病像都没有，渐渐地体力衰竭精神委靡。同住了三个半月，我看着她一步一步走上死亡之路。

而且走得极其凄凉孤苦。

她有家，有丈夫，有儿女，也有足够的财富，唯一没有的就是爱。

说真的，我并不喜欢她。脾气暴躁，喜怒无常，医院里上至主任大夫，下至工友，她几乎架都吵遍了，实在是一个不得人缘的人。

医院里伙食不好，有时候看她像弃妇一样无人闻问，我忍不住把我的小菜分她一点，甚至把我的药分给她（不知为什么，治关节炎的药也可以治癌症），她的丈夫认为她反正无救了，舍不得再花钱。

她也从来不诉苦，不流泪，对于我的给予，她默默接受，却客气地保持距离，维护着她的自尊。

这样一个刚硬冷傲的人，却在昏迷中真情流露。不省人事中，她常会突如其来惶急大喊："我要找我的侠宝宝，我的侠宝宝！"

谁是她的"侠宝宝"？等到我终于听出她喊的是谁时，头上像是被人狠狠敲了一棍子。

她有同衾共枕三十余年的丈夫，她有血肉相连的儿女，她不喊，为什么单单喊我？一个只不过共住了三个半月，既不沾亲，也不带故的同房病人。

难道仅仅因为一点点小菜和水果就足以寄托她全部的感情？我实在不知道，暴躁的脾气原来是为了掩饰她内心极端的恐惧，冷漠的面孔之后又是怎样一颗寂寞的心啊！

其实，我并没有真正付出什么，与其说我关心她，不如说我可怜她，可怜她样样都有，样样都没有。

一向最不愿意在感情上有什么瓜葛纠缠的人，没有必要为一分萍水相逢的人生付出什么，特别是在那样一个生死无常的地方。

然而，那一声声昏迷中的呼唤却唤醒了我自己，让我发现我曾经活得多么狭窄自私。

在她还清醒，还能领受爱与温暖的时候，如果我多说一句体谅的话语，多投视一个关怀的眼神，也许就不致让她走得那么孤单寂寞了。

我可以做到，我没有做，这是我一个永远无法弥补的伤痛。

如果我爱，却只爱我的亲人，只关心我的朋友，只喜欢那些讨我欢喜的人，那么，我配懂什么爱？

从这个时候，我走出了我的暖室，面对苦难世界，苦难众生。

众 生

出院之后我把自己奉献给上帝，我的笔，我的生命，不再为自己而写，不再为自己而活。我是一个没有讲坛的传道人，天地便是我的讲坛。

我开始了解到我永远不可能是一个"常"人，上天既然注定我是一个特殊的人，必然有它赋予的特殊任务。

也知道此刻，我才真正是眼中有残，心中无残。

我的大弟亦从事社会工作，目前负责屏东的"胜利之家"，那里有七十几位小儿麻痹孩子。有一次，他告诉我：

"缺陷是上天留给人类的唯一出路。"

真的是这样吗？

如果太阳永不下山，月恒常不变；如果四季常青，天色一味晴好，这个世界将不知如何的枯燥乏味。

如果人生不再有生老病死的悲哀，不再有悲欢离合的痛苦，年年岁岁一成不变，生活永远无波，一切都将变得平淡无奇。我们就再也分不出什么是快乐或不快乐，什么是幸福或不幸福，什么是满足或不满足。

有需要，才有付出；有怜恤，才有同情。我们渴望爱，是因为我们不足；我们懂得爱，是因为我们知道他人的不足。如果这个世界人人都一样强壮、富足、平安，那么，我们谁也不需要谁，谁也不用关心谁，我们的感情会逐渐结冰，心硬如石。

我们也永远不会为我们所拥有、所享受到的一切心怀感恩，因为我们不曾失去，我们也无从期盼，无从获得。

一位读者写信给我。"我有一位体贴的丈夫，三个听话的孩子，还有一份不错的工作，可是，我就是不快乐，我怎么办？"

面对这样一封信，我无以回复。快乐是一种经历，无法教导。

大侄子三岁的时候就懂得心疼这个生病的姑姑，有一回，他定定望了我半天，叹气说：

"二姑姑，你好可怜哟！又没有先生，又没有小孩！"

我给说得又想哭又想笑，忍不住逗他。"对呀！这么可怜，怎么办呢！"

他毫不犹豫地说："那我做你的小孩好了！"

可恶的大人仍要继续逗他，"做我的小孩就不能跟爸爸妈妈回埔里咯！"

小人儿难住了，想了半天，想出一个两全其美的办法，"那这样好了，我回埔里就做我妈妈的小孩，我来台北就做你的小孩！"

怎样勇敢的一种承诺啊！倒叫人不由不格外怜惜他来，难得小小年纪就有这样一份体恤的心。

二侄子也同样情感充沛，前不久回家，看见我仍然坐在我的老位置上，从他出生到今日，一如化石般被钉死不动，脱口问我：

"二姑姑，你每天坐在这里，你不烦恼吗？"

小小人儿何曾懂得什么叫做烦恼。然而，我要怎么告诉他，我的心横跨天地，来去如风，没有什么可以阻拦的。这样的话只怕有的人活了一辈子都未必明白。

人生一世，我们不祈求苦难，也不歌颂眼泪，我们只是从中学习一点功课，好叫我们的心更温柔可亲。

且把缺憾还诸天地，有爱，便能包容一切。

过年时，我给自己写了副春联，无门可以张贴，搁在心中，也算是今日的我一种心境写真。

天地无限广，

岁月不愁长。

修订版后记

关于《青春读书课》

　　《青春读书课》缘起于我在深圳市育才中学开设的一门选修课。时值1999年，当时可能是中国内地中学开设的第一个成系列的语文选修课。原本定位为人文精英课程，由于得到众多学子的喜爱，于是校方慷慨决定印制教材。开课的同时，教材陆续印制出来，并且不胫而走，成为一套民间流传的人文读本，引发了网友和媒体的关注。2003年，百年老店商务印书馆出版了这套教材，《青春读书课》遂成为公共话题。有教育学者认为"青春读书课"这几个字就有很高的时代价值；香港媒体称之为新中国成立后"第一部私人编著的语文教材"；联合国教科文组织的有关人员表示要向海外推广；中国关心下一代工作委员会、中央电视台、深圳读书月等机构将此书列为推荐书目；中语会专设"课外语文"课题组持续研究推广相关理念；国内上百所中学选择作为语文课校本教材正式开课；更多的学校推荐为学生常备课外阅读书籍；甚至有一些大学和小学分别选用其中的某卷作为教材。

　　关于读本的编辑理念，早已向芸芸媒体告白，不再饶舌。

　　《青春读书课》人文读本，一套7卷14册，近500万字，导读文字就有40多万字。十年磨一剑，"上穷碧落下黄泉，动手动脚找东西"。在这个漫长而快乐的岁月中，仿佛与自己心仪的古今中外的人杰约会了一遍。有的匆匆而过，有的侃侃而谈，有的悄声细语……我遥望他们远去的背影，期待着以后的再次约会；我记住了其中一些深情凝注的眼神，一些万语千言的叮咛，一些柔肠寸断的长叹，一些热血沸腾的激情……这些高贵的灵魂，将继续滋养我的生命，因为有了他们，我的人生才不虚此行，并且幸运的是，通过我，给中国孩子们的健康成长，传递着巨大的柔情。

　　孩子们的反馈是对我的最大激励。深圳南山外国语学校初一学生丁梦琪给我来信："严老师：我是你的书的新读者，我今天读了你的《成长的岁月》，真是激动得想跳楼。真是太好看了！！！！"我回信："非常理解你阅读时的欣喜之情，老师编读本的目的，就是让大家好好活。"深圳大学一位学生偶然读到《白话的中国》，其中尖锐的思想刺激得他彻夜难眠，第二天跑来自费购买十余册，说是要送给他的同学好友，让朋友们能够在一个共同的精神层面对话。我的学生赵真、高薇等留学国外，在超重的行囊里，依然塞着读本，一份关爱伴随游子走四方。

　　学生的评价是最本真、最重要的。请允许我引用几句他们的感言：

　　杨建梁：青春读书课，可以说是一门给你自由、教你自由的课。

程羽博：原来精神也有家园，也需要归宿。于是，我也开始寻找并构筑属于自己的精神家园。这一切从《白话的中国》开始。

于乐实：每次上完读书课，都会有一种海阔天空的感觉……

谢予：在读书课上，我肯定了许多问题的价值，文学的价值，思考的价值，想象的价值，而在以前，我都是有所怀疑，或是轻视的。

南昌外国语学校是最早引进《青春读书课》教材开设选修课的学校之一，听听这些可爱的声音：

唐嘉辰：年轻的心是躁动的，本以为没有任何事物可以制服它，遇到了《青春读书课》，它却出乎意料地平静了下来，滤去一切繁杂。我们真的沐浴在中国文化的精髓中，我甚至站在了前人文化的高峰上看中国的文化遗产……

钟鸣：这里没有陈腔滥调的教化，没有任何强制接受的压迫，毫不经意之中，实现了思想的交流、沟通和碰撞。站在此处再回首，蓦然发现思想真的可以如苍鹰般展翅飞翔。而《青春读书课》就是将我们送上天空的风。当我们的灵魂一次一次地经受洗礼与升华之后，我看见了自己稚气未脱的脸庞上那无比坚毅与坚定的目光。

肖旭：《青春读书课》是对我青春生命的救赎。

因为《青春读书课》，听到许多志同道合的声援，体会到"道不孤，必有邻"。早在读本正式出版之前，蛇口工业区的创始人袁庚先生，看到读本后约我见面，并流利地背诵韩翰咏叹张志新的短诗："她把带血的头颅，放在生命的天平上，让所有的苟活者，都失去了——重量。"听说，他向许多人推荐这个读本，于是很长一段时间，都有人慕名找到学校来。数年之后，年近九旬的袁老，在我再次拜访他时，竟然向我这个编者推荐我编的读本——他已经不认得我了，但还惦记着这个读本，并关心它的出版。广东省语文教研员冯善亮在听课后肯定："以往我们总说语文课脱离时代，严凌君老师的读书课就贴近了时代脉搏，把枯燥乏味的语文课变得博大精深。"珠海市语文教研员容理成多次带领珠海的老师不下百人前来听课研讨。四川的李镇西老师在K12教育网站率先推荐："从这本教材中感到了中国语文教育的一点点希望！"山东的王泽钊老师在联系出版自己的教材时，从中青社某编辑手上获得《白话的中国》，自言"如获至宝"，并千里迢迢前来深圳会晤。国编《语文》教材主编顾之川先生告诉我："人教社新编《语文》教材，从《青春读书课》读本中吸收了不少东西。"并邀请我参与人教社高中《语文》的编写。《读写月报》副主编漆羽舟引着编辑部全体成员来到育才中学召开第一次"读本研讨会"，随后亲自在南昌外国语学校操鞭执教。善良诚挚的摩罗先生积极为我联系出版，并建议增补"小说"一卷，这就是后来的《世界的影像》；远在美国留学的梁讯，欣然加盟《世界的影像》一卷的编写。还有那么多我的同仁，在全国各处发出呼应：新疆的冯远理老师撰文支持；北京的赵谦祥老师将读本引进清华附中作选修课教材……我从老一辈教师身上感受到庄重大气的品格。师心淳厚的钱理群先生闭户半月，为读本欣然挥笔写下2万多字热情洋溢的长序；虚怀若谷鹤发童心的商友敬先生甚至说："你编的读本后来居上。"这两位前辈都是《新语文读本》的编者。在徐州参加"中国青年教师论坛"，初识《那一代》的几位作者蔡朝阳、干国祥等人，他们正在热烈聚谈，一见我，立即没头没脑地嚷道："严老师，你说你说。"那些热血纯真的年轻面孔，让我感受到万象更新的"五四"氛围……这些相互感应的人们，还有那些素昧平生的使用读本的老师们，他们都是我的同道、我的族人，也是像我一样为书本所蛊惑、为理想而痴迷、为教育而揪心的书痴吧？

我怀着温情在这里记下三位素昧平生的朋友：两位青年和一名工人。

2004年2月，《南方周末》发表记者徐楠对我的采访——《严凌君：还语文教师以尊严》。全国各地问询的、支持的电话不断，有学生家长，有记者，也有教师。一天，我的办公室来了一位青年，先拿出学生证给我看，证明他是贵州警校法律系学生，然后拿着本子，上面写着一些问题，非常认真地一一提问，话题集中在"青年的精神家园"。不是采访，是他心中的困惑。交谈中蹦出一句："老师就像当年的鲁迅先生一样。"让我突然感到巨大的悲哀！21世纪了，我们的青年多么需要真实的精神资源，他们一旦看见好东西，就如此轻易地矮化自己，我们的社会没让他有机会成为自立的人。我惶恐辞谢，转告他鲁迅先生的话："不要寻什么'乌烟瘴气的鸟导师'，自己从荆棘中闯出一条路来。"

有一天，一位瘦高的青年来找我买书。自我介绍是山东潍坊人，大学园林专业毕业生，在深圳工作。因为是独子，要离开深圳回老家了。说是在走之前要"带回去一点能够代表深圳的精神和文化的东西"，浏览深圳的报纸和网站，知道《青春读书课》这套书，就来了，说是要送一套给他在老家当老师的女朋友，要我签名题字，还说自己的学生时代没有这样的书、这样的老师，希望女朋友拥有这样的书，当这样的老师。临别，我伸手与他握别，他突然后退一步，给我一个毕恭毕敬的九十度的鞠躬，让我惶惑不安。

2004年3月的《南方周末》，载文反驳我的一些观点，说语文就是技术，不同意我的"尸检说"。这是在意料之中的：这恐怕是目前中国教育界的"主流声音"，一些一线教师正在成为教育变革的第一阻力。6日子夜，接到一通电话，来电者自称是黑龙江佳木斯市的一位下岗工人，他声音激动地表示要著文反驳，并说："你给中国教育带来了曙光……"这样的期许，让我惭愧难当。其后，又接到他的深夜来电，表示自己水平不够，已经请当地一位教授代为撰文。

这三位特殊的友人，我至今连他们的名字都不知道，那位工人甚至说："你不需要知道我的名字，我只是一个支持你的中国人。"是啊，只要是关爱中国的中国人，这就够了。

关于修订本

　　《青春读书课》初版至今8年，此前作为校本教材使用至今已经12年。这些年，读本在教学实验和公众阅读中，得到众多师生及各界读者的积极反馈，他们为读本的修订提供了诸多智慧的建议。我也在一边教学一边进行修订，于是就有了这个修订本。

　　与初版比较，修订版共删除文本56篇，新增文本89篇。删除的基本原因：用更合适的文本替代，使主题更为结实有力。增补的一般理由：发现更佳或更新的文本，对诠释主题更有代表性。修订版较之初版，全套书更为经典和新鲜。

　　下面逐卷简介修订情况，重点提示一些"欣喜的发现"。

　　《成长的岁月》卷，删去6篇诗文，新增文本10篇。增加了两本可爱的童书：《当世界年纪还小的时候》和《芒果街上的小屋》。还增加了前联合国秘书长安南《致全世界儿童的一封信》。小说《受戒》用全本替代了节本，《小王子》则增加了章节，新增《小毕的故事》，补充了男孩成长的主题。

　　《心灵的日出》卷，原《悲壮的两小时》一文，经读者提醒并查实，是一篇虚构的航天故事，删除。增加了几篇精品文字：台湾作家张大春的《小说稗类》一篇，大陆文字高手阿城的短篇小说《遍地风流》三篇，另有诗人海子的散文以及关于时间妙想的一本奇书《爱因斯坦的梦》。

　　《世界的影像》卷，根据教学实践，对多个栏目做了重组。删除了7篇小说；增加了《有人弄乱了玫瑰花》一章，集合马尔克斯、博尔赫斯等后现代文风的作品，让学子亲近当代大师，一窥新小说风光。新增王朔的《我的千岁寒》，鼓励一种有活力的汉语书写探索；而《肖申克的救赎》，是小说电影俱佳的作品，喜欢该电影的读者再读原著，或有鸳梦重温之快。巴别尔是重新出土的俄国文学大师，尤瑟纳尔是罕见的智慧型女作家，都有新作入选。

　　《古典的中国》卷，是我私心最爱的一卷，导读就写了13万字。除保留余冠英和萧兵二先生的《诗经》《楚辞》译注之外，对全书译注做了全新修订。散文的译注力求准确生动，诗词曲的注释新鲜发散，倾情展示中国文学中韵文强项的独特魅力，以注释而论，几乎是一本新书了。本书散文部分，为适合学生阅读，特别邀请刘曦耕先生注释并白话翻译，对老友的智力支援，不敢言谢。感谢钟叔河先生慷慨提供多篇笔记小品译文，这种不同于传统直译的串读式译述，本身是别具情味的小品文风；感谢台北"中央研究院"的华玮教授提供清代才女吴藻的《乔影》一文，为《书生意气》一章补充了女性题材和女性视角，使被漫长历史遮蔽的另一半书生有机会崭露头角；感谢素昧平生的热心读者冯良遵先生提供的校对建议，使本书更为完善。得与素心人谈诗论文，不亦快哉。

《世界的影像》与《古典的中国》两卷，初版的疏漏较多，修订版改用原稿重新排版；两卷都补上了受读者喜爱的彩页插图，保持全套书体例统一。

《白话的中国》卷，删除25篇，增补38篇，是全套书中文本调整最大的一卷。多个栏目面目一新，重新认定了各位作家的代表作，以求更全面地反映当代白话文的成就和华语文学的新收获。"启蒙者鲁迅"主题，用陈丹青先生的《笑谈大先生》替换了王晓明先生的学术文章，便于学生读者亲近鲁迅。"诠释中国"主题，在李敖解剖国民性的犀利之外，扩大阵容，增添对书生风骨的温情回顾，于是有了魏晋风度和苏东坡的话题。原"文化随笔"改名"重读古典"，文本大幅增删，确定为对中国诗史的全面扫描，入选的都是妙不可言的名家名篇。《当代诗抄》与《海外中文诗》两章，重新增补了当代华语诗人的代表作，替换较大。其中雷平阳《杀狗的过程》，是我近几年读诗最震撼的发现。而木心先生的"横空出世"，为当代白话文增添了高雅的文化含量，我通读其全集寻章摘句，收拾起一地碎金，编辑成一个语录体文本以飨读者。

《人类的声音》卷，与其他各卷以放为主不同，这一卷主要是收，删去了不够经典的篇目，长文压缩节选，让青少年读者容易进入文本。较好地表现在《话说中国》主题，新增一篇传播（《中国：发明与发现的国度》）、一篇吸收（《唐代的外来文明·胡风》），呈现中外文化双向交流的面貌。

《人间的诗意》卷，删8首，增24首，增补较多。这要感谢河北教育出版社等近年来致力于引介外国诗歌的出版机构，使多语种的外文诗进入中文读者的视野，也让我们的新选本更为精粹，主题更为丰厚。比如《我是谁》一章，扩展了自我探寻的精神领域；《亲爱的母亲》一章更名为《我的父亲母亲》，让诗歌中较为少见的父亲主题得以出现。另外在多个主题补入了上佳的诗作，连我自己也愿意不时重温一下。

读本的整体装帧设计，三个版本三套封面：作为校本教材的16开本，精美大气，现在还是许多读者的珍藏品；商务版，被迫添加了较多商业元素，有点杂乱；这一回的修订本，采用赤橙黄绿青蓝紫阳光七色，清雅可人，体现了海天出版社的出版品位与对读者的关怀。

关于海天版

移民深圳20余年，我从不讳言自己喜欢这座城市。一座移民新城要成为故乡，至少需要三代人的时间。而今天的深圳人，正在酝酿着家园的感觉。我在上世纪90年代涂抹了一本批评深圳的城市文化观察类的文字《深圳城市病》，当时胡洪侠先生主编的《深圳商报·文化广场》用专栏形式连载，而《天涯》杂志以《来自深圳的报告》专刊发表后，《深圳青年》杂志的编辑不无遗憾地对我说："为什么不先给我们发表？"当《青春读书课》还未正式出版的时候，《深圳周刊》的王绍培先生就曲折寻来，发表《在人文的历史长河上摆渡——与严凌君对话》，这是读本见诸媒体的第一篇深度报道。我知道，这些人都是真爱这座城市的。

海天出版社是深圳特区的出版机构，与我供职的深圳育才中学结缘较早，我校学生的长篇小说《花季·雨季》就是当年由"海天"推出的新时期青春文学代表作品。近年，海天出版社与深圳发行集团合并成立深圳出版发行集团。集团是誉满天下的"深圳读书月"的承办单位，我多年忝列读书委员会专家之列。集团副总何春华先生数年来一直关注着读本的再版，在得知有多家大型出版社正在与我商谈修订版事宜之后，他一再叮嘱我把书留在"海天"，最触动我的一句话是："为了深圳！"今年，尹昌龙先生履新集团总经理，又以多年文友的身份刺激我作为一个特区公民的文化情怀："这是深圳人创造的文化成果，一定要让深圳人首先分享。"如此，《青春读书课》回到这片她诞生的土地，花落"海天"，水到渠成。

彼此守望，青眼相许，相互砥砺，携手玉成，正是我喜欢的深圳人的风格。

愿《青春读书课》与海天出版社的结缘，成为深圳无数个好故事之中的一个。

愿天下素心人因书结缘，更多的资讯和交流请登录春韵网（www.chunyun.net）的"华语学生论坛"之"青春读书课"板块。我会守候你的到来。

严凌君
2011年清明于蛇口千影阁